“大清名人抢鲜看”系列

铁骨铮铮

千古流传的大清武将故事

姜 越◎主编

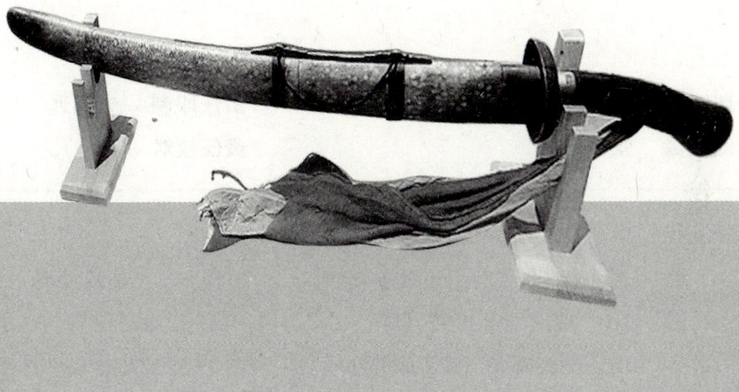

中国财富出版社

图书在版编目（CIP）数据

铁骨铮铮：千古流传的大清武将故事/姜越主编. —北京：中国财富出版社，2014.1

（“大清名人抢鲜看”系列）

ISBN 978-7-5047-4944-4

Ⅰ.①铁… Ⅱ.①姜… Ⅲ.①军事人物-列传-中国-清代 Ⅳ.①K825.2

中国版本图书馆CIP数据核字（2013）第231150号

策划编辑	张彩霞	责任印制	方朋远
责任编辑	张　静	责任校对	梁　凡

出版发行	中国财富出版社		
社　　址	北京市丰台区南四环西路188号5区20楼	邮政编码	100070
电　　话	010-52227568（发行部）		010-52227588转307（总编室）
	010-68589540（读者服务部）		010-52227588转305（质检部）
网　　址	http://www.cfpress.com.cn		
经　　销	新华书店		
印　　刷	北京柯蓝博泰印务有限公司		
书　　号	ISBN 978-7-5047-4944-4/K·0100		
开　　本	710mm×1000mm　1/16	版　　次	2014年1月第1版
印　　张	16.5	印　　次	2014年1月第1次印刷
字　　数	246千字	定　　价	33.00元

前言

QIAN YAN

清朝是中国最后一个封建王朝，它处于古代社会向近代社会转型的阶段。它的前期是辉煌的、强大的：努尔哈赤和皇太极用铁血政策征服了汉族；康熙帝以武力平定三藩，收复台湾，奠定了多民族统一的基础。这一时期，武将辈出，比如满族几乎个个都是能征善战的武将。

而在经历了康雍乾盛世之后，清朝逐渐显出老态，强盛的表面难掩深重的危机。而此时，西方却在崛起，列强的大炮攻破了国门，中华民族饱受欺凌，历尽坎坷。血色残阳，映照着中华帝国远去的背影。此时的中国内忧外患，战祸频仍，也给武将提供了舞台。为了对抗列强的欺凌，关天培、邓世昌等人挺身而出，甘洒热血；在太平军与清廷的交战中，曾国藩、左宗棠、胡林翼、李鸿章等传统士大夫也纷纷办起了乡团，成了军事统帅；而太平军中也涌现出一大批天才的将帅，他们很多人本是农民，或是落第书生，竟然无师自通地统领千军万马，所向披靡，真是让人感叹不已。时势造英雄，信夫！

在本书中，我们介绍了以下人物：

施琅，原是郑芝龙和郑成功的部将，降清后被任命为清军同安副将，之后又被提升为同安总兵、福建水师提督，先后率师驻守同安、海澄、厦门，参与清军对郑军的进攻和招抚，收复台湾后，被封为靖海侯。施琅为捍卫国土的完整做出了杰出的贡献，受到广泛的赞誉，但也因“背郑降清”为一些人所诟病。

岳钟琪，字东美，四川成都人，是民族英雄岳飞的第 21 世嫡孙、岳飞三子岳霖的后裔。作为清朝著名军事将领、川陕总督的岳钟琪，一生戎马，平西藏，定青海，抗击新疆准噶尔部的分裂反叛，镇戍边疆，功勋卓著，为维护国家统一、稳定西部、开拓西部做出了重大贡献。岳钟琪为清廷立下了汗马功劳，但他一生小心翼翼，因为他是岳飞后裔，这是个十分敏感的身份，生怕与“反清复明”有所牵连。真是哪壶不开提哪壶，劝他反清复明的人说来就来了……

僧格林沁，蒙古科尔沁亲王，活跃于抗击太平军、英法联军等战争，军功卓著，后在与捻军作战时战死。僧格林沁是晚清的赳赳武夫，更是这个帝国的最后骑士。骑士精神或许在中国历史中早已经成为明日黄花，但僧格林沁及其蒙古骑兵，用冷兵器对抗火炮，以身家性命忠于朝廷，并奋力一击捍卫国土，其忠勇既让人钦佩，又让人惋惜。

彭玉麟，字雪琴，祖籍湖南衡阳，生于安徽省安庆府，清末水师统帅，湘军首领，人称雪帅。他与曾国藩、左宗棠、胡林翼并称大清“中兴四大名臣”，湘军水师创建者、中国近代海军奠基人，官至两江总督兼南洋通商大臣，兵部尚书。彭玉麟于军事之暇，绘画作诗，以画梅名世。他治家极严，对不肖子弟绝不姑息放纵，为人处世讲求实效、直率刚正不事阿奉、疾恶如仇不稍假让。他曾写下这样的联语：烈士肝肠名士胆，杀人手段救人心。

……

中国传统上是一个重文轻武的社会，除了西汉、盛唐等少数几个时期，中国一向是武备松弛的，在与骑马民族和外敌的对抗中总是处于弱势，晚清时期尤其如此。中国的武将不是太多了，而是太少了。正是因为中国一向不尚武，才会逼得曾国藩等文人不得不自办团练，做起了武将该做的事。晚清中国的军事史真是不堪回首，希望借此书能引发读者一些思考。

目录

MU LU

处世慎如危栈马——岳钟琪

一生马上建功业——僧格林沁

匡扶社稷不顾身——胡林翼

书生笑率战船来——彭玉麟

引得春风度玉关——左宗棠

宇宙常留一瓣香——石达开

壮士何曾惜羽毛——李秀成

冲冠一怒为红颜
——吴三桂

吴三桂（1612—1678 年 10 月 2 日），字长伯，一字月所，明朝辽东人，明末清初著名政治军事人物，吴周政权建立者，吴周太祖；祖籍江南高邮（今江苏高邮），锦州总兵吴襄之子，以父荫袭军官；明崇祯时为辽东总兵，被封平西伯，镇守山海关，后被封汉中王，济王；1644 年降清，引清军入关，被封为平西王；1661 年杀南明永历帝；1673 年叛清，发动三藩之乱，并于 1678 年农历八月十七夜病死。其孙吴世璠继其皇帝位。

出身军门，保卫大明

吴三桂，字长伯，辽宁中后所（今辽宁绥中）人，祖籍扬州高邮，生于明万历四十年（1612年）。他的父亲吴襄，字两环，明天启二年（1622年）武进士，崇祯年间先后任都指挥使、都督同知、总兵、中军府都督等重要职务。

吴襄出身于辽东将门望族，自幼习武，善于骑射。吴襄耳闻目睹了明朝在天启二年（1622年）如何丢失广宁，辽东经略熊廷弼如何被传首九边，辽东巡抚王化贞如何下狱而死。崇祯十七年（1644年）正月，吴襄奉旨调进北京，娶了祖大寿的妹妹为妻。祖大寿是世居辽东的望族，吴襄成为祖大寿的妹夫，吴三桂成了祖大寿的外甥。祖、吴两家的联姻，使吴襄、吴三桂父子找到了坚强的靠山，也使祖氏家族的势力更加壮大。

吴三桂在父亲吴襄和舅舅祖大寿等的教诲和影响下，既学文，又学武，不到20岁就考中武举，从此跟随父亲吴襄和舅舅祖大寿，开始了他的军旅生涯。

崇祯四年（1631年）大凌河之战中，团练总兵吴襄率马步四万余往援大凌河祖大寿，结果吴襄临阵逃脱，被削职。第二年六月，为平息山东登州参将孔有德等兵变，吴襄随副将祖大弼出征山东，最后孔有德从登州乘船渡海，投奔后金，而吴襄恢复了总兵职务。

随着吴襄官复原职，吴三桂也在当年任游击，时年20岁；崇祯八年（1635年），吴三桂被擢为前锋右营参将，时年23岁；崇祯十一年

(1638年）九月，吴三桂任前锋右营副将，相当于副总兵，时年26岁；崇祯十二年（1639年）蓟辽总督洪承畴、辽东巡抚方一藻、总督关宁两镇御马监太监高起潜，报请朝廷批准，吴三桂被擢为宁远团练总兵，时年27岁。吴三桂从游击、参将到副将，再到总兵，升迁之快，超乎常规。一来和他懂文习武、能说会道有关，也和他父亲吴襄、舅舅祖大寿是总兵有关，还有一个关键是吴三桂拜御马监太监高起潜为义父。

自从吴三桂被提升总兵官以后，效力朝廷更倍于前。“忠可炙日，每逢大敌，身先士卒，剿杀虏级独多”是朝廷给他的赞语。

吴三桂得到明廷的信任和器重，其父亦身居显官，其亲属无不富贵，这自然使吴氏宗族与大明朝的命运联系到一起。他当然明白，只有忠实于朝廷才能得到他追求的功名富贵。因此，他凭一股青年人的锐气为朝廷效力，在他看来实属天经地义。

崇祯十四年（清崇德六年，1641年）年初，明清在辽西的交战频繁不歇，日趋激烈，终于导致明清兴亡史上又一次大战——松山决战的爆发。

松山决战是明清战争中的一次具有决定性的战役。双方准备的时间都很长，汇集的兵力也十分雄厚，这场战争的胜负直接影响到双方的前途和命运。松山位于锦州之南，是重要的战略要地，洪承畴之所以在这里安营，是看到这里是宁、锦的咽喉。如清军一破松山，明朝的宁、锦就全线动摇；如果明军能固守松山，清军在宁、锦用兵就较难收效。

这次双方投入的兵力，明军为13万之多，清军大约也相当于明军的数字，或多于明军。总之，对清朝来说，这次战役是动员了全国的兵力，还调来蒙古各部和朝鲜的兵力助战。

四月二十五日，明清双方在乳峰山上山下，东西石门处，展开了一场激战。这可算是松山大战的一个前奏。

明军七镇在统帅洪承畴的指挥下，各挑选精锐步兵，携弓箭、枪炮，分别从山下东西两翼向山上的清兵发起进攻，山上的清军居高下击。明军毫不畏惧，冒着如雨点般的矢石奋勇登山进击，抢占近台高处，放炮张旗帜，大批明兵勇气倍增，喊声震天，拼命冲锋，被围在锦州城内的明兵听到枪炮与呐喊声，知道援兵已到，祖大寿即挥军出城南门外，摆列营阵，与援兵遥相呼应，形成了内外夹击清兵的态势。当明兵抢上山与清步兵搏战时，山下埋伏的清骑兵先自西石门冲出七八千，居左翼的吴三桂等率部迎战，“鼓锐当先”，直冲十余次，“兵气强劲”，阵斩清骑兵十人，挫败了清骑兵的攻击。清原欲以精锐骑兵将明兵阵势冲垮，不料明“马步官兵拒战甚猛”，因而没有得势。在东石门，有明炮兵营，居东山险要处轰击，有力地配合了步兵的进攻。

清兵攻击不成，便用牛车推运红衣大炮30门，从东西两面向明兵轰击，明兵炮营不甘示弱，奋力与之对射。战斗持续到傍晚，清兵被迫退却。清方承认此次战斗“失利”。

战斗结束后，洪承畴将有功人员向朝廷呈报。他把吴三桂列为首功。

松山东西石门之战，明兵以较大的代价获取小胜，并没有达到解锦州之围的目的。洪承畴意识到恶战还在后头，他向朝廷表示：“大敌在前，兵凶战危，解围救锦，时刻难缓，死者方埋，伤者未起。半月之内，即再督决战，用纾锦州之急。”

主帅洪承畴决心如此之大，可他所信赖的吴三桂竟在即将爆发的决战中当了逃兵……

原来，清军不断调兵遣将，将松山团团围困，在城外挖了八尺深壕，彻底截断了松山与外边的联系，连粮饷也运不进去。洪承畴只好召集诸将，商议突围之策。他表达了自己坐守孤城的决心，要求诸将各自率部突围，然后整兵反救重围，内外相应，或可决围而出。

这时，吴三桂站出来，说道：“兵法云置之死地而后生，桂愿奋勇当前，经略（洪承畴）可率众随后，何为坐以待毙?”洪承畴赞他勇气可嘉。

可是，在至关重要的突围战斗中，吴三桂并没有认真地进行拼战厮杀，当总兵王朴先逃时，他竟随其后，逃之夭夭。

洪承畴与部将曹变蛟、王廷臣等人苦等突围各总兵的回援，但望穿秋水，也没有等到。崇祯十五年（1642年）二月，松山失守，洪承畴等将帅寡不敌众，束手就擒。固守锦州的祖大寿得知松山失陷、主帅被擒的消息后，大为惊恐。知外援已绝，守城也无望，于是打开城门示降，锦州终归被清军占领。至此，松锦之战画上了句号。

在这次大战中，吴三桂连曹变蛟、王廷臣都不如。他们坚持与洪承畴同命运，没有逃跑，与之同守孤城松山。吴三桂却置他的主帅洪承畴于不顾，自率所部拣大路先逃至杏山，再逃至宁远。这究竟是什么原因，历史没有明确的记载，但我们可以推测：由于敌强我弱，吴三桂不想在不能取胜的战斗中消耗自己的实力。在他的将士中，其骨干都是他的亲丁家将充任的，这一部分人可以说是他的私人武装力量。自明初以来，凡辽东将帅无不有自己的家丁任军职。吴三桂自然不能例外。据其父吴襄说，他们父子有家丁将士三千余人。这些家丁都效命于吴家父子，听其指挥。在战斗的关键时刻，往往依赖他们出力。不用说，不论哪一位将帅都不会愿意自己的亲丁家将被消灭。事实上，在松山大战中，他的亲丁家将保存独多，就说明了这个问题。所以吴三桂“不战而逃”，不会出于别的原因，只能是为保存实力而不惜一逃。从这次战役中，就可看出吴三桂性格中有投机的因子。

吴三桂

吴三桂与王朴等人先行逃遁，罪在当斩。但崇祯皇帝考虑到此时的辽东，除了吴三桂，已经无人可以担任镇守的重任，因而暂且压下怒火，只将王朴处死，给吴三桂以降三级的处分，仍命他镇守宁远。不久，又下诏将吴三桂擢升为辽东提督，总领辽东主、客兵，兵力增至三四万人；又给他以自选领兵官之权。吴三桂对皇帝的恩德感激涕零，决心竭尽忠诚报效朝廷。他召集散兵败卒，扩充军队，征集军粮，积极训练士卒，多次打败清军的进扰，固守孤城。

皇太极多次派人劝降吴三桂，吴三桂一律不答。或许他也曾做过利害的权衡，但在行动上他没有表示出对明王朝忠诚的动摇。

崇祯十五年 (1642 年) 十一月，清第五次出兵入关，攻克三府，十八州、六十七县，长达八个月之久。清兵归途中路经京畿，明大学士周延儒集八镇大军于螺山 (今北京怀柔北)，不敢阻挡，望风而逃。只有吴三桂和山海关的马科、山东的刘泽清远道赴援京师，合力阻击了清军。虽然没有起上什么大作用，但相形之下，却也还算勤王有功，因此吴三桂威名大振。

佳人难得，倾国倾城

在明亡清兴的非常岁月，有一个女人走进了历史，她的名字叫陈圆圆。

吴三桂与陈圆圆的艳史，自然是他个人生活中的部分内容，似乎无足轻重。但因为这个女人，在 1644 年事变的关键时刻，对吴三桂的思想情绪起着推波助澜的作用；因为这个女人，又给李自成农民军种下了一个小小的祸根。西方有句谚语：如果埃及艳后克娄巴特拉的鼻子稍短一分，整个世界的面貌也许是另外一个样子。这句话不能说没有一点道理。

说起吴三桂和陈圆圆的结合，有着一段曲折而富有传奇色彩的经历。

崇祯十六年（1643 年）盛夏的一天，吴三桂在当朝贵戚田弘遇府上做客，主人备佳肴盛馔，殷切款待。

吴三桂一直坚守宁远，何以到京师，又何以有此闲情在田家做客？原来，还在上年秋，关外清太宗派他的七兄阿巴泰率大军征明，一直深入到山东兖州等地，铁骑踏遍河北、山东等地。至次年（崇祯十六年，1643 年）春，吴三桂奉命，迅即率部驰援京师。同他入援的，还有山海关总兵马科、山东总兵刘泽清等数镇兵马。大学士周延儒督师，集结官兵，在螺山（怀柔县北）附近，同清兵展开激战。大多将领不战而逃，唯吴三桂、马科所部敢战，屡有斩获。五月十二日，崇祯指示兵部："如各总兵入援，至近郊许陛见。"

十五日，崇祯把入援的吴三桂、刘泽清、马科等请入宫中，在武英殿设宴，慰劳他们。崇祯特别看重吴三桂，把他视为关外的保障，赏赐独厚，赐上方剑，寄以重托。吴三桂亦"慷慨受命，以忠贞自诩"。

当时，清兵正从冷口北退，警报解除，吴三桂也不能久留京师，略事休息后，准备返宁远。忽然，京城大富豪、皇亲田弘遇请他到府上"观家乐"。

田弘遇，原是山西人，曾在扬州任千总小官，娶扬州娼妇吴氏为妻，故又视为广陵人（江苏扬州）。他的养女嫁给了崇祯为妃，称皇贵妃，她"能书，最机警"，很受崇祯的宠爱。田弘遇从此身价十倍，官封右都督。因为他是皇亲，人们习惯称他为"田戚畹"。他仰仗女儿得宠，"窃弄威权"，京城里没有一个人敢得罪他，大家敢怒不敢言，心里无不痛恨他。他作为崇祯的宠臣，当然也最了解国势已危急到何等地步！农民军日益向京畿逼近，不能不引起他对自身安全与家室财富的忧虑。田贵妃已于崇祯十五年（1642 年）七月病逝，田弘遇失去内援，更感孤立。他看到吴三桂年轻有为，又受到皇帝的器重，便有心与之交结，欲把他当做自己的保护人。于是，就趁吴三桂进京陛见之机，请至府上，博取欢心。

吴三桂接到邀请，欣然前往。因为田弘遇如此有权势，他能得到这位皇亲的青睐，心里自是感到高兴。再说，他长期生活在烽火连天的关外，趁此时在京之际，看看歌舞，听几支小曲，享受一点晏平之福，何乐而不往！

田弘遇亲自降阶躬迎，接入豪华的客厅，陈列各式珍馐，令人赏心悦目。他礼仪更周，显得十分虔敬，频频让酒。至酒兴正浓时，田弘遇唤出府内一群歌妓，个个盛装艳丽，如出水芙蓉。随着悠扬的丝竹声，吴三桂魂魄已被摄入仙境。在这群歌妓中，为首有一美女，天生丽质，穿着素淡，先自唱了起来，边唱边舞。其舞姿，体态轻盈，飘飘欲飞；其歌声，音质清丽，恰似夜莺啼鸣。吴三桂看得“神移心荡”，忽对田弘遇说：“这位不就是人们说的圆圆吗？真有倾城之色！”

田弘遇听到吴三桂夸他的歌妓，一时高兴，命陈圆圆给他斟酒。吴三桂停酒，不住地顾盼。他在关外，无日不忙于军务，或者打仗，整天听到的是，军中特有的金鼓及各式号角之声；看到的是，千军万马，山头上报警的狼烟，除了带给他激昂、准备厮杀的情绪以外，还能得到什么？但在这里，远离战场的京师繁华之地，一个有权势的豪奢的府第，亲眼看到了世上最美的女人，听到了与军号完全不同的江南靡靡之音，对他这位三十岁刚出头的青年将军来说，也许是平生第一次吧！他大饱眼福，感到一种从未有过的满足……

陈圆圆名沅，字畹芬。有的书还载陈圆圆本姓邢，因母早逝，托姨母养育，故从姨姓陈氏。她是江苏武进县金牛里（即今奔牛镇）人，出生时间史料不详，但从她 18 岁那年入籍梨园，可推知她约生于天启（1621—1627 年）初年。她家境贫寒，“父业惊闺，俗称陈货郎”。父亲操此小本经营，走街串巷，出屯入村，卖些针头线脑之类，所得寥寥，勉强糊口。这个行当，手摇铃鼓，还须口唱，所以养成了喜欢音乐、好歌曲的嗜好。他还招来能唱歌的人与他同住，家里常有数十人，“日夜讴歌不辍”。本来挣钱不多，家里还常养那么多人，家境就更窘迫，以致家产破败。也许因为陈圆圆生活在这样的环境，受父好歌的熏染，后来她也很会唱歌。命运不幸，她为生活所迫，流落至苏州，“卖身为妓”。18岁时，正当豆蔻年华，隶籍梨园。据当时看过她演戏的人说：“每一登场，花明雪艳，独出冠时，观者魂断。”她的色艺远近闻名，誉为苏州名妓。当时，人们众口一词，无不说她长得美，压倒群芳，有倾城之色。她的歌声也超群逸众，无与伦比。

自古红颜多薄命。在人奴役人的封建时代，一个女子长得美，也会招来很多灾祸。在天下所谓升平时，她们成了公子哥儿追逐的求欢对象，尤其是在兵荒马乱之际，年轻女子的命运就更是朝不保夕。明末，黄河以北、长城内外，兵连祸结，连续不断的战争把人们推入痛苦的深渊。而在长江以南，有天堑阻隔，还是一派歌舞升平的景象。陈圆圆被当地花花公子当做玩物，供他们恣意取乐。

崇祯十五年（1642年）春，田弘遇携带千人，去南海普陀山进香，返京途经苏州，访知陈圆圆声色才艺俱绝，不惜重金，将她聘回。田弘遇为了邀宠于崇祯皇帝，将她送入宫中。可是，当时的崇祯皇帝，正忧于国事，无心于声色。不久又将陈圆圆送归田府。

这样，陈圆圆就落于田弘遇家，为他歌舞，供其玩乐。为结交吴三桂，他又让陈圆圆出面，轻歌曼舞，陪吴三桂饮酒，极力让他高兴。他已注意到吴三桂对陈圆圆目不转睛，心中已明白了几分。在谈话间，吴三桂已流露出钟情于陈圆圆的意思。田弘遇自思自己已年迈，不如赠吴三桂，以尽其拉拢之意。想到这，田弘遇即以陈圆圆慷慨相赠。吴三桂喜不自胜，得一美女，绝代佳人，是他人生一愿。他为实现此愿，禁不住喜形于色。不过，吴三桂也不想白要，他从崇祯所赏银两中拿出千金付给了田弘遇。至于陈圆圆，不用问，心里也很愿意。因为跟一个年迈的老人怎比得上同一个年轻有为的将军在一起生活更合心意呢！虽然吴三桂已娶妻辽东人张氏，而陈圆圆只能做他的侍妾，但对一个沦落风尘的青年女子来说，也是不易得的事。

吴三桂的家不在北京，其父尚未进京供职，一时无法迎娶，也不便带到烽火连天的关外，于是就暂居在田弘遇家。既然田弘遇已经答应，就只等吴三桂用装饰华美的油壁车来迎娶她了。

吴三桂得了陈圆圆，免不了产生某种眷恋之情。就在田家宴后，从关外不断传来警报，崇祯催促吴三桂从速离京。吴三桂不敢违，驰马出京，又奔向宁远战地去了。他哪里会料到，此一去，竟是他与崇祯诀别，他所报效的大明政权一朝垮台，而他的爱姬也因此遭到种种磨难。

孤城宁远，山雨欲来

松山决战，皇太极挥师八旗劲旅，以摧枯拉朽之力，大败明军十三万，连夺松山、锦州、杏山、塔山四城。城头上原插明将的帅字旗，已被色彩鲜艳的“八旗”所取代。在城外，大道上，清巡逻、侦探、信使等骑兵，往来奔驰，马项下的铁铃声时远时近，铁蹄荡起的尘埃，如阵阵迷雾，时散时聚……

早年，明统帅孙承宗、袁崇焕精心布置，坚守二十余年的宁（远）锦（州）防线，以失锦州四城而告瓦解，作为这条防线的中枢一环，已不复存在。它孤零零地处于强大的清军的直接威胁之下。离宁远最近的塔山，相距不过百里，骑兵仅数小时可达。清军进攻宁远，随时都会发生。清军占领锦州四城，对明军已无所顾忌，他们不但来往于四城之间，而且可以沿着大道，越宁远城而西，直抵山海关前窥视。在山海关与宁远之间，明还据有中后所、中前所、前屯卫三城，城小，兵力单薄，已成惊弓之鸟，自顾不暇，对宁远已无力护卫。显然，实际上宁远已成了一座孤城。而清兵有锦州四城为根据地，进攻宁远比以往任何时候都变得有利。宁远已处于清军的控制之下。

宁远城面临着自天启六年（1626 年）以来近二十年中最危险的局势。

天启六年（1626 年），努尔哈赤亲自率领大军（号称“十三万”，实际为五六万）将宁远城团团包围，努尔哈赤以必克之心，不惜一切代价欲攻占它。当时，关外明军，除了袁崇焕独守孤城宁远，已全部撤到山海关。就在这孤立无援、听任后金兵围攻的危机情况下，袁崇焕率军民顶住了它的猛烈攻击。努尔哈赤损兵折将，无可奈何，只得悻悻而去。宁远转危为安。

宁远遭到第二次危险，是在努尔哈赤败退不久，仅隔一年多。天启七年（后金天聪元年，1627 年）夏，努尔哈赤已去世，他的第八子皇太极继承汗位，为报其父宁远城下之耻，亲率大军先攻锦州，再攻宁远。这次与前次不同的是，明军又返回到关外已弃城镇，筑城布防，特别是又有锦州作为宁远之屏障，而它本身又加强了自己的防御能力，明军自是有恃无恐，顽强抵抗，继续发挥凭坚城、用大炮的战术威力，很轻易地击败了皇太极发动的一次又一次的进攻。

此时，松山决战刚刚结束。毫无疑问，宁远已成了清军下次进攻和夺取的主要目标。眼下，尚没见清军有发动大规模进攻的迹象。辽西走廊暂时呈现出沉寂的状态。稍有点军事经验的人都会看出，这种一时的沉寂预示着更大规模的战斗。

吴三桂对此是有思想准备的。他身处孤危之地，仍然坚守着。而朝廷全力加强宁远的防御能力，又使他增强了坚守的信心。当松山城破两个月后，崇祯十五年（1642 年）四月初，崇祯立即任命原兵部左侍郎范志完为督师，总督辽东宁锦军务兼巡抚，赶往宁远，整顿败卒，收拾残局，稳住阵脚。四月十二日，崇祯亲自发下手谕，指示范志完：“宁远守御以积峙粮饷”最为重要。经松山一战，明在关外仅剩宁远、前屯、中前、中后四城，其中宁远首当其冲，如若失守，其他三城则无法保障。因此，崇祯特别强调对宁远的防御，还要“兼顾”其他三城，多积贮粮饷，作固守之计。崇祯发帑金 12 万，户部发折色银 30 万两，再调天津漕米，陆续运至宁远。指示他将这些钱粮“酌量分贮各城，俾处处有备，庶保无虞”。四城原存贮的粮食，以 2/3 给吴三桂，剩 1/3 给白广恩、李辅明二将所统之兵。如吴三桂招募新兵，即准按户给食。

钱粮已足，吴三桂等又请示盔甲、弓箭、枪炮等军需。四月二十日，崇祯当即批示兵部：“即速察发。”兵部奉命，不敢迟缓，令兵杖局迅速筹办，由兵部差官“速解赴军前，以资援剿之需，万勿延缓”。

在很短时间内，宁远集兵三万余人，军需已足，防御能力大大增强。崇祯意识到守住宁远的重要性，凡有吴三桂、范志完所请，无不允准。他把吴三桂视为辽西安危的保障，专责其抵御清兵。因此，尽管李自成、张献忠农民军步步逼近，明政权危机日益加深，崇祯宁可调白广恩等辽将进关增援，也不让吴三桂离宁远一步。而吴三桂专心守御，不断加强宁远的战备。吴三桂对清兵时刻保持高度警惕。崇祯十六年（1643 年）二月，他派出得力将官率“惯哨兵丁，远出侦探”清兵动静。他们“昼则埋伏深涧重，夜则且哨且行”，侦察到大量可靠的“虏情”，他向朝廷作了详细奏报，得到崇祯的重视，指示：“关外门备御宜周，著再行严饬。”此时，已至明亡前夕，吴三桂不但没有降意，仍一如既往，坚守危城。

自松山战后，至皇太极去世前有一年多时间，清兵对宁远一直没有发动大规模的进攻，主要有三个原因：第一，皇太极企图利用祖氏兄弟及其他汉官与吴三桂的亲故关系，劝其投降，可收不战而收宁远之效。另外，他大概不会忘记乃父和他本人两次攻宁远的惨败教训，宁远并非强攻所能奏效，况且他也深知吴三桂骁勇敢战，武力强逼过甚，必激起他拼死一战，可能招致他第三次宁远城下之败，且不说损兵折将，就连他的威信也怕是扫地以尽。他宁愿不厌其烦地劝降，即使等待下去也在所不惜。第二，松山战后，他又派他的弟弟阿巴泰等为“奉命大将军”率大军进关袭明，如同时发动对宁远的进攻，力量唯恐不足。第三，皇太极身体不好，不断发病，特别是他的爱妃宸妃刚刚去世，他的情绪一直很低落，也减弱了他在军事上大举进取的锐气。因此，宁远才没有遭到大规模的进攻。

清崇德八年（明崇祯十六年，1643 年）八月，皇太极突然病逝，他的第九子，年仅 6 岁的福临即位，称世祖，明年始，改元顺治。因为他年龄太小，众议：以郑亲王济尔哈朗与和硕睿亲王多尔衮摄政。由于正为皇太极办丧事，也暂时停止了军事活动。

然而，这段军事的间歇并没有持续多久，就在皇太极死后仅一个月，济尔哈朗、多尔衮与诸王贝勒大臣便做出征宁远的决策，凡出征的将领大臣先除丧服，为出征做准备。此次名为征宁远，实际是攻取宁远以西至山海关之间的中后所、中前所、前屯卫三城。他们的这一战术很明显，就是要先剪除防守薄弱的前屯卫三城，这在军事上叫避实击虚。夺取此三城，便切断了宁远与大本营山海关的联系，从而把宁远彻底孤立起来，再集中力量对它发动攻击。

崇德八年（1643 年）九月十一日，郑亲王济尔哈朗、多罗武英郡王阿济格统领大军，携红衣炮和各种火器自沈阳出发，直奔宁远而去。

清军越过宁远，首先攻击中后所城。攻城是在清军抵达中后所的第二天，即九月二十四日傍晚开始的。清军先填平壕堑，拥至城下，用云梯、挨牌攻城，红衣大炮轰击城墙。激战一夜，于次日将城轰开，明兵溃退，清兵随之入城，擒斩明游击吴良弼、都司王国安等 20 余人，歼灭明马步兵 4500 人，俘虏 4000 余人。接着，九月二十九日转攻前屯卫，至十月一日破城，斩杀明总兵李辅明、袁尚仁等 30 余员将官，歼灭 4000 余人，俘获 2000 余人。济尔哈朗乘胜扩大战果，派护军统领阿济格尼堪率部分八旗兵进攻中前所。守城的明总兵黄色得知前屯卫城已陷落，惊惶失措，弃城而逃。清军进入中前所，俘获千余人。

此次战役，前后不过七八天，明军做了力所能及的抵抗，很快被清军连连击败。这反映了明军已不堪一击，而清军却表现出强大的战斗力，攻必克，战必胜。明朝方面，三城损失了 15000 余人，城中所储的军需物资，都被清军收掠一空。

中后所、中前所、前屯卫三城失陷了，从锦州至山海关四百里间只剩下宁远，它成了名副其实的一座孤城。虽然济尔哈朗、阿济格在夺取三城后并没有向宁远发起攻击，但它已完全处于清军的控制与包围之中。城内军民人心惶惶，不断有逃亡及降清的事发生。崇祯十六年（1643年）十二月，守备孙友白自宁远逃出，投向清朝，受到优待。宁远城和吴三桂的处境更加险恶。

吴三桂忧心忡忡，焦虑不安。他眼睁睁地看着清军把中后所、中前所、前屯卫三城逐一攻克。他还能有什么作为呢？他魂不守舍，烦闷时，不由自主地登上城楼，举目远眺：在大道上，清侦察兵不断地出没；远处山峦，明修建的烽火台、哨所、台堡林立，都已被清军夺占。入夜，四周死一般的沉寂，只听得南边海潮涨落的涛声，偶尔隐隐传来几声牛角号声，吴三桂感到一阵心寒。他比以往任何时候都无法使自己的心情安静下来，他不知道等待他的将是什么命运。他以忧郁的目光关注着局势，哪怕是微小的变化，寄托着某种期待，究竟期待什么，他自己也说不清楚。不过，有一点他是想得很明白的，这就是在三城失去之后，他感到他和他的将士们继续留在宁远已失去实际意义，坐以待毙，只能是为皇上尽忠了。然而，人越是在危机时，求生欲越是强烈。这时，在他心里确实产生了欲求脱离险境的愿望。于是，他的思绪便集中到一点，倘在此时，圣上下旨调他离开该多好！……谁知道哪一天才能做得到！他是忠君的，在没得到朝廷的命令前，他绝不能离开宁远城。况且，律法规定："守土者擅弃封疆，律无赦。"他是不敢擅自弃宁远而逃的。他想到忠君报国，似乎又恢复了某种信心。

形势发展实在太快，清军铁骑难以阻挡，大明朝风雨飘摇，李自成的闯军东奔西突，三股力量暗中角力，与时间赛跑。孤城宁远往何处去？

冲冠一怒，剃发降清

正当吴三桂为皇太极之死幸灾乐祸、企图振兴国运的时候，大明王朝的国运已经走到了尽头。崇祯十七年 (1644 年) 正月，李自成领导的农民起义军在西安建国，国号大顺。接着，大顺军挥师东下。3 月初，兵抵京畿。崇祯皇帝惊恐万状，忙下诏封吴三桂为西平伯，令他放弃宁远，火速率兵回京勤王。吴三桂接到崇祯皇帝的命令，率领几十万大军迤逦西来。3 月 16 日到达山海关。3 月 19 日，李自成的大顺军攻克北京，崇祯皇帝吊死于煤山，明朝灭亡。这时，吴三桂的军队，抵达离北京还有 280 里的丰润。闻讯之后，立刻率大军返回山海关。

明朝灭亡了，吴三桂在清与大顺军中间抉择陷入深思：他虽然拥有一支号称 50 万的大军，实际上也只不过几万而已，其余都是随行的家属与随迁的辽东居民，独树一帜，恢复大明，显然是不可能的；但究竟是归顺大顺还是投降大清，他面临着紧迫的选择。他知道自己的重要性：他有精兵数万，控制着京都咽喉山海关。他若归顺大顺，就可以阻止清兵入关，使新建的大顺政权得以巩固，赢得发展；他若投降大清，清军便可以长驱直入，兵逼北京，与大顺政权争夺天下。吴三桂按兵不动，等待形势的变化。

入居北京的李自成，从考虑东方边境的安全出发，打算争取吴三桂。因此，他让居住在北京的中军府都督吴襄给儿子吴三桂写信劝降。吴襄的信中写道："今事机已失，天命难回，吾君已逝，你父我危在旦夕。识时势者，知道变通之计。我现在为你着想，及早投降，不失封侯之位，而且还能全孝子之名。否则，寡众不敌，一朝歼尽，使你父无辜受杀戮之辱。身名既丧，臣子俱失，那将是令人何等的痛心!”

吴三桂收到父亲的来信，心潮如涌。要他投降一向视为反贼的李自成，他过去确实是没有这个思想准备。可是反贼如今已经成了新朝之主，全国的江山已经半为所有，说不定最后真可能成为一代新朝。况且全家人的性命，几代人积累的家财都掌握在大顺军的手中，特别是爱妾陈圆圆……想到了她，吴三桂的心不由得一阵抽搐。如果他不投降，家人、财产顷刻之间都会化为乌有。他心乱如麻，一时也拿不准主意。正在这时，李自成派降将唐通带犒师银 4 万两和 1 份封侯的诏书来到吴三桂的大营中。吴三桂的军队，已经 14 个月没有发饷，官兵恨怨。这 4 万两白银正好可以用来稳定军心，解燃眉之急，而且高官厚禄，即日可得。既然故国已亡，先帝宾天，归顺新朝，也不谓之不忠。吴三桂沉思不语。唐通见状，知道吴三桂已经动摇了，于是劝说道：“先帝已殁，明已无君，君既不能再生，父宁可再死？不如归降，既可保全尊父以尽子孝，又可不失封侯之贵，何乐而不为!”“不失封侯之贵”这正是吴三桂所最为关心的。学成文武艺，货于帝王家。既然大明皇帝不能再“货”，货于大顺皇帝有何不可?!吴三桂点头应允道：“既如此，我为老父故，无奈投降，请君先行回复，我不日即入京朝见新主。”

当日，吴三桂召诸将议事，说道：“都城失守，先帝宾天，三桂世受国家厚恩，宜当以死报国。但今闯王势大，唐通、姜襄皆已投降，我孤军不能成立。今闯王使至，是斩还是从？各位请发表高见。”众将官一时也摸不清吴三桂的意思，不好直言是抵抗还是投降，只好按照军人服从命令的习惯回答：“今生死唯将军之命是从!”吴三桂遂宣布归从大顺。这时，有一人高叫：“不可!”吴三桂一看，乃是部将冯鹏。吴三桂不悦，厉声喝道：“我主意已定，不从者军法从事!”不数日，李自成复派唐通率兵来到山海关，接替吴三桂。吴三桂办完交接，带领数千精兵，向北京发进。但狡猾的吴三桂，为了防备万一，又屯兵于九门口，用以应变。

吴三桂一路上，从山海关至永平。大张告示，谓：“本镇率所部朝见新主，所过秋毫无犯，尔民不必惊恐。”

4月5日，吴三桂来到永平（今河北省卢龙县）以西的沙河驿时，遇到了从京城里逃出来的家人。吴三桂详问家中近况。家人道：“现在京都已经闹得不成样子。闯王入京后，日夜拷逼大臣，苛索财物。叫做‘追赃助饷’。府上的家财多被抄没，老爷也被抓去拷逼。”这突如其来的消息，使吴三桂大吃一惊，感到困惑不解。他暗自思忖：“李闯王既然招我归降，封我为侯，又为何要抄没我家，拷掠我父？既然要立新朝，又为何不安抚官心、民心，却在京中大搞‘追赃助饷’？”他对这位“新君”，感到失望。

原来，李自成的大顺军进入北京，接管了明朝的统治机构以后，为了补充军饷，成立了“比饷镇抚司”，向明朝的勋戚显宦和富商大贾追赃助饷。规定：罪大恶极的处死，财产没收。其余在京诸官，不论用与不用，都必须输纳银两。内阁十万金，京卿、锦衣七万或五万或三万，给事、御史、吏部、翰林五万至一万有差，部曹数千。“勋戚之家无定数，人财两尽而后已。”那些贪官污吏自然不会情愿献纳，起义军便以关押、严刑追赃。李自成的大将刘宗敏总负其责。他造夹棍五千副，在衙门或路边架设刑具，日夜拷掠追赃。先是官吏，后来连小商小贩稍有财产之家，也逮捕加刑，追缴财物。吴襄虽然有招子投降之功，同样也被拘捕、抄家。李自成的起义军所搞的“追赃助饷”，是对原来的剥削者进行剥夺，从这个意义上讲，有可以理解的一面，但在他刚刚进入北京、尚未站稳脚跟之时，如此激烈地、扩大地，而又不加区别地采取这一行动，显然是极不策略的。它使当时在大势所趋的形势下正在归向起义军的原明朝官吏，又被推回到对立面，使起义军陷入孤立。

困惑、失望的吴三桂，不由得又产生了一种恐惧，他入京后结果又将如何？可是，如今已经走上了归降大顺之路，难道还要北返投清不成？如今父亲与家人都在大顺军手中，只好先去北京看看再作计议。

自己有号称50万的大军屯驻边关，谅他李自成也不敢轻易加害。想到此，遂故作镇定地对家人说：“老爷被拘，家产抄没，这倒无妨，我到京后，自然会放人还产。”不料，家人又说道：“还有一事要禀告将军，家里的夫人，也被闯王选入后宫，贞辱生死尚且不知哩!”吴三桂忙问：“是哪个夫人?”家人道：“除了那个陈圆圆姑娘还能有谁?”

吴三桂听说爱妾陈圆圆被抢，顿时怒火中烧，从座椅上跳了起来。如果说老父被抓，家产籍没，这是出于大顺军的政策，并非吴氏一家，情有可原。可是公然霸占他的爱妾，这岂不是太蔑视他这数十万大军的统帅吗?他感到蒙受了奇耻大辱，对李闯王的最后一点幻想也破灭了。他厉声叫道：“大丈夫不能保一女子，何面目见人?不灭李贼，此恨难消!”说罢，拔出佩剑，挥手砍去案角。传令从军，火速返回山海关。他决定投依大清国，誓与大顺军死拼到底。

对于吴三桂这一转变，明末清初著名诗人吴伟业特作了一首《圆圆曲》，诗云：

> 鼎湖当日弃人间，破敌收京下玉关。
> 恸哭六军俱缟素，冲冠一怒为红颜。

吴伟业把吴三桂反李自成完全归结于是为了争夺陈圆圆，失于偏颇。不过“红颜”陈圆圆的被抢掠，也确实是其中的一个重要的因素。

李自成进入北京后，闻陈圆圆貌美多艺。这时吴襄已降，李自成便向吴襄索取陈圆圆，并籍没其家。李自成见到陈圆圆，喜爱非常，留于内宫。

吴三桂回师山海关，击败李自成派来接替守关的兵将；下令全军将士为崇祯皇帝缟素服丧，声言为先帝复仇。

李自成闻报，执吴襄于军中，亲率20万大军讨伐吴三桂；又令降将唐通、白广恩率2万骑兵绕出关外，夹击吴三桂。

吴三桂见李自成势大，自知不敌，遂采纳部将胡有亮和谋士方献廷所献的“借兵之策”。派副将杨坤、游击郭云龙为使，带着他的书信去大清国向睿亲王多尔衮乞师。这时，多尔衮正率军西出攻明。大军到了距宁远只数里的翁后，闻报吴三桂遣使求见，多尔衮传令入帐。杨坤呈上吴三桂的书信。多尔衮见信中写道：

“流贼逆犯天阙，先帝不幸，九庙灰烬。今贼僭号称尊，罪恶已极。吴三桂受国恩，欲兴师以慰人心。奈京东地小，兵力未集，特泣血求助。我国与贵朝通好二百余年，今无故而遭国难，贵朝应恻然念之，且敌臣贼子，亦非贵朝所宜容也。夫除暴翦恶，大顺也；拯危扶颠，大义也；出民水火，大仁也；兴灭继绝，大名也；取威定霸，大功也；况流寇所聚，金帛子女，不可胜数。义兵一至，皆为所有，此又大利也。王以盖世英雄，值此摧枯拉朽之会，或难再得之时也！乞念亡国孤臣忠义之言，速选精兵，直入中协、西协（这是清军入边的老路。中协指喜峰口、龙井关等处；西协指墙子岭、密云等处），三桂自率所部，合力以抵都门，灭流寇于宫廷，示大义于中国，则我国之报贵朝者，岂惟财帛，将裂土以酬，决不食言。”

多尔衮阅毕，大喜，认为这是天赐进取中原的良机，并立刻召大学士范文程及洪承畴商议决策。当日即给吴三桂复信。信中写道：

“闻流寇攻陷京师，明主惨亡，不胜发指，因而率仁义之师，沉舟破釜，誓必灭贼，出民水火。平西伯遣使致书，深为嘉悦，遂统兵前进，伯思报主恩，与流贼不共戴天，诚忠臣之义也！伯过去一直镇守辽东，与我为敌，今不必因前故再存怀疑。昔管仲射桓公中钩，后桓公用之为相，以成霸业。今伯若率众来归，必封以故土，晋为藩王，一则国仇得报，一则自家可保。子子孙孙，长享富贵。”

多尔衮答应了吴三桂出兵相助的要求，但条件与吴三桂不同：吴三桂是以明朝的名义向清国借兵，平息内乱；而多尔衮则要吴三桂降清。多尔衮遣回郭云龙，并派妻弟拜然同往，随时拔营起兵，火速进发。

四月十八日，李自成率大军抵达山海关，将关城重重包围。

二十日，清军到达连山，接到吴三桂派郭云龙送来的第二封信，告知“贼兵朝夕且急，愿如约，促兵以救”。多尔衮知道，一旦山海关被李自成所得，清军入关的计划很可能就会化为泡影，于是命令军队连夜进军。

二十一日，李自成与吴三桂在山海关城外展开激战。李自成命吴襄在阵前致书，再次劝吴三桂投降。吴三桂回答道：“父既不能为忠臣，三桂亦怎能为孝子?……贼虽置父鼎俎旁以诱三桂，不顾也。”两军整整激战一日。战势渐渐对吴三桂不利，李自成的大顺军开始攻城，城门几危。

二十一日晚，清军到达距山海关十里的地方，在一片石打败了夹击吴三桂的唐通与白广恩。

二十二日，清军进到距关城二里的威远堡时却突然停止前进。这时，李自成的大顺军又发起攻城，几次攻上城墙，关城几不能守。吴三桂知清军已到，一连派出三批专使去请，可是清兵却仍然不动。吴三桂无奈，只好在城上炮火的掩护下，亲率 200 精兵前往多尔衮的大营求救。多尔衮要求吴三桂剃发设誓。吴三桂的命运此时已经完全控制在多尔衮的手中，不由不从，即在军中剃发。其实，这是多尔衮故意施加压力，迫使吴三桂放弃“借兵”的立场，要他彻底投降。刀动发落，一瞬间，吴三桂由大明朝的辽东提督、平西伯变成了大清国的臣子。

李自成

四月二十三日，多尔衮率兵进入山海关，与李自成的大顺军展开决战。李自成的 20 万大军列阵山海关之间。多尔衮命吴三桂军以白布系肩为标志，先与大顺军交战。吴三桂亲自上阵，与大顺军恶战数十回合。中午，大风骤起，吼若雷鸣，飞沙走石，咫尺不见。这时清兵乘势杀入。李自成的大顺军完全没有料到清军会突然参战，顿时惊慌失措，全线溃败。李自成杀死吴襄，退回北京。吴三桂一路追杀，连败大顺军。

李自成回到北京后，杀死吴三桂全家三十余口。李自成四月二十九日登基称帝。这天，清军、吴军的先头部队已经进入北京郊外，李自成毫不理会，毅然即位，在武英殿举行即位典礼，追尊七代祖妣为帝后，由天佑阁大学士牛金星代行祭天礼。时间紧迫，即位仪式草草结束，立即着手撤退。

李自成令全军整束行装，收拾宫中尚未运完的宝物，随军带走。午后，用马骡驮薪木运至内殿，用车辆把大量硝磺、桐油等易燃物散放在薪木之上。接着，发出通告，令百姓出城。霎时，城内到处人喊马叫，一片混乱。到夜里十时左右，李自成下令放火、发炮。硝磺、桐油一见火，嘣地一声，转眼之间，星星之火已变成烈焰，被引着的薪木发出噼里啪啦的声响。炮弹击中宫殿，倒塌声震天动地。宫城九门雉楼及大部分宫殿笼罩在火海之中。城外草场也被点燃，火光熊熊，与宫中大火相映，火光烛天，照耀得如同白昼。

三十日，天蒙蒙亮，宫中大火继续在燃烧，李自成挟太子、两王从容出齐化门，刘宗敏等继其后，撤出北京，留原降将左光先及谷大成率万名骑兵殿后。

农民军刚出齐化门，忽见烟尘滚滚，眼睛被呛得难以睁开；马蹄相撞，坐骑不稳，又听得不远处喊杀声，人马受惊，队伍一阵大乱。原来，吴三桂见城中火起，侦察到农民军将要向西撤退，便在西山设疑兵，搜求数千个酒罂，里面装入石灰，乘夜埋在齐化门外的大道上，每隔数尺埋两个酒罂，上面覆盖浮土。李自成毫无察觉，当大批骑兵路经此处，马蹄踩中酒罂，陷了进去，惊得马匹乱踢，后边的马也跟着乱踢起来，一下子踢得石灰飞扬，人马被石灰呛得睁不开眼，埋伏在西山的吴军只虚声呐喊，结果把农民军队伍搞得大乱，互相挤压、撞击，在慌乱中争先逃命……

李自成如一过客，来也匆匆，去也匆匆，他做北京的新主人不过

41天，才当了2天皇帝，便带着终生的遗憾走了。

走前，李自成曾想杀死陈圆圆。陈圆圆对李自成说道：“听说吴将军曾卷甲来归，后来只是因为我的缘故，又复兴兵。今王杀我不足惜，但恐怕吴将军更与王为死敌，对你不利。我为王着想，不如将我留在北京，用以缓敌，我当劝他不再追赶，以报答王对我的恩遇。”李自成于是将她赦免不杀。

五月一日，多尔衮率清兵进入北京，由此建立起清王朝在全国二百多年的统治。吴三桂因献关降清有功，被封为平西王。当陈圆圆经历了一场风雨之后再回到吴三桂身边时，她首先看到的是光亮的头顶后拖着的一根长辫子。

追击闯王，巩固京畿

吴三桂对李自成等所领导的农民起义军有着刻骨的仇恨。李自成离京西走，多尔衮令吴三桂与阿济格多泽日夜兼程，尾追不放。

农民军出京时，用骡马载驮大量物资，行军速度缓慢，才出城30里，他们的殿后部队就被吴三桂追上。农民军回避交战，丢弃金银财物和无数妇女，都被吴军夺走。农民军丢弃的仅是很小一部分，携带过多的财宝已成为他们的巨大负担，每天行军不过数十里，吴军从后边穷追不舍。农民军不得不继续抛弃大量金银财物和辎重物资，减轻负担，轻装快速撤退。从永定河至固安百里，所弃“衣甲盈路”，都被吴军收去。

李自成率部离京经畿南地区，计划走陕西，奔向西安。但他处境日益艰难：后边有吴三桂与清兵的追击；前边有已降农民军的原明朝官员与地方的地主武装纷纷倒戈，拦截农民军撤退。农民军被迫前防后堵，两面作战，伤亡、溃散、逃跑，使农民军大量减员，实力不断遭到消耗。

五月一日上午，李自成及其将士才到达北京南120余里的涿州。在这里，原明官员冯铨等人纠集地主武装，占据涿州，阻击农民军。李自成大怒，挥军攻城，激战达半日，城未攻下，农民军却是“尸横遍野”。李自成无奈，被迫弃而不攻，继续向南撤去。这一战误了时间，使清军、吴军迅速赶了上来。

二日，农民军退至保定。由于仓皇撤离北京，连日行军，屡遭袭击，广大战士已是口干舌燥，饥肠辘辘，人马皆疲。进保定府时，虽说锣鼓喧天，但队伍不整，骑兵无行列，漫无秩序。农民军没有饭吃，就用宝物向当地百姓换些食物充饥。

吴三桂兵已追到，农民军奋起迎战。已受到饥馁折磨和过度疲惫的农民军经受不住清、吴军的凶猛攻击，又失败了。农民军不能立足，迅速撤离保定。为了赢得撤退时间，延缓清、吴军的追击，农民军把从皇宫内带走的锦、绮等御用织物都缠挂在树上，把重新烧制成的金、银块抛置在路旁，目的是诱使追兵争抢财物，稍缓追击，而农民军加快行军速度，日夜兼行300里，把追兵抛在后头。

吴三桂与清将领自然懂得农民军的意图。对于一向以掠夺财物为目的的清军来说，财宝不能不要，却不容许因取财物而误了时间。他们很快又从后面追了上来。

三日这天，清、吴军追至定州北十里清水铺，已远远望见农民军正在向前赶路。与此同时，负责断后的李自成部将谷大成也发现后面尘土飞扬，渐渐地显露出骑兵飞奔的踪影，知道追兵已到，便勒转马头，传令部众停止前进，排成阵式，等待与追兵交战。不一会儿，吴三桂兵赶到，立即发起攻击。农民军已连日奔波，归心似箭，无意恋战。两军刚开始接战，农民军后阵先乱，谷大成厉声呵斥，对临阵逃缩者即以军法处置，挥刀连斩数人，仍然没有制止住部众的骚动。吴三桂看出对方破绽，驱兵大进，农民军阵势顿时大乱。在混战中，谷大成不幸阵亡。部众见主帅被杀，掉头奔溃，自相蹂践。吴军趁势猛攻，农民军死伤累累。李自成部将左光先率部来救，后继的清兵一涌上阵，举长刀，砍断他的马足，马当即扑倒，左光先从马上跌下来，腿跌断。护卫给他换了一匹坐骑，扶他上马，他痛得连马也不能骑。兵士们就把他扛起来，慌忙退出战场，逃走了。余众都往西北方向逃去。此战，农民军死亡数千余人，追兵夺回被带走的妇女2000余人，还有金、银砖720块，以及骡马、器械不计其数，都成了吴军的战利品。清兵又追杀十四五里，然后收兵返回定州屯驻。

定州的地主武装擒斩大顺政权的州牧董复，把头颅献给吴三桂。吴三桂为他的父亲设灵位，特割下谷大成首级，放在吴襄灵前祭祀，“泣血尽哀”。所获辎重财物都赏赐给他的将士。吴三桂召集溃散的农民军，两三日之内，集万余人，收为自己的部下。吴三桂以喜悦的心情，向摄政王多尔衮报捷。

定州之役，是李自成南撤后遭到的第一次重大挫折。此次战役表明，农民军的士气与战斗力在继续下降，已成惊弓之鸟，使人很难相信他会重新振作起来。吴军、清军士气仍处在最佳状态，战斗力毫不见减。名为清、吴军联合追击，但从战斗实况来看，吴军却是充当了开路先锋和追击的英雄，他一直冲战在前，清军基本上充当了后援的角色。清军乐得让吴军与农民军交战，自己保存实力。

自定州败后，农民军于五月四日退至定州南的真定（河北正定）。

一系列的失败让李自成感到蒙受了奇耻大辱，而将士们也因他的败渐怀二心，产生了不信任的情绪，他们一向崇拜的“闯王”，已失去了往日的光彩。李自成把愤怒都集中到吴三桂一人身上，恨得咬牙切齿。

次日，李自成调集大队兵马，督率诸将，要与吴三桂决一死战。在阵前，李自成厉声高呼：“今日亲决死斗，不求人助，乃为豪杰耳！”他指的是吴三桂不许借助清兵，与他决一胜负，才是真本领。吴三桂根本不予理睬，指挥吴军冲阵，清将固山额真谭泰、准塔，护军

统领德尔德赫、哈宁噶等率前锋兵参加战斗。双方纵兵大战，从上午一直激战到傍晚，互有杀伤。忽然，东风大作，黄沙蔽天，农民军阵中旗帜或被刮倒，或被折断。李自成感到难以取胜，担心农民军久战有失，急下令收兵，撤离战场。当他正要回营，一流矢飞来，恰射中他的肋下，从马上跌落下来，护卫及诸将忙把他救起，奋力疾驰还营。清、吴军也已力竭，没有追赶，返回营地休息。

这天，农民军陆续撤出真定。据当时在城外目睹实况的边大绶写道："自北而南，尘土蔽天，然皆老幼参差，狼狈伶仃，十贼中夹带妇女三四辈，全无纪律。"农民军将携带不方便的辎重都烧毁，轻装疾驰。他们经获鹿、井陉，出固关 (今河北省井陉县西南)，退入山西境内。

固关居山西与河北之间，为一战略要地，易守难攻。吴军与清军自山海关至固关，长驱数千里，不间断地行军，常常是昼夜兼程，也是形神皆疲。在险关面前，不堪再战，急需休整，吴三桂到此决定班师。

五月十二日，吴三桂与英亲王阿济格等出征将领还京。多尔衮派大学士范文程等出城迎接慰劳。入城后，即谒见多尔衮。

吴三桂在短短的两个多月中，借助清兵的支持，连续击败农民军，夺取了京师，将农民军主力驱逐出河北，巩固了京畿地区，为清朝统一全国取得了牢固的立足之地。吴三桂及其将士的这一功绩，得到了清朝统治者的肯定和高度评价。

李自成进入山西以后，起义军与清朝之间形成了以固关为界的暂时休战形势，利用这一机会，李自成的大顺军采取了一系列措施，对地处前沿的山西地区进行整顿，以加强对敌军的抵抗力量，并准备以之为基地，向清朝控制的地区发动反击。一是在力所能及的范围内对反叛势力进行军事镇压。在李自成由北京西撤时，山西中部的一些县如榆次、太谷、定襄等出现了反叛的势力。李自成派军队将这些反叛势力镇压下去，巩固了阵地；二是迁徙缙绅豪民。缙绅豪民是当时叛乱活动的发起者和社会基础，李自成将他们迁到西安等地，河南等地的缙绅豪民也有被迁徙者；三是部署军队，配备文武官员，加强对重要城市和要塞的防御。在太原城内驻兵马一万，并派兵分守山西各关隘。

七月，起义军经过整饬，开始对清朝发动反攻。但各地的反攻大多都是一些小规模的战斗。

这时，起义军内部产生了严重的矛盾，将军李岩是起义军中的杰出将领。丞相牛金星挑拨李自成与李岩的关系。李岩请兵出河南，牛金星诬陷他阴谋反叛，李自成杀掉了李岩、李牟兄弟。大将刘宗敏及军师宋献策闻讯，痛恨牛金星，声言要杀掉他。起义军内部文武不和，矛盾重重，大大削弱了战斗力。

清军入关后，经过短暂的休整，于六月间开始了向起义军的大举进攻。接连占领山西各地。十月初，攻陷太原。大顺政权在山西的控制区所剩无几。

顺治元年 (1644 年) 年末，清廷命吴三桂随英亲王阿济格西征。自边外趋绥德 (今陕西省东北部绥德县)，一路攻克延安、鄜州，顺治二年（1645 年）正月，进攻西安。李自成以数十万人迎战，吴三桂督军斯杀，大败李自成，斩杀数万人。李自成见西安难以坚守，关中也无法立足，于是决定转战豫、楚。李自成出武关南走，吴三桂等率军追击，自襄阳下武昌。一路上李自成的起义军屡战屡败，无立足之地。在九江，李自成的大顺军与清军再次激战，又大败。九江之战后，清军得战胜之威，锐不可当，而大顺军连遭挫折，士气愈发低落，一战即溃。顺治二年（1645 年）五月上旬，李自成率部进入九宫山 (在今湖北省通县) 遭到地主武装团结袭击，不幸遇难。八月，清军师还。吴三桂因参加围剿李自成的起义军立了大功，被召回京师，特设御宴慰劳，赐朝衣一袭，马二匹，晋爵亲王，命出镇锦州。

平定中原，血染官帽

吴三桂用农民起义军的鲜血，染红了“顶子”。爵封亲王，这在满族贵族中也是少有的殊荣。吴三桂亲眼看到，清军入关后，在一年多的时间里，以急风暴雨之势席卷了大半个中国，打败了力量强大的李自成，摧毁了企图重振大明朝的弘光南明政权。他意识到这个新朝立鼎中原已经是不可动摇的了，他暗暗庆幸自己的选择。什么“忠臣不事二主”，正所谓是“识时务者为俊杰，良禽择木而栖”呢！他知道国人都在骂他引清兵入关，叛国背主。可是他想到这些自古以来叛臣、降将们留下遗训，似乎感到心安理得。他铁了心要报效新主。但是，清政府在战事频繁的年代，却将他封在大后方的锦州，这显然是外示恩宠，内怀疑忌，说明新的主子对他并不放心，最怕他在战争中扩大力量，更怕他倒向江南的南明政权。

南明政权是顺治元年 (1644 年) 五月，由在江南的汉族地主、官僚们拥立福王朱由崧建立起来的小朝廷。以南京为都，改元弘光。七月，南明政权派出由兵部侍郎兼右佥都御史左懋第、太仆寺少卿马绍愉、都督陈洪范等人组成的使团来到北京，拿了 10 万两白银、1000 两黄金，1 万匹绢缎，和清朝通款议和；答应把山海关以外之地割给清，每年输银 10 万两，乞求清兵退出关外，并建议联合共剿农民军。

多尔衮写信把南明小朝廷痛斥一番，要它削去帝号，称藩臣服；否则，清军就要投鞭断流，飞渡天堑。南明政权把吴三桂看成是复楚的申包胥，以为他是在为恢复明朝统治尽忠效力。因而使团又带来一纸诰命，封吴三桂为蓟国公，追封其父吴襄为辽国公，母为辽国夫人；又厚赠犒银；使臣还亲自来到吴三桂的府第，致以亲切的慰问并表示厚望。传统的忠君思想，使拖着辫子的吴三桂对故国还良心未泯，但他深知如果敢于对南明政权表示忠诚，等待着他的将是什么。因此，他对使者说："时势至此，我何敢受赐，唯有闭门束甲以俟后命耳。"但他又表示，"终身不忍以一矢相加"，暗示自己是"身在曹营心在汉"。但送走使臣，吴三桂将犒银和诰命原封不动地送交清廷，以表示自己对新主的忠诚。

弘光小朝廷在顺治二年 (1645 年) 五月被消灭，江南抗清义军纷起。明唐王朱聿键，于闰六月又在福州重建南明朝廷，改元隆武；鲁王朱以海在浙江绍兴也建立了一个政权。在这种形势下，清政府对吴三桂不能不防。

镇守锦州的任命，深深地刺痛了吴三桂的心，他尝到了贰臣的滋味。但他不敢有任何不满，回到他原来生活过的故土率兵屯种。他不敢要那亲王的桂冠，恐招非议，百般恳请，终于辞去。

清朝进京前后，为了争取人心，稳定局势，曾经采取了一些积极措施，如严明军纪，以礼安葬崇祯皇帝，任用汉官，减免赋税，严禁贪污，革除明朝厂卫弊政等。这些措施，受到人们的欢迎。但同时也执行了一些错误的政策，首先是"剃发令"。清统治者认为，汉人只有剃发梳辫，从满俗，才是真心归顺，因此在顺治二年（1645 年）二月，重申楚发令，不按期限剃发者，"杀无赦"；其次是"圈地"。顺治元年（1644 年）十二月，清廷下圈地令，将大量的良田沃土圈为"旗地"，分给皇室、王公、八旗官兵。"凡圈田所到，田主登时逐出，室中所有皆其有也。"这是对汉族人民土地、财富的大肆掠夺；最后是强迫汉人"投充"和严申"逃人法"。迫使大批汉族人民沦为满族贵族、八旗官员的庄丁和奴婢。清朝统治者的这些民族高压、掠夺、奴役政策，进一步激化了民族矛盾和阶级矛盾，各地人民纷纷起义反抗。投降的明朝官吏，也不断倒戈。京畿河北、山东、河南、山西、陕西、甘肃及江南地区的抗清斗争如火如荼，此起彼伏，使清政府镇压不暇，极为震骇。

被冷落在锦州的吴三桂，见这正是报效主子、取得信任的机会，多次上书清廷，“求剿贼自效”。

经过几年的观察，清政府认为吴三桂还算可靠。为了进一步考验他，于顺治五年（1648年），命他与定西将军墨尔根、侍卫李国翰同镇汉中。吴三桂途经北京，将长子吴应熊留后，实际上是当做人质，以减少清廷对他的疑虑。顺治六年（1649年），明宗室朱森滏攻阶州，吴三桂与李国翰督兵将他击破斩首。他用南明将士的鲜血与头颅否定了自己曾经说过的“终身不忍以一矢相加”的诺言，以此表达了对大清国的忠贞不贰。

顺治五年（1648年），原明朝大同总兵姜襄在山西大同叛清复反，山西各地遗臣宿将，复起兵响应。原明参将王永强在陕北延安聚众反清，攻破延安、榆林等十九州县，杀延绥巡抚王正志、靖远道夏时芳；又攻陷同官、定边、花马池。山、陕一带同时骚动。清政府在吴三桂攻灭朱森滏后，立刻命他自汉中北上，攻剿王永强。吴三桂败王永强于同官，击杀七千余人，攻克宜君、同官，进而攻克蒲城、宜川、安塞、清涧诸县，诛杀王永强所置的官吏。他又相继攻取了定边、榆林、府谷，平定了王永强领导的反清斗争。吴三桂因功令回京入觐，赐金册印，诏回镇汉中。

顺治八年（1651年），清廷又令吴三桂入川，进剿张献忠起义军的余部。张献忠是明末与李自成齐名的农民起义领袖，转战于湖北、湖南、河南、四川。崇祯十五年（1642年）五月，他在武昌建立政权，国号大西，自称大西王。李自成失败后，清政府向四川进攻，张献忠北上入陕抗清。顺治三年（1646年）十二月他兵败牺牲。但他的余部在孙可望、李定国、刘文秀、艾能奇等部将的领导下，在川南、云、贵一带坚持斗争，力量不断壮大。在顺治八年（1651年）时，掀起了一个新的抗清高潮。

吴三桂率兵进入四川后，遣兵西抚漳腊、松潘，东拔重庆；攻克成都、嘉定等城，连连取胜。这时，孙可望的大西军与朱由榔建立的南明的永历政权联合起来，共同反清。不久发动了大规模的反攻。一路由李定国率领，出湖广、两粤，在衡州大败清军，杀死了敬瑾亲王尼堪，在桂林大败定南王孔有德，孔有德自杀而亡，取得了“两厥名王，天下震动”的辉煌战果。另一路由刘文秀率领在四川反击吴三桂。农民军锐不可当，吴三桂军连战失利，节节败退。刘文秀复又攻克成都等地。十月，将吴三桂团团包围在保宁。刘文秀连营15里，设以象阵、挨牌长枪、匾刀、鸟枪重重防范，并以骁将张光壁军其西面，王复臣军其南面，似如铁壁，吴三桂插翅难逃。西南的屡屡失败，使清廷大为震恐。有人提出放弃西南七省，都统李国翰也已决意离蜀。后来农民军因围城日久而渐生懈怠，被吴三桂发现可乘之机，突围而去，转败为胜。继而又收复了成都、嘉定、叙州、重庆，驻守绵州。刘文秀退守云南。消息传到京城，举朝为之欢动。顺治皇帝颁旨表彰，特增岁俸银千两，又将公主（顺治帝的姐姐）嫁于吴三桂的长子吴应熊，为和硕额驸，授三等精奇尼哈番。

顺治十四年（1657年），农民军内部发生矛盾。孙可望因与李定国有隙而投降清朝，并向清廷建议攻取云、贵。吴三桂想要再立新功，也上疏请战。他建议兵分三路：平南大将军、信郡王、经略大学士洪承畴，由湖南取道进贵州；征南将军卓布泰由广西西进贵州；三桂由四川进贵州。三路并进，顺治皇帝准奏。吴三桂一路连败李定国军，攻取了遵义，占领了开州。李定国的军队节节败绩，护送永历帝朱由榔逃奔云南。

顺治十六年（1659年）二月，清军三路会师云南，攻克会城，大破白文选于玉龙关，取永昌。李定国设伏兵于地势极为险要的磨盘山，准备一举全歼吴三桂。但出现了叛徒，将军情全都报告给吴三桂。于是，刚刚进入伏击圈的清兵，立即停止前进，集中兵力，向伏兵杀去。两军展开了一场短兵相接的肉搏战。由于吴三桂兵多将广，李定国惨败，率残部向西奔走。南明的将领纷纷投降。顺治十六年（1659年）正月，吴三桂攻下昆明。永历帝朱由榔逃入缅甸，清军占领了云南。

吴三桂为了向清王朝表明自己与明王朝的彻底决裂，一心要擒杀永历帝。他多次向顺治皇帝上疏，请求出兵缅甸，迫使交出朱由榔。他说："朱由榔不灭，有三患二艰——李定国等引众四扰，患在门户；土司反复，易被煽动，患在肘腋；投诚将士，乘机生心，患在腠理。且滇中米粮腾涌，耕作半荒，养兵难，安民也难。唯有剿尽根除，才能一劳永逸。"

顺治十八年（1661年），顺治皇帝批准了吴三桂的奏请，派内大臣爱星阿以定西将军的身份统兵来到云南，九月吴三桂与爱星阿兵分两路，向缅甸进发。缅甸畏惧10万清兵，只好在康熙元年（1662年）一月二十日，交出永历帝朱由榔及其家属。

吴三桂见到永历帝，大概是叛臣出于内心的羞愧，竟然不由自主地跪倒在地。朱由榔望着眼前的吴三桂，义愤填膺，痛责他背主负义，历数他的种种罪行。朱由榔说："你吴三桂本是大明勋臣，先帝对你甚厚，你却引贼兵入关，不图复明大计，反做践踏中原的鹰犬。现在我流落缅甸，光复中华的大业未竟。而你追逐至此，是想杀我邀功吗？你是中华之人，世代享受大明俸禄，就算不可怜朕，难道不感念先帝吗？即不感念先帝，难道忘了自己的祖宗吗？我与你有什么怨仇呢，你要赶尽杀绝？"

吴三桂面如死灰，汗流浃背，浑身发抖，一直到朱由榔痛斥完毕，让他走开，他才敢起身。可是四肢瘫软，动弹不得，只好由他人扶起。六月二十五日，吴三桂在昆明的篦子坡，用弓弦将朱由榔和他12岁的儿子绞死，朱由榔的妻、母也被掐死。大明王朝最后灭亡在吴三桂的手中。

李定国获悉桂王朱由榔遇害，在云南的猛腊（今属西双版纳）重病而死。所部尽降。十几年间，吴三桂率部队从西北打到西南，剿灭了一处处广大人民群众反对民族压迫的起义斗争，又最后消灭了明王朝的残余势力，为巩固清王朝的统治效尽了犬马之劳。

称霸云南，再做叛臣

磨盘山之战后，虽然李定国兵败无力再战，永历帝逃往缅甸，云南基本平定。但这股势力的存在仍为清王朝之患。云、贵土司众多，这些土司世代承袭统治地方。他们对新王朝的统治并不甘心情愿，蠢蠢欲动。而云、贵地处偏远，山水阻隔，往来发兵，运送粮饷十分不便，鉴于此，顺治皇帝采纳了洪承畴的建议，命吴三桂镇守云南，授予他总管云南兵民事务和所属文武官吏任免的大权，诏谕："文武官员贤否，甄别举劾，民间利弊，因革兴除，及兵部钱粮，一切事物俱暂著该蕃总管，奏请施行，内外各衙门不得掣肘。"康熙元年（1662年）正月，因吴三桂捉获南明永历帝之功，晋爵亲王。后又将贵州也归其统辖。吴三桂成为独霸云、贵的西南之王。

当时，藩屏边陲的还有镇守福建的靖南王耿精忠和镇守广东的平南王尚可喜之子尚之信，时称"三藩"。三藩之中以吴三桂的辖区最大、势力最强。

就吴三桂方面说来，在南明政权尚未消灭之前，他与清政府命运相连，必须拼死作战。但在云贵底定之后，他便做起了"世镇云南"的美梦，并处心积虑地要把云南变为自己的割据领地。况且，清廷为了加强对边疆省份的统治，已开始向云贵地区派驻行政官员，要求吴三桂裁减军队。清朝的这些措施，是为了休养生息，是符合社会需要和民众意愿的。但是，由于十几年来吴三桂政治、军事势力的迅速增长，清朝的这些措施却触犯到吴三桂本人的利益。

为了保持自己的势力，延续世代称王的美梦，他开始暗中积蓄力量。

吴三桂首先是不断扩大军事力量。顺治十七年（1660 年）定三藩兵制，吴三桂藩属 53 佐领，每佐领有甲士 200 人，共 1 万多人；以 5 个壮丁抽 1 甲计，共有壮丁 5 万余。53 佐领分左右两都统，统将都是忠于吴三桂的死党。同年七月，吴三桂又奏请增设绿营兵忠勇 5 营、义勇 5 营，共 10 营，每营 1200 人，计 12000 人。绿营兵都是招降原属李自成、张献忠的农民起义军。这些兵将，都是身经百战的骁勇之士，战斗力最强。每营设一总兵统领。十月，吴三桂又奏请设云南援剿四镇总兵官，以四川、湖广本任之统兵大员担任。这样又在云、贵两省之外安插了亲信，借以扩大军事力量。吴三桂又借口为征剿方便，使云、贵两省的督抚都归他节制，消除辖区内对他制约的力量，高度集权于一身。

吴三桂为了寻找保持并扩充军队数额的借口，不断发动战事。吴三桂的老上司西南五省经略大学士洪承畴离滇返京时，吴三桂曾向他请教永固之策，洪承畴点拨道：“如若永固滇黔，不可使滇中一日无事”。吴三桂把他视金玉之言。在平定云南之后，顺治十七年（1660 年），部臣奏计：云南省俸饷，岁九百余万，除召还满兵，议裁绿营兵五分之二。吴三桂以边疆未靖为辞，拒不裁军。为此，他多次奏请出兵缅甸，于顺治十八年（1661 年）缚献永历帝；接着在康熙二年（1663 年）又出兵广西，攻剿广西的陇纳山蛮；康熙三年（1664 年），又出兵贵州，平定水西、乌撒两土司。吴三桂不断寻找战事，以武功震耀于朝廷，加固自己的根基。康熙四年（1665 年）他虽被迫裁减绿营兵 5000

吴三桂军兵

人，但裁减的全是老弱。在裁军的同时，他又采取“按地征粮，按粮征兵”的办法，在建制外大征“猓猓”人为兵。这些被称为猓猓的苗、彝族士兵，不仅善于驱象作战，而且所投标枪百发百中，竟成为吴军中的劲兵。名为裁军，实际上是增加了精锐。吴三桂经过二十余年的征战，从辽东至冀、晋、川、陕、黔、滇，四方精兵猛将多归其部下。

为了增强军队的战斗力，吴三桂大量购买军马和加强军事训练。云南战马奇缺，四川的马力弱难以临阵。吴三桂便利用他旧日的亲信部将陕西提督王辅臣的关系，由西北购入号称“勇健”的战马，每年购买3000匹。他非常重视军事训练，常常亲自上练兵场参加骑射。还在军中推行一种特殊的练兵方法：悬铁甲为靶，箭中甲穿，加罪于制甲人；镞曲，甲不透，加罪于制箭人；箭中而镞套卡在甲内，镞不曲，甲不穿，制甲、制箭的人均赏。他还在诸将子弟中选拔出聪明颖悟、有勇力的人，加以特殊的训练培养，不仅让他们练武，而且还要学习兵法。派专人讲授，以备将帅之选。正由于如此，吴三桂的军队成为国内最强大的一支军事力量。

其次是网罗死党。吴三桂把选拔所部文武官员的权力抓在自己手中。使朝廷允许他用人吏、兵二部不得掣肘，用财产部不得稽迟，其所除授号曰“西选”。每任官以藩府龙凤下批咨部，曰：“某为某地守令，某为某部参将、游击。”如果这些官缺，吏部、兵部已经选定，也要撤回，而用吴三桂所选。吴三桂不仅操纵云南文武官员的选拔，有时还把手伸向他省，所以当时有“西选之官遍天下”之称。

吴三桂还大力招揽四方宾客、诸将子弟，对平素有才望的人物，“百计罗致，令投身藩下，蓄为私人”。为了把所属官员变成自己的私党，吴三桂不惜以卑劣的手段重金收买。凡新任的官员，官职在知县以上的，都要在三天后拜谒王府。吴三桂装出极为和蔼可亲、平易近人的样子，亲自接见，询问家世、履历等。如果此人一旦以相貌伟岸或才品卓越被他看中，便由他的女婿胡国柱出面诱其卖身。其身价银多者数万，少则百余，视其才能为等差。那些官员或企图投靠，或惧怕其势力，不敢不从。应允者只要在一卖身文书上签字画押即可。楚

雄知府冯延就是这样投在吴三桂的门下的。他的卖身契约写道："楚雄知府冯某，本籍浙江临海县人，今同母某氏卖到西平王藩下，当日得身价银一万七千两"，后面署"媒人胡国柱"。这些卖身的官员，不仅是吴三桂的下属官员，还是他的私人工具，任其驱使。

再次是敛集财富，增强经济实力。吴三桂一是向中央大量索取银两，每年多达900万两。顺治十七年（1661年），户部奏称：云南"需用粮饷甚多，以至各省輓输，困苦至极。合计天下正赋，止八百七十五万余两。而云南一省需银九百余万两，竭天下之正赋，不足供一省之用"；二是自行盘剥。吴三桂不仅把明朝贵族沐氏田庄700顷霸为"藩庄"，还大量圈占民田，把耕种这些土地的各族农民变成吴三桂的官佃户，派专人管理。这些管庄人员恶如豺狼，恢复明末各种苛重的租税和徭役，残酷地奴役和剥削各族农民，为吴三桂敛财聚富。吴三桂在云南重征关市商税，垄断盐井、金矿、铜山诸利，并且大放高利贷，以责重息。还扩大对外省的贸易。派官员采购辽东的人参、四川的黄连、附子等贵重药材，转运贩卖。又与西藏达赖喇嘛互市茶、马于北胜州（今云南省永胜县）。通过各种形式的贸易，牟取暴利；三是武力抢掠。吴三桂多年转战各地，特别是在征剿云、贵土司的战争中，抢掠了大量的财物。这些几代世袭土司，独霸一方，世代积累，财富颇丰。他们发动的战乱被平定后，不仅他们的家产，就连参加叛乱的普通平民的家产，全被抢掠一空。吴三桂经过多年的横征暴敛、肆意盘剥和抢掠，集聚了大量的财物，"富甲天下"，成为日后叛乱的经济条件。

最后是在京中广置耳目。吴三桂的长子吴应熊在京中为驸马，身居高位，消息灵通。吴三桂又把自己多年的心腹、亲家翁胡心水派往北京，帮助吴应熊。胡心水在京挥金如土，笼络各方官员，上下左右无不相得。朝中无论大事小情，旦夕飞报，无所不知。

狡诈多端的吴三桂，为了掩饰自己的野心，在积极进行各方面的准备的同时，巧施韬晦之计。他大肆修建园亭，多买歌童舞女，装作贪恋声色、胸无大志的样子。他不仅占据了昆明西北郊五华山上的原沐氏府邸，又在康熙四年（1665年）命人将方圆数十里的菜海子（翠湖）填平一半，另修了一座新的王府。新王府壮丽宽阔，“红亭碧沼，曲折依泉，杰阁丰堂，参差因岫，冠以巍阙，缭以雕墙，袤广数十里”。接着吴三桂又用了3年的时间，在府左建造了一座安福园。奇花异木，运自两粤，奇巧的玩器购自八闽，管弦锦绮、书画取自三吴。又购买吴地少女40人，歌舞弹唱。整日与幕僚名士徜徉其间。兴起之时，又自奏琴笛，伴歌女演唱。

吴三桂尽管千方百计地掩饰，但纸总是包不住火的。对于他的不臣之心，朝廷有所察觉。顺治十七年（1660年）十一月，御史杨素蕴曾上疏弹劾吴三桂。疏中直言指出：“自古忠邪之分，其初莫不起于一念之敬肆。该藩扬历有年，虽未必别有深心，但应防微杜渐。一切威福大权都应禀命朝廷，只有这样才能君恩臣谊两相得。”不久，庆阳知府傅宏烈也上疏，弹劾吴三桂种种不法之状，并且一针见血地指出吴三桂必有异志。朝廷虽然处分了这两个弹劾者，但对吴三桂也日加警惕，开始逐渐削弱吴三桂的权势，限制其不法行为。

康熙二年（1663年）清廷收缴了吴三桂的大将军印。按清制规定，大将军权势颇重，都是临时差遣，事毕即解除职务，将印交回。可是吴三桂驻镇云南数载，竟拒不缴。清廷畏吴三桂势大，只好派大臣找吴三桂的儿子吴应熊说道：“他日永历在缅，边地多事，所以予你父以将印，重其事权。今天下大定，为何还不早日交回？”吴应熊将朝廷之意转达其父，吴三桂不得已交回将印，但内心怏怏不乐。康熙四年（1665年）使云南裁绿营兵五千余。康熙六年（1667年）令吴三桂裁减云南兵饷，“省额饷百余万”。接着朝廷又派内大臣吴丹为钦差大臣，前往云南对吴三桂的练兵进行“嘉奖”，实际上则是观察动向，检查兵力。吴三桂采纳胡国柱之策，将精壮之士尽行藏匿，只令一些老弱之兵出来参加检阅。虽然蒙蔽了吴丹，但吴三桂心中再也不能平静了。

康熙六年（1667年）五月，在钦差大臣吴丹离滇不久，吴三桂以目疾奏请辞云、贵两省事务。这本是对朝廷的要挟。但清廷明知其意，却顺水推舟，表示为了照顾他的健康，特准他的请求。决定将该藩所管各项事务，照各省例，责令该督府管理，“其大小文官，亦照各省例，由吏部题授。”收回了他总管云、贵两省的行政大权。吴三桂见弄巧成拙，立刻煽动他的部属们上疏，以“不任三桂，恐边衅日滋”为理由，请命吴三桂仍然总管云、贵事务。朝廷不准，并且又规定藩王部属不准任督抚。从此，吴三桂与朝廷的矛盾日益尖锐。

康熙六年（1667 年），康熙皇帝亲政。康熙八年（1669 年）六月，康熙智擒权臣鳌拜，全面掌握了朝政大权。年轻的康熙皇帝，是一位很有见识和胆略的英明君主。他见“三藩”势力强大，专横跋扈，已渐成尾大不掉之势。鉴于前代藩镇割据之祸，他决意撤藩，加强中央集权。为此，他加紧进行准备工作：整顿财政，筹措经费；扩编佐领，加强训练，提高八旗兵的战斗力；采取缓和民族矛盾与阶级矛盾的措施，以争取民心。对因弹劾吴三桂而获罪的傅宏烈、郝浴等人减刑并表示同情与关怀。大约在康熙十年（1671 年）前后，明朝遗臣查如龙，煽动吴三桂反叛朝廷。他向吴三桂上血书说：“王，华人也，当年之事出于不得已，今天下之机杼在王，王若出兵以临中原，天下响应，此千古一时也。”此事泄露，查如龙被押赴京师处死。从此朝廷对吴三桂的怀疑更深。撤藩之势已成，只待有利时机。

康熙十二年（1673 年）三月，平南王尚可喜上疏请求归老辽东，留其子尚之信继续镇守广东。康熙皇帝见撤藩时机已到，下诏同意他告老还乡，并要尚之信一同回籍。留所属两营绿营官兵，由广东提督管辖，镇守广州府。

尚可喜的撤藩，对吴三桂和耿精忠的震动很大，各不自安。为了试探朝廷对他们的态度，也都上疏请求撤藩。撤藩事关国家安危，因而在议政王大臣会议上，发生了激烈的争论。最后康熙皇帝认为：“藩镇久握重兵，势成尾大，非国家之利。特别是吴三桂，蓄异志已久，不早撤除，必将养痈成患。今撤也反，不撤也反，不如乘现在的有利时机先发制人”，遂下令同撤三藩，并且雷厉风行地执行。

康熙皇帝手诏谕吴三桂：“自古帝王平定天下，都是依赖师武臣力，待到海宇平定，必振旅班师，休息士卒。使封疆重臣，优游颐养，世代封赏，恩宠固若山河。王一向极其忠贞，竭心尽力，镇守岩疆，释朕南顾之忧，功莫大焉！但念王年齿已高，师徒暴露，久住荒远，眷怀良切。今因地方平定，故允王所请。王率所属官兵北来，朕甚欣慰关注。所有安插事宜，都已命有司安排妥当，王到之日即有宁宇，无以为念。”十月间钦差大臣礼部侍郎哲尔肯、掌院学士傅达礼和兵部车驾司郎中王新命等人奉命到达云南，处理撤藩诸事。

吴三桂再一次错误地估计了形势。他以为朝廷不敢对他撤藩，上疏申请撤藩，只是为了解除朝廷对他的怀疑。他万万没有想到，朝廷不但不优诏慰留，而且还派人催他立即动迁。因此，决定以武力反抗朝廷。他认为滇中形势南扼黔粤，西控秦陇；财用富饶，兵甲坚利；治军严整，号令肃严，屯守攻战之宜，无不悉备。将士乐为之用，民心也翕然归附，各强藩雄镇，也都与他有着密切的联系，只要他振臂一呼，便可四方响应。康熙皇帝仅是个 20 岁的青年，完全不是他这戎马一生、身经百战的王爷的对手。抑或是不能一统天下，也足可以据半壁江山。

对于吴三桂的反叛朝廷，他的部将们也起了重要的促进作用。特别是他的好友谋士方光琛和女婿胡国柱，早在康熙六年（1667 年）吴三桂被解除两省事务时，就挑拨他与朝廷的关系，说道：“朝廷已经疑忌亲王，王应当以自全为计。”吴三桂虽然没有表示可否，但从此加紧练士马、利器械，以备“不测”。如今皇上已经下令撤藩，吴三桂的部将和属吏们个个怨恨不已。他们与吴三桂在一起二三十年，已经变成了一荣俱荣、一损俱损的整体。他们失去了吴三桂的庇护，就意味着失去官爵、富贵。吴三桂拥兵称帝，他们便是公卿王侯。因此，纷纷怂恿吴三桂举事。

方光琛最先煽动说：“王要想不失富贵，便举大事。否则一旦居于笼中，那就要任人烹饪了！”骁将马宝特意从边镇赶回昆明，直言造反。胡国柱则制造流言：“河南、湖广，沿路尽置刀斧手，埋伏地雷，专等王一过，便尽杀无遗。”吴三桂虽有长子、长孙在京的后顾之忧，但他像一个顷刻间就要输得倾家荡产的赌徒一样，已经红了眼，铁了心，顾不上那许多了。

吴三桂一面热情地迎接钦差大臣，满口应承撤迁；一面加紧进行谋反的准备。他派人与耿精忠、尚之信联系，同时封闭了所有道路、要隘，只准进入不准出人，严密封锁消息。

吴三桂原答应于十一月二十四日撤迁，但到了十一月十五日还没有一点要撤迁的样子。三位钦差和云南巡抚朱国治只好登门拜访，询问消息。吴三桂摆宴盛情款待，但席间却绝口不谈撤迁一事。朱国治忍不住试探地问道："三位钦差大人等候已久，王若无意撤迁，可请三位大人回京复旨!"方才还笑容可掬的吴三桂，闻言顿时大怒，指着朱国治骂道："你这贪污小奴，云南本是我用血挣来的，你敢不容我住吗?"钦差傅达礼忙进行劝解："请王息怒，此事与朱巡抚无关。"遂告辞而出。事情已经完全明朗了，吴三桂不想交出他用血挣来的云南。他蓄谋已久的反叛，已经不可阻挡。

清王朝对吴三桂的恩宠之深，天下人无不知晓。突然背叛，实在是举师无名。在万般无奈的情况下，只好以"复明"相号召。

吴三桂把众将召集到一起，说道："请问诸君，今日你们能得居此土，以有其家，以享富贵，是谁赐予的?"众将齐声答道："托殿下之福!"

吴三桂摇头道："不对! 你们今日的富贵，全是先朝余荫。想当初我受先朝的厚恩，待罪东陲。时值闯贼构乱，召卫师，计不能两全，乃乞师本朝，以报吾父大仇。继而平滇蜀而得栖息于此。这不是先朝的恩德吗?故君的陵寝在这里，如今我们要北归而去，怎能不辞而别呢?"于是，吴三桂择吉日率大队人马来到昆明城郊的篦子坡，悼念那被他勒死的永历帝。

吴三桂剪掉了头上的辫子，全副明臣装束，在永历帝的荒丘前失声恸哭，号叫："君父之仇，不共戴天。"那些不愿离开云南的官兵，也随之哭号，哭声震天。吴三桂一时间煽起了官兵思念旧朝的激情。

条件成熟了。十一月二十一日，吴三桂杀掉了不肯从叛的巡抚朱国治，拘押了哲尔肯、傅达礼、王新命 3 名钦差大臣，不顾生灵涂炭、国家分裂，扯起了反叛清王朝的大旗。

建立伪周，徒增笑柄

叛逆吴三桂，自称天下都招讨兵马大元帅。以第二年改元为周王元年，又命令部下“蓄发、易袖冠”。标榜复兴明室，发布反清檄文。檄文宣称：

本镇深叨明朝世爵，统镇山海关。李逆倡乱，聚贼百万，横行天下，旋寇京师。本镇矢尽兵穷，不得已歃血订盟，许虏藩封，暂借夷兵十万，身为前驱，斩将入关。不意狡虏逆天背盟。将欲反戈北逐，适值周、田二皇亲，密会太监王奉，抱先皇三太子，年甫三岁，寄命托孤，宗社是赖。姑饮泣隐忍，养晦待时。选将练兵，密图恢复，盖三十年矣。兹彼夷君无道，奸邪高张，本镇仰观俯察，正当伐暴救民，顺天应人之日也。爰率文武臣夫，共勃义举。推奉三太子，恭登大宝。告庙兴师，克期并发。

这是一张满纸谎言自欺欺人的檄文。正如清朝的贝勒、安远靖寇大将军尚善所揭露：“王借言兴复明室，可是从前大兵入关时，怎么没听到王请立明的后代？而天下大定后，怎么还为我朝着想要求根除明的后裔、剪灭明的宗室？这难道是在为故主效忠吗？为人臣仆，更迭事奉两朝，而未尝忠于一主，这能称得上是义吗？”字字深入骨髓，把吴三桂毫无道义、反复无常的叛逆嘴脸揭露得淋漓尽致。因此，尽管吴三桂把他的起兵说得堂堂皇皇，可是许多有识之士和广大的人民群众对他并不支持。这正是他最后必然失败的根本原因。

十二月一日，吴三桂率军北上，由于清王朝缺乏充分准备，加之吴三桂早日收买的官员的配合，很快就攻陷了贵阳。之后，兵分两路，一路由他和亲军骁骑前将军马宝、亲军前将军吴国贵率领，夺取湖南；另一路由亲军骠骑前将军王屏藩指挥攻打四川。两路军连连取胜。马宝进入湖南，很快攻下沅州、常德、长沙、岳州、澧州、衡州等四州一府。康熙十三年（1674年）三月，尽克湖南。四川一路，在川北几次截断清军的饷道，巡抚罗森、提督郑蛟麟、总兵谭弘、吴之茂投降。

康熙十三年（1674年）四月，耿精忠反。康熙十五年（1676年）三月，尚之信接受了吴三桂“招讨大将军”的封号，也起兵叛清。受三藩影响先后反叛的还有贵州巡抚曹申吉、提督李本深、云南提督张国柱、镇守广西等处将军孙延龄、提督马雄、四川巡抚罗森、提督郑蛟麟、总兵谭弘等。襄阳总兵杨来嘉、河北总兵蔡禄、陕西提督王辅臣、察哈尔蒙古旗的上层分子，也在北边响应。参加叛乱的总督、巡抚、提督、总兵等地方大员大多数都是昔日明朝降清的武将，有些则是吴三桂多年来培植起来的党羽。

对于吴三桂的叛乱，举朝震骇，京中的一些官僚不知所措，有的甚至即遣妻、子回原籍。原来反对撤藩的大学士索额图，竟然请康熙皇帝杀主张撤藩的兵部尚书明珠等以谢吴三桂。康熙坚决地予以驳斥，宣谕撤藩是他自己的主意，不准诿罪他人。同时，他镇定自若，运筹策划。首先停撤平南、靖南二藩，以孤立吴三桂。而后又下令夺吴三桂的王爵，处死吴三桂之子吴应熊及其同党，以打击吴三桂的气焰。在军事上迅速调兵遣将，集结精锐的八旗兵分赴前线。命郡王勒尔锦为宁南靖寇大将军，率师驰荆州，守常德；又命西安将军瓦尔喀进驻四川，以绝吴三桂自滇入蜀之望；以莫洛为经略，率精兵驻扎西安，节制西北诸军；江南是财赋重地，根据形势的发展需要，又增派一批将军，分别率兵镇守京口（今江苏省丹徒）、江西、江宁（今南京）、杭州、广东等地。又派出善战的贝勒尚善为安远宁寇大将军，协助勒尔锦，坚守荆州门户，扼制吴三桂北上。对陕西提督王辅臣，用抚剿并施的办法，迫使其投降，稳定住西北。

吴三桂万万没有想到年轻的康熙皇帝会如此干练。虽然各路军事进展顺利，但他一直不敢轻易渡过长江。企图与清王朝划江而治。他托达赖喇嘛去北京斡旋，要求“裂土罢兵”。康熙皇帝断然拒绝。他告诉达赖喇嘛：“朕为天下人民之主，岂容裂土罢兵，但（吴三桂）果悔罪归，亦当待以不死。”同时，加强各地的反击。至康熙十五年（1676年）双方在战场上出现了相持的局面。但已开始向不利于吴三桂方面转化。

吴三桂在初期的胜利，是乘朝廷无备之机。战争旷日持久，吴三桂开始感到兵力、财力不足。而且，各地支持吴三桂叛乱的军队多是一些乌合之众，形势有利，蜂拥而来，形势不利，纷纷离去。康熙十五年（1676年）六月，定远大将军图海迫降王辅臣，粉碎了吴三桂企图取道川陕、入犯京师的计划。十月，康亲王奉命大将军杰书克复江西、浙江，迫使耿精忠投降。吴三桂的左、右两翼被剪除。康熙皇帝命令安亲王定远平寇大将军岳乐等专攻湖南。克醴陵、萍乡，兵逼吴军的巢穴长沙。康熙十六年（1677年）三月，清兵与吴军在长沙东南的官山展开大战。虽然双方互有胜负，但吴三桂的锐气却大大受挫，退入长沙城固守。

康熙十七年（1678年），清军收复了浏阳、平江以及湘、赣许多城池，并且进入衡州的门户——永兴城。形势的发展对吴三桂更加不利。这时，吴三桂已经起事6年，地日减，援日寡。为了鼓舞士气，并满足他梦寐以求的野心，决定在衡州（今湖南省衡阳）登基称帝。

吴三桂称帝心切，选择三月初三日为登基大典的吉日。因来不及修建宫殿，更换黄色琉璃瓦，只好将原来的房瓦用黄漆涂染。没有朝房，便搭起数百间芦舍席棚暂且充当。又令人在衡山的雁峰寺侧建筑祭坛。时正春季，连日大雨。至大典之日，吴三桂率领他的文武百官，踏着烂泥污水，到衡山脚下登坛祭天地，宣布登基。时正逢天阴转晴，彩云当空，吴三桂大喜，以为上天嘉许。

回来的途中，经过衡山的岳神庙。吴三桂早就听说，庙中有铜钱般大小的白龟，皆活有百年，借以占卜，非常灵验。吴三桂正在兴头上，想借龟卜证明他的称帝“顺天应人”。于是，呈地图于前，视龟所向以占吉凶。谁知，白龟姗姗循行，却总不出长沙、岳州、常德之间，最后竟爬回滇省再也不动。吴三桂祈祷再三，三占都是如此。吴三桂与其党相顾失色。登基大典笼罩上了一层阴影。

回到宫中，吴三桂坐在皇帝的宝座上，宣告改元“昭武”，国号为“周”，以衡州为定天府。封妻张氏为后，吴应熊的庶子吴世璠为太孙。又大封百官，以郭壮图、方光琛为大学士。擢王公良、巴养元、陈君极、王绪、李继业等为将军。余党晋爵有差，正封赏间，突然狂风暴雨骤起，将瓦上的黄漆全都冲刷下来，搭起的草棚朝房也被吹得东倒西歪。更不知从哪里又跑出一条狗，竟然窜到御案上。素来迷信的吴三桂，见这一连串的不吉利的现象，心中大恶，只好草草结束大典。心绪不畅，不久便身染重病，失音不能语。接着又患赤痢，久治不愈。

吴三桂的建国称帝的丑剧，并没有给他带来什么好的转机。相反，各地告急的战报却雪片般地飞来。永兴、茶陵、攸县、安仁、兴宁、郴州、蓝山、嘉禾、桂阳、桂东等郡县接连失守。重镇永兴是衡州的门户，距衡州仅百余里。吴三桂兵力不足，只好从云贵老巢调兵，又撤回在广西的军队，与清军拼死争夺永兴，但是久攻不下。吴三桂气急，疾病交加，于康熙十七年（1678年）八月十七日暴死。终年67岁，仅仅当了5个月的皇帝。

十月，吴三桂的孙子吴世璠即位于衡阳，改元“洪化”。不久，撤回云南。清军闻吴三桂已死，锐气倍增，加强政治策反和军事进攻。吴军控制的地盘越来越小。3年中，清军先后收复川、湘、黔、滇。康熙二十年（1681年），清三路大军在云南会师，围攻昆明。十月城破，吴世璠自杀，余部投降。吴氏家族被诛戮殆尽。云贵悉平。

吴三桂的一生，身历二朝，历事三主。他为一家之私，投降李自成；出尔反尔，引清兵入关；为贪得无厌的野心，举兵叛清。他是一个不忠不义、见机行事、贪得无厌的人，根本不会考虑江山社稷、黎民百姓的利益。他带头发动的、目的在于分裂割据的“三藩”之乱，历时8年之久，战火遍及西南、江南、西北等十余省的广大地区，使刚刚安定的天下又经历一次浩劫，百姓又经历一次痛苦。他居然打着“光复大明”的幌子，实在是恬不知耻。

此生唯愿海波平

——施琅

施琅，字尊侯，号琢公，明末清初著名将领。他原是郑芝龙和郑成功的部将，降清后被任命为清军同安副将，不久又被提升为同安总兵、福建水师提督，先后率师驻守同安、海澄、厦门，参与清军对郑军的进攻和招抚，收复台湾后，被封为靖海侯。

施琅为捍卫国土的完整做出了杰出的贡献，受到广泛的赞誉，但也因“背郑降清”为一些人所诟病。

弃郑降清，备战攻台

施琅是福建晋江人，最初在明总兵郑芝龙军中任左冲锋。顺治三年（1646年），清军平定福建，施琅随郑芝龙投降。他随从大军去征讨广东，平定顺德、东莞、三水、新宁各县。郑芝龙被挟持到了京师，其子郑成功逃回海上，占据了海岛。郑成功招施琅回岛，因施琅以前与郑成功不和，一直衔恨，便不肯听从。

郑成功派人拘捕了施琅，同时囚禁了他的家属。施琅用计逃脱了，但他的父亲施大宣、弟弟施显及子侄都被郑成功杀害。

顺治十三年（1656年），施琅跟随定远大将济度（济尔哈朗第二子）在福州打败了郑成功，清廷授他为同安副将。顺治十六年（1659年），郑成功攻占台湾后，清廷提升施琅为同安总兵。

康熙元年（1662年），施琅被提升为水师提督。这时郑成功已经过世，他的儿子郑锦企图入犯海澄，施琅派遣宁备汪明等率领水军到海门抵御，斩杀了郑军将领林维，缴获了战船、军械。不久，靖南王耿继茂、总督李率泰等攻克厦门，敌方震惊溃败，施琅招募荷兰国水兵，用夹板船前去拦腰攻击，斩首一千多人，又乘胜追击攻取了浯屿、金门两个岛。叙录战功，施琅被加授右都督。康熙三年（1664年），被提加为靖海将军。

康熙七年（1668年），施琅秘密向清廷奏述郑锦在海上负隅顽抗，应该迅速去进攻他们。康熙召施琅到京师，亲自向他询问计谋策略，施琅说：“盘踞在台湾的贼兵不过几万，战船不过几百艘，郑锦这人又智勇全无。如果我们先攻取澎湖来掐住他们的咽喉，贼势立即会减损；如果他们再凭借地势的险固顽抗，那么就派重兵停泊在台湾港口，然后另以奇兵分路袭击南路打狗港及北路文港海翁堀。敌兵分散力量就薄弱了，聚合则势态就穷蹙，台湾的平定则可计日而待。”但事情下六部讨论，没有按施琅的奏章去实行。因裁减水师提督，清廷授施琅为内大臣，隶属镶黄旗汉军。

康熙二十年（1681 年），郑锦死，他的儿子郑克塽年幼，将领中由刘国轩、冯锡范管事。清内阁学士李光地奏报台湾可以攻取的情况，因此向上推荐施琅，说他熟悉海上事务，康熙再次授施琅为福建水师提督，加太子少保，嘱咐他伺机发兵前去攻取。施琅来到军中，上疏说：“敌船在澎湖长久地停留，全力地固守，冬春之际，飓风时有发生，我方战船难以迅速过洋。我现在训练教习水师，又派间谍去交通我以前的部属，使他们作为内应。待到天气气候适宜时再进攻，必能大获全胜。”康熙二十一年（1682 年），给事中孙蕙上疏说应该缓征台湾。七月，有彗星出现，户部尚书梁清标再次对此事发表意见，朝廷于是下诏暂缓进剿。施琅上疏说：“我已挑选水师精兵 2 万人、战船 300 艘，足以攻破消灭海贼。请求催促督抚办理粮饷事，只要遇到对我们有利的风候，就可以发兵起行，同时请调陆路官兵协助进剿。”皇帝下诏，表示同意他的意见。

收复台澎，封靖海侯

康熙二十二年（1683 年）六月，施琅从桐山攻克花屿、猫屿、草屿，乘南风行驶并停泊到八罩。郑将刘国轩盘踞在澎湖，沿岸筑起短墙，购置了腰铳，环围有20多里作为壁垒。施琅派遣游击蓝理用乌船进攻，敌舰乘涨潮从四面涌合。施琅乘着楼船突入贼阵，被流箭射伤了眼睛，血从帕巾中溢出，但他督战毫不退却。总兵吴英接替了他，斩首了敌人3000多人，攻克了虎井、桶盘两个岛屿。紧接着施琅将100艘战船分列东西二路，派总兵陈蟒、魏明、董义、康玉率兵往东指向鸡笼峪、四角山，往西指向牛心湾，以分散敌人兵力。施琅亲自督领56艘船分成8队，以80艘船紧跟其后，扬帆直驰进去。敌方倾巢出来拒战，总兵林贤、朱天贵先入战阵，朱天贵战死。将士们从正中奋勇出击，从辰时战到申时，焚烧敌舰100多艘，溺死的敌兵不计其数，终于攻下了澎湖。

在攻战中，施琅显示出了他出色的军事指挥才能。他治军严肃整齐，通晓阵法；尤其善于水战，熟悉海上风向气候。在攻打澎湖时，一次施琅要出师，正好李光地想赶紧回去，就问施琅："大家都说刮南风不利出战，如今就限在六月出师，为什么呢?"施琅说："北风刮起来日夜都很猛烈。现在进攻澎湖，不可能一战就攻克下来。风起船只被吹散，将领如何指挥作战?夏至前后20多天里，风小，夜里尤为安静，战船可集中停泊在汪洋上。见机行动，不过7天，举事必定取胜。假使偶然遇有飓风，那么这是天意，不是人事先所能考虑到的。郑氏的将领中刘国轩最为勇猛，用其他将守卫澎湖，虽然战败，他们必定要再战。如今以刘国轩驻守，战败了就会胆怯，台湾就可以不战而下。"到作战时，东南方向起了云，刘国轩望见，说是将起大风，极为欢喜。可过了一会，雷声隆隆，刘国轩推开案桌，突然站起来说："这是天命啊！我今日要打败仗了。"澎湖被施琅占领后，刘国轩逃回到台湾。

郑克塽得知澎湖失守，大为惊恐，遣派使者到施琅军前乞降。施琅上疏奏陈，康熙允许接纳郑氏。八月，施琅统率水军进入鹿耳门，到达台湾。郑克塽率领属下剃了头发，跪迎于水岸，缴出延平王金印。人们以为施琅一定会报父仇，对郑氏下毒手。施琅说："孤岛新附，一有诛杀，恐怕人心反复无常。我之所以要含忧饮痛，是以国事为重，不敢顾及私仇啊!”

台湾平定后，施琅从海道向朝廷报捷。奏疏传到京师，正值中秋佳节，康熙赋诗表彰施琅的功勋，再次授他为靖海将军，封靖海侯，世袭永不废弃，还赐予御用袍服及其他衣服物品。施琅上疏推辞所封侯爵，请求按内大臣的样子赐予花翎，部里讨论说没有这样的先例，康熙命令不要推辞，并遵照他的请求赐予花翎。

建立府县，巩固台湾

清廷派遣侍郎苏拜到福建，与督抚及施琅商讨攻下台湾后如何妥善处理有关遗留问题。有人提出应该迁移那里的人民，放弃那里的土地，施琅上疏说：“明末在金门设澎水标，从军队戍防地直到澎湖为止。台湾原来就属于中央教化不到的地方，土蕃杂处，没有划入版图。然而当时中国的老百姓偷偷去那里生活聚集，已不下一万多人。郑芝龙为海盗时，占据台湾作为巢穴，到崇祯元年（1628年），郑芝龙接受明朝安抚，将台湾借与荷兰红毛鬼，作为互市的地方。红毛联结土蕃，招纳内地百姓，渐渐形成了边患。到顺治十八年（1661年），郑成功盘踞了这块土地，纠集亡命之徒，毒害海疆。郑成功传到其孙郑克塽，总共已有几十年了。一旦收复土地归回朝廷，妥善处理遗留问题，尤其应当周全详尽。如果放弃那里的土地，搬迁那里的人民，用有限的舟船，渡无限的百姓，不经历数十年，是难以完成的。如果渡载不尽，会有人逃窜隐匿到山谷中，就是所谓的凭借寇兵而供给强盗粮饷。况且此地原来为红毛鬼所掌握，如果他们钻空子再来占据，必定暗中窥测内地，蛊惑人心。借重夹板船的精坚，在海外所向无敌，沿海各省，断然难以安然无虞了。到时再千辛万苦派兵远征，恐怕还不容易见成效。如果仅仅驻守澎湖，那么必定是孤悬在汪洋之中，土地单薄，远离金门、厦门，难道不受他们的制约，而能为我一朝独立统治吗？我想海上战事平息之后，应淘汰内地设的官兵，分别去防守两个地方——台湾和澎湖。台湾设总兵一人、水师副将一人，陆军参将二人，兵八千；澎湖设水师副将一人、兵二千。开始时虽然没有添兵增饷的经费，但足能牢固地防守了。那里的总兵、副将、参将、游击等官，规定二三年转升到内地。那里土地的正赋杂粮，暂时实行蠲免。驻军现在先给发全饷，三年后征粮接济日用，即可不必完全从内地转运。大凡筹划天下形势，一定要考虑周全，台湾虽然是大陆以外的岛屿，但关联到四省要害，绝对不可放弃。同时我要绘地图进献。”

施琅

奏疏上报朝廷，下到议政五大臣等人中讨论，仍然没有定论。康熙召来廷臣询问，大学士李爵上奏说：“应该按施琅的请求去做。”接着，苏拜等人奏疏也表示可用施琅建议，同时在台湾设三县、一府、一巡道，康熙下令允许照此实行。

施琅又上疏请郑克塽交纳土地归顺效忠于清朝，应带同族亲属与刘国轩、冯锡范及明后裔朱桓等到京师。皇帝诏令授郑克塽公衔，授刘国轩、冯锡范伯衔，都隶属于上三旗，其余职官及朱桓等，将他们安插到近省去垦荒。施琅再上疏请求重申严行海禁，考核贸易的商船。朝廷命令照他的意见办。

康熙二十七年（1688 年），施琅去朝见康熙，康熙见了他十分高兴，温言慰劳他，同时给他的赏赐也十分优厚。康熙勉励施琅说：“以前你任内大臣有 13 年，当时还有轻视你的人。唯独我深深地了解你，对待你很优厚。后来三处的逆蕃平定了，只有海寇占据着台湾，成为福建的祸害，想要消灭这些海寇，唯你莫属。于是我特别对你加以提升进用，你果然不负重托，一举攻克了 60 年来难以扫平的贼寇，并将他们消灭干净。可能有时有人说你恃功骄傲，我就命令你来京城。也有人说应当把你留在京城不要往外派，我想在贼寇兴乱之际，我尚且用你不疑，现在天下已经太平了，怎么反而会怀疑你而不派你出任呢？现在我命令你再次赴任，当然你也要更加谨慎小心，以保功名啊！”施琅奏谢，说：“臣已年老力衰，恐怕不能胜任这封疆大吏的重任。”皇上说：“将军崇尚的是才智而不是力气。我用你是用你的才智，哪里是看你的手足之力呢？”命令施琅依旧还任。康熙三十五年（1696 年），施琅在任上去世，终年 76 岁。他死后，康熙下诏赠他为太子少傅，赐祭葬，谥号襄壮。

历史上对施琅的评价褒贬不一。

台湾著名历史学家连横在《台湾通史·施琅列传》中对于施琅的评价是：“施琅为郑氏部将，得罪归清，遂籍满人，以覆明社，忍矣！琅有伍员之怨，而为灭楚之谋，吾又何诛。独惜台无申胥，不能为复楚之举也，悲夫！”意思是说，施琅像春秋时期的伍子胥一样，因遭到楚王迫害，所以才投降外敌，引兵灭掉自己的国家。作者是站在同情明朝政权的角度看问题的。

当然，更多的人对施琅持肯定态度，因为他结束了明末清初分裂割据的局面，维护了祖国的统一。在中国五千年历史上，尽管分分合合，但统一是人心所向，大势所趋。

处世慎如危栈马

——岳钟琪

岳钟琪，字东美，四川成都人，是民族英雄岳飞的第21世嫡孙、岳飞三子岳霖的后裔。作为清朝著名军事将领、川陕总督的岳钟琪，一生戎马，平西藏，定青海，抗击新疆准噶尔部的分裂反叛，镇戍边疆，功勋卓著，为维护国家统一、稳定西部、开拓西部做出了重大贡献，历经康熙、雍正、乾隆三朝，所以乾隆皇帝御制怀旧诗，列五功臣中，称其“三朝武臣巨擘”。

岳钟琪为清廷立下了汗马功劳，但他一生小心翼翼，因为他是岳飞后裔，这是个十分敏感的身份，生怕与“反清复明”有所牵连。真是哪壶不开提哪壶，劝他反清复明的人说来就来了……

平乱有功，封疆大吏

岳钟琪，字东美，四川成都人，为民族英雄岳飞后裔，生于清康熙二十五年（1686 年）。其父岳升龙为康熙时期的议政大臣、四川提督，当年随康熙皇帝西征噶尔丹，颇有建功，康熙皇帝曾赐予匾联“太平时节本无战，上将功勋在止戈”。岳钟琪颇受父亲教益，自幼熟读经史，博览群书，说剑论兵，天文地理，习武学射，样样精通。

康熙五十年（1711 年），岳钟琪由捐纳同知改武职，任四川松潘镇中军游击。五十七年（1718 年），任四川永宁协副将。

当时的清王朝，定鼎中原已近半个世纪，平三藩，收复台湾，北方划定中俄边界，西北三次派兵平定准噶尔与沙俄勾结的分裂反叛，然而，西部仍然不太平。岳钟琪继承父亲的遗志，继续完成守土卫国的使命。

康熙五十八年（1719 年），准噶尔部策旺阿拉布坦遣将袭击西藏，康熙令十四皇子胤禵为大将军，噶尔弼为定西将军，岳钟琪为先锋，进行征讨。当时的岳钟琪 33 岁，英姿勃发，文武兼备，智勇双全，又宗飞祖遗风，军纪严明，且与士兵同甘共苦，上下一心，士气高涨，锐不可当。

岳钟琪率军，日夜兼行，风餐露宿，刀光剑影。历时两年，整个征讨过程复杂而残酷，每一个环节都包含艰难的生死考验；每一场战斗，都是可歌可泣的音符；每一个胜利，都是大智大勇的结晶。有一次，岳钟琪带 600 人，去抚定里塘、巴塘的反叛，但当地长官达哇兰坚持反叛立场，拒不接受安抚，于是，岳钟琪当机立断，将其拘捕并斩于军前，杀散叛乱分子 3000 余人。此举的威慑效果使得其他反叛各部相继献户籍，请求归降。当地叛乱很快平息。

康熙五十九年（1720 年），是进军西藏的第二个年头，定西将军噶尔弼令岳钟琪带 4000 人为前锋，先行到达昌都待命。

岳钟琪率军到达预定地点后，获悉，叛军已调集部队扼守三巴桥，以阻击清军西进。昌都距叛军驻地 600 华里，中间隔着怒江天险，三巴桥则是进藏第一险，敌若断桥，则守隘难以飞越。在新的情况下，请示上奉远在千里，势必贻误战机。进，又军令如山。

两难之下，岳钟琪果断决定："宜乘敌未集而先发制之。"遂令懂藏语的士兵 30 余人，穿着藏族服装抄小道持檄昼夜兼程，以迅雷不及掩耳之势抵达叛军首领驻地——洛隆，出密檄示地方官，晓以利害，令协助缉捕噶尔等人。当夜擒 5 人，斩数人，闻者莫不震惊。于是，借势招抚六部数万户，打通了直达拉里的通路，为进军拉萨铺平了道路。

西藏叛乱平定后，岳钟琪师还四川，授左都督，四川都督，赐孔雀翎等。

雍正元年（1723 年），37 岁的岳钟琪又奉命抚定青海。当时的抚远大将军年羹尧奏请皇上，要求岳钟琪随军参赞军事。

岳钟琪率 6000 精兵，经过了雪域行军，克服了高原严重缺氧的不适应，一路西行，抚定上寺东策卜、下寺东策卜、南川塞外郭密九等诸番部。第二年便授岳钟琪为"奋威将军"，继续进军青海，出师 15 天，收复了被叛军占领的青海地区六七十万平方公里的全部领土。

青海事平，雍正龙颜大悦，授岳钟琪三等公，赐黄带，并写诗褒奖。其中一首是：

岷峨称重镇，专阃赖干城。旧著宁边略，新闻奏凯声。

风霆严步伐，云日耀麾旌。三捷成功速，欢腾细柳营。

“欢腾细柳营”，您瞧瞧，这是把他比作汉代名将周亚夫啊！

岳钟琪以 38 岁的年龄占尽了人间风华。第三年，雍正又命岳钟琪为甘肃提督兼甘肃巡抚。这年四月，年羹尧被解兵权，改授杭州将军，雍正命岳钟琪为上奋成军印，署川陕总督，尽护诸军。除上述平西藏、定青海、进击准噶尔三大军事行动外，在这同时，自 1719—1732 年间，尚有康熙六十年（1721 年）讨平郭罗克三部，康熙六十一年（1722 年）平羊峒，雍正元年（1723 年）平南川塞外郭密九部、庄浪边外谢尔苏部，雍正四年（1726 年）平乌蒙和镇雄土司，雍正七年（1729 年）平雷波土司的叛乱等。13 年间，岳钟琪兵不解甲、人不离鞍，他无愧为维护国家统一、稳定西部、开拓西部的先驱。

岳钟琪作为大将，除以武功著称外，在相继兼任甘肃巡抚、川陕总督期间，对地方政权建设，也有建树。他多次上奏雍正，请求在西部摊丁入亩、改土归流、建府置县等，雍正皇帝均依奏照准。这些措施的实行无疑促进了当地政治、经济、文化的发展，其影响极其深远。

树大招风，功高遭忌

清王朝建立后，内外大臣多系满族人担任。岳钟琪以军功先后任川陕总督、甘肃提督及甘肃巡抚，以汉人承当川、陕、甘三省军政大权，自易招来忌恨。

那些倒岳的言论简单得几近幼稚：岳钟琪是汉人民族英雄岳飞的后人，恐难对清廷忠心，搞不好他要推翻清朝为汉人报仇，这种人切不可重用！

这些猜疑和诽谤，并非都是空穴来风。雍正五年（1727年），有个叫卢汉民的人突然在成都街上大喊大叫：“岳公爷带川陕兵造反了，西城门外开有黑店，要杀人！”弄得当时谣言四起，人心惶惶。当然，这个卢汉民后来很快被抓住，经严格鉴定，此人是精神病患者，有关部门最后将之从速处死了事。

“卢汉民事件”发生后，岳钟琪慌忙向朝廷引咎辞职，但雍正对此颇不以为然，他不但没有责怪岳钟琪，反让岳钟琪继续“鼓励精神，协赞朕躬，造无穷之福，以遗子孙”。

虽然雍正皇帝对岳钟琪大加抚慰，信任有加，但民间却依旧在传播岳大人和朝廷不和的流言，说什么岳大人尽忠爱民，曾对皇帝说了些不知忌讳的话，朝廷屡次召他进京，要削夺他的兵权云云。总而言之，民间都认为岳钟琪一定会在某个恰当的时机起兵造反，把满人赶回山海关外去。

雍正六年（1728年）九月的一天，西安城下了场小雨。岳钟琪从外面会客回来，正要进总督衙门，一个书生模样的年轻人突然从人群中攘臂奋出，突破了衙役的阻拦，拦住了他的轿子。

那人呈给他一封书信，封面赫然写着：“天吏元帅岳钟琪大人亲启”，岳钟琪心知准不是什么好事，但当街也不好多言，便命衙役将那人带回衙署。

而后，岳钟琪屏退左右，独自进了一个密室，小心翼翼地把信封撕拆开，然后抖抖索索地将信纸抽出，匆匆浏览了一遍。正所谓不看不知道，一看吓一跳，岳钟琪读完信后，脸色煞白，冷汗直流。原来，信里对当今皇上进行了极为恶毒的攻击，列举了雍正“谋父、逼母、弑兄、屠弟、贪财、好杀、酗酒、诛忠、好谄、任佞”的十大罪状，说雍正即位后连年灾害，民不聊生，并对雍正的继位正统提出了严重质疑；信中还说，华夷之防断不可开，满人是夷，满人皇帝不配统治汉人。既然如此，岳大人作为大英雄岳飞的后人，何不继承祖上之志，利用手握重兵的机会，振臂一呼，成就反清复明之大事业，青史留名，流芳千古，何乐而不为呢？

原来这书生不是来喊冤的，而是来策反的。岳钟琪暗暗叫苦。

他一面命人将书信迅速密报雍正，一面命人审问那个书生，问他到底是受何人指使，用意何在。那书生只说自己名叫张倬，书信乃是他的老师夏靓所写，其他的紧咬牙关，一概推说不知。

岳钟琪

岳钟琪不敢怠慢，他绞尽脑汁，终于想出了一个顺水推舟、以假乱真的诱供之计。当夜，他把张倬从监牢中悄悄提出，一改前几次凶神恶煞的模样，而是屏退左右，亲自为张倬松绑，温言抚慰，并对他的反清复明之志大加赞赏。

张倬毕竟是个书生，一时还真被岳钟琪所感动。这才把事情和盘托出。

原来，这个书生真名叫张熙，这次是奉老师之命前来投书的。他的老师，也就是策反信上那个化名夏靓的人，真名叫曾静，是湖南郴州某地的乡村塾师。曾静原是个秀才，因为多年科举不中，所以抛弃功名，以授徒为生。曾静家徒四壁，对社会颇有不平之气。当时正好雍正刚刚登上帝位，民间多传言其为篡位，加之雍正初年用法严苛，下面的人怨声四起，反清复明似乎有可乘之机。曾静等人异想天开，

以为岳钟琪乃是岳飞之后，想必忠于汉人，于是便精心鼓捣了这份书信前去策反，想成就一番千古事业，不料岳钟琪对雍正忠心耿耿，张熙反中了他的招。

岳钟琪套出张熙的供言之后，火速上报朝廷，以表忠心。雍正大怒，大兴文字狱，株连无数，连死去的学者吕留良也被开棺戮尸。这就是著名的“曾静案”。

岳钟琪出了一身冷汗，连忙向雍正请罪。雍正反倒褒奖岳钟琪忠，并出于军事需要，仍委以重任，封他以宁远大将军、加少保，责令进击准噶尔部的叛乱，但在内心已开始萌发疑心。

终于在三年后，即雍正九年（1731 年），借口进击准噶尔部的某些失利，以“误国负恩”加以免官拘禁。

大臣们的忌恨，得以乘机宣泄、落井下石。大学士鄂尔泰等参劾岳钟琪“专制边疆，智不能料敌，勇不能歼敌”。张广泗参劾他“调兵筹饷，统驭将士种种失宜”。

雍正十一年（1733 年），大将军查郎阿又论岳钟琪“骄蹇不法”，且参劾其部属纪成斌、张元佐疏防，上奏斩成斌、降调元佐。又劾曹襄力纵贼，上命斩襄力。从另一个角度看，曾护大将军印的纪成斌、总兵曹襄力，都是曾屡立战功的悍将，终因三年前科舍图之役的一次失利，一个以“疏防”、一个以“战败”而处斩。而在这种情况下，雍正皇帝在大学士们“奏拟岳钟琪斩决”的折子上，改签“监斩候”（即死刑，缓期执行），足见其“笔下留情”与“笔下留人”了，正因为如此，才没有在历史上铸就又一个岳飞。

雍正过世后，乾隆继位，第二年即乾隆二年（1737 年），51 岁的岳钟琪在经历了 5 年的牢狱监禁后，被释放，又过了 10 年的平民百姓生活，一直到乾隆十三年（1748 年），国家因用兵大金川，久无功时，这才想起了当年立下汗马功劳、现已被贬为平民的岳钟琪。

乾隆十三年（1748 年）三月，乾隆皇帝决定重新起用岳钟琪，授其总兵衔，召其至军中，改授四川提督，赐孔雀翎。

岳钟琪回到了军中，开始了出征大金川的军事行动。他与大学士傅恒合作，部署适当，先以 35000 人破敌，示之以威，敌酋请降，后岳钟琪又以惊人的胆略，亲带 13 骑入敌巢，降敌。旷日持久的大金川事态平息。这时的岳钟琪已经 62 岁了，但他老当益壮，不减当年，再现了 24 年前他 38 岁平西藏、定青海时的风采。乾隆皇帝谕奖岳钟琪，加岳钟琪太子少保，复封三等公，赐号“威信”，允许他在紫禁城骑马，加封岳钟琪两个儿子为侍卫。

康熙十九年（1754 年），重庆发生叛乱，岳钟琪亲往捕治。平叛凯旋途中，将星陨落，病逝于资州。他鞠躬尽瘁，时年 68 岁。乾隆皇帝手谕褒勉，赐祭葬，谥岳钟琪“襄勤”。

一生马上建功业

——僧格林沁

僧格林沁，晚清名将，蒙古科尔沁亲王，姓博尔济吉特。他是道光皇帝姐姐的过继儿子，道光五年（1825 年）袭科尔沁郡王爵，历任御前大臣、都统等职。咸丰、同治年间，僧格林沁活跃于抗击太平军、英法联军等战争，军功卓著，后在与捻军作战时战死。

僧格林沁是晚清的赳赳武夫，更是这个帝国的最后骑士。骑士精神或许在中国历史中早已经成为明日黄花，但僧格林沁及其蒙古骑兵，用冷兵器对抗火炮，以身家性命忠于朝廷，并奋力一击捍卫国土，其忠勇既让人钦佩，又让人惋惜。

年轻的科尔沁郡王

僧格林沁，姓博尔济吉特氏，嘉庆十六年（1811 年）生，同治四年四月二十四日（1865 年 5 月 18 日）卒，蒙古亲王。

僧格林沁本出身于一个没落的蒙古贵族家族，是铁木真之弟哈布图哈萨尔的子孙。但好运似乎一直伴随他成长。先是早年丧父的他被过继给家族族长索特纳木多布斋郡王。此人竟是嘉庆皇帝的乘龙快婿，无子无女。后来，郡王因无嗣，他却又因仪表堂堂被道光帝钦定为郡王继承人，成了科尔沁札萨克多罗郡王。

“札萨克”意为旗长，“多罗”是满语的称美之辞，相当于汉语的“理”字，在此冠于郡王之上，所以多罗郡王简称理郡王。如此，僧格林沁的封号就等于“旗长理郡王”。

15 岁的僧格林沁从广阔无垠的大草原来到了北京紫禁城内富丽堂皇的皇宫。看来，道光帝对这个英俊强健、敦厚朴实的蒙古小伙格外垂青，赏戴三眼花翎，赏用朱缰，赏穿黄马褂，任命他为御前大臣。

不久，裕郡王府相中了这位年轻的王爷，将格格嫁给他。僧格林沁因此又兼有了皇家额驸（女婿）的身份。他的岳父，是康熙帝兄长裕亲王福全的五世孙文和。

僧格林沁从 19 岁起，出任各种显赫的官职。终道光一朝，皇帝对他宠幸不衰，也就是史书中提到的：“出入禁闱，最被恩眷。”道光三十年（1850 年）皇帝驾崩，40 岁的僧格林沁被委以顾命大臣，与其他顾命大臣一道听道光帝宣布，以“皇四子立为皇太子”。皇四子奕䜣即后来的咸丰帝，比僧格林沁整整小了20岁，两人是表兄弟关系。所以，在咸丰朝僧格林沁仍旧宠荣有加，一直掌握清朝精锐部队的军权，并承担护卫京津地区的重任。

镇压太平军

在咸丰、同治两朝，僧格林沁始终是清廷最倚重的蒙古王公。

咸丰三年（1853年），太平天国定都天京，派遣林凤祥、李开芳率部两万余名北伐。北伐军经江苏、安徽、河南、山西等省乘虚而上，进入直隶，前锋抵达天津西南数十里的杨柳青。清廷大为震动，京城的达官显贵纷纷外逃，市民惶恐不安。僧格林沁率部迎战太平军，在天津西南的独流镇，首战告捷。

面对骁勇的太平军，僧格林沁亲自带队冲锋，士气大振。孤军深入的太平军后援不济，南方人难以适应北方冬季的严寒，又饱受风餐露宿之苦，经过3个月交战，太平军损失惨重，退往直隶东光县连镇。第二年（1854年），僧格林沁追击北伐军至连镇。当时北伐军将领林凤祥在连镇据守，李开芳则率领一支队伍，自连镇穿过直隶省界进入山东，占据了临清以东不远的高唐。林凤祥与李开芳彼此分离，使清军各个击破成为可能。林凤祥被僧格林沁围于连镇，李开芳则被满族将领胜保困于高唐。尽管形势越来越近乎绝望，两支太平军却坚守阵地继续抵抗。

僧格林沁改用水攻，在连镇周围四十里筑墙挖壕，并引运河水灌入镇中，围攻长达11个月之久。咸丰五年（1855年）正月，僧格林沁攻陷连镇，北伐军主将林凤祥被俘，解送北京处死。僧格林沁马不停蹄，乘胜往高唐，接替了胜保军队。

高唐的太平军皆百战精锐，粮食充足，环城竖起木栅，用土覆盖，前设壕沟陷坑，又挖地道，太平军战士潜居其中。每到黑夜，通过地道外出劫营，清军颇有损伤。胜保铸大炮，竖云梯攻城，均不能克，只好筑垒挖壕长期围困。胜保久战无功，逮京治罪。僧格林沁取而代之。他见屡攻不克，改变战术，命围城军网开一面，将太平军诱出高唐。李开芳率 800 余骑退守该城以南 45 里的冯官屯，在四周挖掘堑壕，配备火炮，清军仍无法靠近。僧格林沁再次用水攻，在屯周挖掘壕沟，沿沟筑墙。为引水入沟，开挖了一条长 123 里的水渠，直通大运河。引水渠完工后，雇集民夫二三千人，将渠水灌入冯官屯。不久，屯内房屋被水淹没。太平军粮草火药尽湿，只能聚居楼上，清兵用炮不时轰击，太平军柴米无继，已是穷途末路。李开芳被迫向僧格林沁投降。后李开芳被解至京都，凌迟处死。

僧格林沁王府

至此，北伐军全军覆没。此战消除了清廷近在京畿的心腹大患，僧格林沁列在首功，先晋封亲王，又加恩世袭罔替。僧格林沁的威名震于海内。

僧格林沁镇压了太平军，但清军本身也遭受沉重损失。自连镇之战以来，阵亡将士不下 8000 余人。僧格林沁对太平军将士的报复也异常残忍。在他的命令下，82 名俘虏被活剖人心，祭奠亡灵。以致有人把他与“曾剃头”曾国藩合称为“南曾北僧”。

迎战英法联军

太平天国北伐刚刚平定，就爆发了第二次鸦片战争。僧格林沁向咸丰帝奏请，撤回谈判代表，调用全国兵员，进行彻底抗战。旋被任命为钦差大臣，加强大沽口海防工事。

咸丰九年（1859年）五月，英法使者率舰队北上换约，舰队由1艘巡洋舰和13只炮艇组成。英法舰队进攻大沽口，遇到清军顽强抵抗。英法舰队遭受重创，被击沉4艘、击伤6艘、俘虏2艘，余下的也竖起白旗，请求停战。经过一昼夜的激战，共毙伤英军464人，法军14人，击毙英国军官5人，伤23人。舰队司令贺布也受了重伤。英法联军在美舰掩护下狼狈退走。

大沽口一役，清军获得了重大胜利。在战斗中，僧格林沁指挥有方，起到了重要作用。

英国和法国是当时世界上首屈一指的强国，大沽口战败，当然不会善罢甘休。

咸丰十年（1860年）六月，英法远征军来到，其中英军约18000人，法军约7000人，兵舰200余艘。联军知大沽口防御坚固，由北塘登陆，在洋枪洋炮的轰击中，僧军虽顽强抵抗，仍不敌败退。

英法联军攻陷塘沽，进占天津。咸丰帝急派大学士桂良为钦差大臣到达天津，会同直隶总督恒福向英法侵略者谈判乞和。9月7日，当谈判破裂后，联军决计进犯北京。

僧格林沁在通州一带的军事部署是：由他统率马、步兵17000人，驻扎在张家湾至八里桥一线，扼守通州至京师广渠门的大道。又命副都统伊勒东阿督带蒙古马队4000人防守八里桥；另有1000名察哈尔蒙古马队由总管那马善统带，防守马驹桥东南之采育，以防敌军从马头西进，绕道进犯京师；直隶提督成保率绿营兵4000人防守通州。副都统胜保率京营5000人驻守齐化门以东至定福庄一带，作为声援僧格林沁和护卫京师的后备部队。僧格林沁统率清军共计达30000人，其中蒙古马队共近10000人。

9月18日，英法联军先头部队自天津北犯，是日中午，自河西逼近张家湾附近，并向张家湾的清军驻地发炮攻击。僧格林沁所部守军早已严阵以待，杀伤敌军众多。英法联军为抵御彪悍的蒙古马队，以数百支康格列夫火箭齐射悍不畏死的蒙古勇士，蒙古骑兵马匹惊骇回奔，冲乱后面的步兵部队，导致阵势混乱，纷纷后退。

在清军失利的形势下，僧格林沁立即率部退入八里桥，以扼赴京道路，随后，英法联军一举占领了张家湾和通州城。通州僧格林沁所部退守八里桥后，他和瑞麟商定，全军分设南、东、西三路截击敌军。其中，将近1万名满、蒙马队军部署在八里桥一带防守。八里桥东距通州8里，西距京城30里，是由通州入北京城的咽喉要地。清军利用八里桥周围的灌木丛林，在这里构筑了土垒和战壕，准备和敌军在此决一死战。

上午7时，英法联军分东、西、南三路对八里桥清军阵地发起攻击。清军马队即按原定部署立即由正面冲上前去。他们奋不顾身，齐声大呼杀敌。由于火枪装备有限，就手持长矛、弓箭，凭着一腔热血迎击敌人，企图冲乱和割裂敌人的战斗队形。一部分骑兵冲至离敌人四五十米的地方，有的甚至冲到敌人的指挥部附近。激战1小时，毙伤数百敌人。但清军马队遭到据壕作战的联军步兵密集火力的阻击和敌炮榴霰弹的轰击而大量伤亡，战马因受惊而横冲直闯，几近不能成军，被迫在敌人火力的逼使下退却下来。

随后，南路的法军将大量的炮弹倾泻在八里桥上之后，给胜保部沉重打击，所部伤亡惨重。当法军的两个前锋连队冲到桥边时，守卫石桥的清军士兵勇敢地冲出战壕与敌军展开了白刃战。后因胜保中弹受伤退下战阵，遂率军退至定福庄。

当战斗打响以后，僧格林沁才知晓，主攻八里桥的是南路敌军，而不是西路敌军。为了弥补战前的决策失误，僧格林沁在胜保部与南路敌人战斗的同时，指挥马队穿插于敌人的南路与西路之间，企图分割敌人，而后以步队配合胜保部包围南路敌人，歼灭敌人主力。由于胜保所部溃败，僧格林沁的作战意图未能实现，遂与西路英军展开英勇激战，双方伤亡惨重。

上午9时，英军兵分两路，一部分继续与僧部对抗，一部分向于家围进攻，企图抄袭僧军后路。僧格林沁分兵无术，面临腹背受敌的险境，但他仍骑着马傲立在阵地上，英勇无惧。

蒙古骑兵在战斗中表现得异常勇敢，冒着敌人的密集炮火，多次冲向敌军阵营进行英勇的战斗。敌军官吉拉尔在《法兰西和中国》中对清军的英勇作战做了详细的描述："光荣应该属于这些好斗之士，确实应该属于他们！他们无所畏惧，也不出怨言，他们甘愿为了大家的安全而慷慨地洒下自己的鲜血。这种牺牲精神在所有的民族那里都被看做为伟大的、尊贵的和杰出的……这样的英雄主义在中国军队里是经常可以看到的；而在欧洲则以讹传讹，竟认为中国军队是缺乏勇气的，此乃是一大谬误。八里桥之役，中国军队以少有之勇敢迎头痛击我们。他们的军队是由25000名鞑靼骑兵和为数众多的民团所组成的，然而还是打不过人数较少的欧洲人，这也的确是事实。法国和英国的炮兵压倒了他们的箭、矛、迟钝的刀和很不像样的炮。尽管他们呼喊前进，勇猛和反复地冲杀，还是一开始就遭到惨败！"

僧格林沁作为清军的统帅，以英勇顽强抵抗外国侵略者，奋力指挥全军作战，最后在八里桥上决战的时刻，挺身而出，骑着马站在桥中央督战。德里松伯爵的《翻译官手记》中这样写道："敌人已经两次被打退，却还没有认输，正准备横下一条心来争夺通道……中国人现在可不是躲在城墙后面或由工事掩护着来进行战斗，他们现在已挺身而出。在那里，皇帝的鞑靼禁卫军——帝国军队的精华，正聚集在首都的大门口。……桥头站着一个身材极为高大的鞑靼人，他看起来像是总司令的旗手。他手执一面写有黑字的大黄旗，此乃僧王之旗，所有官长的眼睛都注视着它，因为它正在向全体中国军队下达着命令。此刻，全军精锐亲自所保卫的那座桥也已堆满尸体，然而这个鞑靼人尽管已孑然一身，却仍挺立在那里，可能正在传达僧王的最后命令。子弹、炮弹在他的周围呼呼作响，飞啸而过，而他却依然镇静不动。……炮弹正打中了他，把他击倒在地。于是大旗也向一旁倒去，随着旗杆而去的是一只紧紧抓住它的痉挛的手。”

如此可歌可泣的壮烈场面，刻画出中国各族军民义不受辱的爱国精神。中国人虽然败了，但也让外国侵略者看到：这个古老的民族不是那么容易征服的。

是役，冷兵器作战的清军伤亡了 2 万人，恃枪炮之利的英法联军仅伤亡数百人。

僧格林沁没有殉节，在眼看胜利无望时他撤退了。咸丰帝下令拔去僧格林沁的三眼花翎，削去了他的王爵及官职。

北京失守，咸丰帝逃往热河，不久在那里病死。慈禧、奕䜣与八大臣的夺权斗争剑拔弩张，双方都极力拉拢僧格林沁。僧格林沁坚定地站到皇太后的一边，反对八大臣把持朝政。他是武人，不懂政治，但对大清皇室忠心不二。

战死沙场

僧格林沁的最后几年，主要精力几乎都放在围剿北方的捻军上。

咸丰十年（1860 年）至同治三年（1864 年），直隶、山东一带的捻军风起云涌。僧格林沁率清军赴山东与捻军作战。清廷授权他节制直、鲁、豫、鄂、皖五省兵马。当时，清朝军队均腐朽不堪，只有僧格林沁所率的蒙古骑兵依旧剽悍，横扫数省，重创捻军。

但捻军行迹无定，流动作战，随聚随散，此伏彼起，令僧格林沁颇为头痛。同治四年（1865 年）春，他率领蒙古马队剿捻，穷追不舍，从河南追入山东，日行数百里，行程几千余里，部下被拖得精疲力竭，军中多有怨言。连续的奔袭，僧格林沁本人也寝食俱废，马不解鞍。其爱将陈国瑞认为这样蛮干不合兵法，应调整战术，僧格林沁不听，却说功成在即，应一鼓作气。于是，传令继续追击。陈国瑞扯住僧格林沁的坐骑，说："要去你去，老子不去！"僧王怒道："不去就不去，老子自己去！"说罢，挥师出发。陈国瑞见僧王一意孤行，没有办法，只好说："国瑞卒不忍王独败。"仍带兵出队，担任前锋。

刚愎自用的僧格林沁对捻军一路穷追不舍，必欲除之而后快。到后来，他本人因几十天不离马鞍，竟疲劳得连马缰都握不住，只得用布带拴在肩上驭马。

4 月中旬，捻军会集各路武装，在山东曹州菏泽以北布下天罗地网。这时的僧军已被拖得极度疲惫，4 月 24 日，僧军至高楼寨（今菏泽市高庄集），陷入捻军重围。当晚，僧格林沁率少数随从冒死突围，至菏泽西北吴家店，被捻军杀死，终年 55 岁。

僧格林沁死后，谥曰“忠”，配飨太庙，并绘像紫光阁，其子伯彦讷谟祜袭亲王爵，并赏“博多勒噶台”王号。光绪年间，清廷在今地安门东大街路北为僧格林沁立专祠，名“显忠祠”，春秋致祭。

清代统治者入主中原后，将八旗制度变为纯粹的军事组织，八旗子弟，尽佥为兵，“以清语、骑射为务”，实行世袭兵役制。他们的本意是希望八旗子弟永远能征善战，以当兵打仗为光荣的传统，不让外族染指。然而，到了道光年间八旗军队已经不堪一击了，幸好还有僧格林沁率领的蒙古骑兵尚称劲旅，能与曾国藩、左宗棠的湘军和李鸿章的淮军相提并论。

僧格林沁一死，清廷从此丧失了满蒙八旗的劲旅，军权渐次落入湘军、淮军手中，清廷能不震悼?！从这个意义上讲，僧格林沁确是一位清末标志性的人物。

僧格林沁一生大小战数百起，最后死在了沙场，对他来讲，至少这是一个理想的归宿。他的灵柩后来安葬在科尔沁左翼世袭旗陵，即今辽宁法库县西部四家子蒙古族乡公主陵村。

僧王府位于北京市东城区炒豆胡同 77 号，这是前门；后门在板厂胡同 30 至 34 号。原大门外有影壁，门两旁有上马石，门内有枪架子。院内有腰厅五间，垂花门、上房院、后罩房等均有游廊相连。新中国成立后，僧王府改做煤炭部宿舍。现在板厂胡同 30 号院内还有两个四合院，32 号还剩最北的一个四合院。

匡扶社稷不顾身
——胡林翼

胡林翼（1812—1861年），字贶生，号润之，晚清中兴名臣之一，湘军重要首领，湖南益阳人；道光十六年（1836年）进士；授编修，先后充会试同考官、江南乡试副考官；历任安顺、镇远、黎平知府及贵东道；咸丰四年（1854年）迁四川按察使，次年调湖北按察使，升湖北布政使、署巡抚；在武昌咯血死。

人们习惯将胡林翼、曾国藩、左宗棠并称为“咸同中兴”的三大名臣。

官宦子弟，风流少年

胡林翼，字贶生，一字润芝，湖南益阳县长冈村人。清仁宗嘉庆十七年（1812年）生。与左宗棠同岁，比曾国藩小一岁。

胡林翼出身官宦之家，其父胡达源曾以一甲第三名进士及第，直接入翰林院，授编修。后官至詹事府少詹事，为四品京堂。正因如此，胡林翼从小受重视，得到了较好的教育，并有不少奇遇。6岁时，他爷爷教他认字，读《论语》。8岁时，爷爷在益阳修志馆编修志书，他随侍在侧。刚好将赴任川东兵备道的陶澍顺路回老家益阳探亲，一见到胡林翼，就惊为伟器，曰："我已得一快婿"，遂订下娃娃亲，将自己5岁的女儿许配给他。19岁时，胡林翼与陶澍之女琇姿（字静娟）在桃花江陶氏别墅完婚。

婚后两年，胡林翼师从本邑儒士蔡用锡，蔡氏不专重文艺，他教子弟务为有用之学，对兵略、吏治尤为重视，胡林翼在他的教诲下颇有收获。

道光十二年 (1832年)，胡林翼应岳父之召赴江宁 (今南京)。此时的陶澍已升为两江总督，林则徐任江苏巡抚，正协助陶澍兴修水利，整顿淮盐。胡林翼目睹陶、林济民利国的事功实践，深受鼓励。

江南一行，胡林翼收获很大。从此，他勤奋读书，涉猎尤广，但不做寻章摘句之腐儒，笃嗜《史记》《汉书》《左氏传》《资治通鉴》及兵政机要等，学习经世之术。

在此期间，胡林翼还得到了躬行实践的机会。道光十一年（1831

年）五月，沅湘大水，益阳受灾严重，饥民流离失所。当时在家受学的胡林翼担心饥民无食一变而为乱民，慨然曰“秀才便当以天下为己任”，挺身而出，面见县令，建议按灾区编户口，劝说富户出钱粮赈灾。他还提出具体的救灾方案，令当地保甲根据贫富情况造户口册，分上、中、下三等，上户不管，中户可减价买米，下户免费给米，限期一个月。但是劝捐举措遭到富民的抵制，他便首先请岳父家捐出2000两银子以作表率，然后对其他富民苦口婆心劝导，“以至诚感之，以大义责之，以危言动之，以赏劝诱之”，终于大家开始踊跃捐款了，很快积聚了数万两银子。当时的胡林翼年仅20岁，但他勇于任事，所表现出来的刚毅果断、成熟稳重、灵活机智完全超出其年龄范围。

而在两江督署，胡林翼有机会见到一些督抚，遂通过他们的言谈举止来判断其人。他认为林则徐、卢坤等的心术德量与陶澍相同，并请陶澍密保林则徐、伊里布作为两江总督的继任人选，陶澍深以为然，很器重他这个毛脚女婿。

胡林翼在南京时，也时常纵情山水，并流连忘返于秦淮河畔、钓鱼巷中。有人密告陶澍。不料陶澍却替他说话：“以润芝之才，将来必然担当大任，辛劳将十倍于我，以后恐怕没有时间玩乐，此时姑且让他玩吧。”这是野史记载，不能确信，但清代士人狎妓非常普遍，胡林翼是官宦子弟，养尊处优，放荡不羁，有些风流韵事也是可能的。从胡林翼身边人的笔记中就有蛛迹可寻，如曾国藩的幕僚欧阳兆雄、朱孔彰说胡曾是“纨绔少年”，“常恣意声伎”；而胡的幕僚徐宗亮也说他“少年有公子才子之目，颇豪宕不羁”，并且他过惯优越生活，即使在艰苦的军营中，也“厌饫极精”，“无三日不小宴”，不能像曾国藩、左宗棠那样粗茶淡饭，蔬食自甘。

24岁时，胡林翼中进士，选为翰林院庶吉士。三年后，授翰林院编修，开始仕宦生涯。道光二十年（1840年）胡林翼充江南乡试副考官，为朝廷选拔人才。清代的翰林官，有所谓红翰林、黑翰林之分。其“红”、“黑”之别，就看他在仕途上是否通达，如常得到点派各省学政、乡试考官，以及国史馆等处的纂修等差使，不仅收入多，而且姓名咸在帝心，升迁自然也快，这就是所谓红翰林了；反过来说，数年不得一差，考试又常居中等以下，不但升转无望，而且贫寒彻骨，这自然是所谓黑翰林。胡林翼成了翰林之后，一参加大考就列为二等，翌年又两次点派差使，可见他是一个红翰林。正当胡林翼春风得意、以为前途无限光明之时，他却在江南乡试副主考任上因正考官文庆带人入场代已阅卷一事栽了跟头，以失察降一级调用，由待升的红翰林降为内阁中书。不久因父病故，胡林翼开缺回籍。

等胡林翼丁忧期满，可以复补官职时，他的一班同年，有的已经升得很高，比胡林翼晚3年才中进士的曾国藩，此时也官至翰林院侍讲，高出内阁中书许多了。因此胡林翼觉得心灰意懒，自感宦途蹭蹬，功名无望，有终老家居之想。于是，他闭户读书，4年不出家门。此前的胡林翼是一个功名得意的宦家富贵公子，生活豪奢，纵情声色，很有点纨绔阔少的味道。经过此番挫折磨砺之后，他在生活思想方面，有了很大的转变：昔日的浮夸奢靡，一变而为此后的沉着、稳重、笃实、老练。可以说，胡林翼一生的事业，并不始于他中进士、点翰林，而是始于他丁忧复起之后。

事业从贵州开始

道光二十五年 (1845年) 冬，林则徐写信劝胡林翼出山效力，不久，两江总督陆建瀛、安徽巡抚王植、座师潘世恩等也纷纷函劝胡林翼出仕。但如果按原官起复，胡林翼只能是从七品的内阁中书缓慢升迁，如果按部就班地晋升，什么时候能做到督抚大员？这与他的才干确实不相称。

于是，胡林翼在姻丈两淮盐运使但明伦的帮助下改从捐纳之途发展。用现在的话说就是买官。

道光二十六年（1846年）他遵例捐银15000千两，谋得知府之职。捐官之法，是清朝政治的一大弊政，然而也正因为有此一种办法的存在，才可以使胡林翼由一个待补缺的七品中书，一跃而为四品知府。出身正途的胡林翼无奈出此下策，确为难堪，但也正因为有这样一番刺激，才使他对于做官出仕的观念有了全新的看法，对他的功名事业前途，毋宁正是一个很好的转变。

根据当时捐例，捐纳为官可以自主择地，胡林翼完全可以选择一个发达的地方，挑个肥缺做官。但他是正途出身，捐纳为官已让他蒙羞，所以宁愿到边远之地，以区别于那些输金为吏者。胡林翼选取了地瘠民贫、向来被人们视为畏途的贵州。

贵州是胡林翼事业开始的地方。在贵州任上，胡林翼先署安顺知府，后调镇远知府、黎平知府。

此时太平天国起义风起云涌，咸丰三年（1853年）洪秀全定都天京（今南京），对清廷造成严重威胁。云贵总督吴文镕调任湖广总督，督师进剿。吴文镕深知胡林翼是一位难得的将才，他奏调胡林翼带黔勇赴湖北协办军务。咸丰四年（1854年）胡林翼率部出黔。他终于有了在更广阔的范围内大显身手的机会，效忠王朝与建功立业在儒生出身的胡林翼那儿是合而为一的。

此后的7年中，胡林翼率部在湖北、安徽、江西战场与太平军主力进行角逐，身经百战，艰苦备尝，相继攻克武昌、九江，并曾围困太平军江北重镇安庆，为清军攻陷天京，做了军事铺垫。在此期间，他兼任湖北巡抚，整顿湖北的吏治与财政，并督练出一支善战的楚军，为清廷镇压太平天国运动立下了汗马功劳，直至生命的最后一息。

书生治军，戎马倥偬

胡林翼是清朝难得的干才，他在镇压太平天国起义中脱颖而出，展现了他多方面的才能。

首先，胡林翼是清朝少见的军事家，他长于治军练兵，善于征战驰逐。在军事指挥上极有才具，有一套独到的军事思想。胡林翼强调将才在谋不在勇，应以静制动，以预应猝，以我料敌，通权变，知进退，能正能奇。胡林翼军事思想的核心内涵是：通变与坚忍。通变是灵活的军事方法，坚忍是坚定不移的精神意志，万万不可稍挫稍懈。胡林翼在十几年的戎马倥偬中充分实践了这一思想。

咸丰五年（1855 年）胡林翼署理湖北巡抚，在军事上开始独当一面。他指挥围攻武昌的战事，这一年，对胡林翼来说，是出师以来最艰苦的磨炼，他虽名为巡抚，但号令不出 30 里，粮饷断绝，兵勇溃散。胡林翼在给妻子的家书中说："今年打三四十仗，仗仗皆苦。"又抒发感慨地说，平生自谓才大，自幼即狂，谓世人皆无才，此次作守办一方之事，始知事之艰难，今年之难之苦，如不是竭力尽心，万难支持，"心中未尝不愁，却喜性情开朗，不甚怕死，故如此磨折如此艰难，形状如昔，惟须发稍白耳。"在这种艰难的处境下，胡林翼凭着封建儒生的坚忍志气，与太平军进行着长期的较量。在粮尽饷绝求贷无援的情况下，他派人到益阳老家，运家谷 40 余船，以济军需。由于兵将疲软，他对武昌采取围而不攻的战术，并利用这一机会，选将练兵，他说："惩前毖后之计，首在练兵，明职教战之方，贵在选将"，他裁汰旧勇，重新募兵，并按湘军章程，以罗泽南、彭玉麟部为骨干，大力扩充在鄂湘军的水、陆二师，并以湖北籍将领余际昌等部为基干，建立一支约 8000 人的楚军，后来胡林翼陆续将湘、楚军扩编至 6 万人左右，从而使湖北成为当时军力最强的省份及日后围攻安庆、天京的大后方。

在长期备战之后，胡林翼于咸丰六年（1856 年）十二月利用太平天国内乱之机，攻下了武昌，占据湖北大部分地区，并以日行 800 里的速度向朝廷报捷。清廷赏给胡林翼头品顶戴及太子少保衔，实授湖北巡抚。

胡林翼

在武昌争夺战的历练中，胡林翼增长了较多的军事经验，因此在后来协同曾国藩出师安徽时，便常有正确的战略观点，对于战事的全局产生极为深远的影响。例如他在咸丰九年至十年（1859—1860 年），对太湖潜山战役的看法，便是最明显的例证。太湖与潜山处于皖鄂交界处，是太平军由安徽进入湖北，胡林翼由湖北进窥安庆的必经战略要地。咸丰九年（1859 年）九月，曾、胡合军，在黄州商定四路东进，向安庆逼近。此时太平军固守太湖城，陈玉成率 10 万大军来援，意图不仅在解太湖之围，亦欲乘机击破清军，解除清军对安庆的威胁。战场形势的变化，使胡林翼感到急需调整战略部署，四路出击，兵力分散，难以抵敌。他与曾国藩一日一信，频繁切磋战事。曾国藩对放弃围攻太湖，迟疑不决，胡林翼明白提出：“应专打援贼”，即放走了太平天国守军，也无妨，援军破，则所得不止太湖；如果援军得逞，那就危及大局。在思虑定计之后，胡林翼不顾曾国藩的反对，将部署在太湖附近的各支清军合而为一，以多隆阿为统帅，合力御敌，与陈玉成部在太湖、潜山一带激战，又抽调各路清廷援军陆续投入战场，在包围与反包围的巧妙形势下，陈玉成主力被击溃。这一战役，使安徽方面的太平军再也无力阻止清军的全面推进，不久形成了对安庆的合围。

忧劳过甚，英年早逝

中国古代兵学思想，常以为作战当谋致敌而不为敌人所致，敌人如能为我所致，则可预为部署，掌握制胜的枢机，反之必陷于失败。胡林翼在太湖潜山之战中，对地势敌情作了深入分析，在战斗部署上成功地运用了这一策略，使战场形势有利于清军，表现出非凡的军事才能。至于曾国藩在受任两江总督以后所拟订的10道并进计划，在胡林翼文集中亦早有端倪。他在咸丰十年 (1860年) 致曾国藩书云：“昨夜沉思，总是放胆放手大踏步乃可救人”，应分兵数路，以大帅为中心，选直捷能干的李元度、沈葆桢、李鸿章、刘蓉、李瀚章等就地筹饷治军，分南北西三条路向包围南京，形势既得，事情自然顺手，切忌近谋，大题小做，因小事而误大局。由此可见胡林翼的胆识魄力和明快作风。他多次劝告曾国藩不可专学诸葛亮之谨慎小心，要有不怕包揽把持、放手去干的勇气，凡此特性，正是曾国藩所缺乏而胡林翼所特具的，在这些地方他似乎比曾国藩高出一筹。

胡林翼不仅在军事战略上有胆有识、处置得宜，而且注重士卒的训练、部伍的整顿，使部队具有很强的战斗力。他在贵州任上，就招募兵勇、组建团练。进驻湖北后，更是全力练兵。他对兵勇有自己的看法，认为专尚驯谨之人，则久而必惰；专求悍鸷之士，则久而必骄。因此，他常常调整兵员，裁汰旧卒，每一次大战之后，都进行一次兵员的补充和调整，使部队始终保持战斗的锐气。

胡林翼还是晚清政坛上引人注目的政治家，这主要表现在以下两点：

其一，精明干练，勇于任事。他在贵州知府任上时，即已目睹地方吏治的废弛、官盗勾结的弊政，并着意捕盗安民，旌表节孝，创建义学，把偏远之地治理得有声有色。

其二，任职贵东道时他就提出，要从根本上挽救地方，必须从练兵、求才、察吏、筹饷四端切实整顿。然而胡林翼当时局限一隅，职位不高，难以措手，如他所说是“言易行难，病多药少”。出任湖北巡抚后，胡林翼终于有了施展抱负的机会。

胡林翼上任时，面临的是“民物凋残”的破烂局面。经过一番研究与考察，他决定还是从察吏、求才、练兵、筹饷四方面着手，进行综合的治理。为实现自己整顿地方的大志，胡林翼着意密切与湖广总督官文的关系，免其掣肘，取得了地方军事行政的实权，其整顿措施得以顺利推行。在吏治上他用贤黜邪，惩办、罢免了一批贪赃枉法者，革除盘剥百姓的种种陋规。胡林翼还在湖北境内自行委派代理知县，而不是由朝廷按常规选派，他说：“办事全在用人，用人全在破格。”他注意整顿官吏作风，禁应酬、严奔竞、崇朴实、黜浮华，使湖北吏治焕然一新。在财政上，胡林翼为了支撑庞大的军需开支，采取了一系列切实可行的增收措施，如创设厘金、征收商税、疏通盐运、提高盐课等。他认为，欲增加课税收入，当杜绝中饱，严防侵盗，否则徒为病商厉民的害政。胡林翼招致实心任事而廉介有为的士绅，担任税关征收事宜的主事，杜绝贪污，湖北财政大有起色。湖北财政的整治，为清朝东南半壁江山的保障，提供了足够的物力支持。经过胡林翼的一番整顿，“湖北兵与饷强天下”，显示了他卓越的理政才能。

宽宏大量，降格求才。胡林翼为人开阔爽朗，善于长远考虑，从大局着眼，并在镇压太平军的行动中起了重要的居中协调作用。如曾国藩一度被清廷解除兵权，胡林翼在清廷与曾国藩之间多方斡旋，先后两次奏请清廷起复曾国藩，在肃顺等人帮助下，清廷允奏，曾国藩得以复出，但未授实权，于是胡林翼又通过官文使曾国藩重掌军柄，又倾全力支持曾国藩东征之师。胡林翼对部将亦相敬如宾，有时不惜降格求才，其才能高出左宗棠之上。只可惜他死得太早，来不及有更多的展布，便遽尔因病不起，未免是国家民族的重大损失。

胡林翼之死，主要由于忧劳过甚。这在他的文集中有很具体的记述。如《文集》卷97《复左宗棠书》云：“林翼积劳六七年，忧思成癖，病势日增。”又《文集》卷65《复钱萍证书》云：“林翼积年戎帐，精力已颓。若再迟延一二年，英华销歇，即再鞭策，亦无能为役。”这还是咸丰八九年间（1858—1859年）的情形。其时胡林翼丁母忧，适逢李续宾三河丧师，胡林翼力疾起复，亲赴黄州收拾整顿，力挽危局。至太湖潜山之战发生，陈玉成挟十余万众来攻，清军形势危殆，胡林翼苦思对策，深夜不寐，虽终获胜捷，而精力益形不支。至咸丰十年（1860年），遂常有气喘、吐血及精神恍惚的现象。即使如此，他在安庆之围方急、陈玉成竭力向安徽湖北四处窜突的时候，仍不顾病体安危，力疾披阅军报，每至夜分，于是咯血的情形愈见严重。这是肺结核因劳瘁过度而日益恶化的征象。胡林翼亦自知长此以往，势将一瞑不起，但他仍竭力振作，要拼出最后一份精力支持到底。他在当时写给曾国藩的信中说：“贱恙桐城王医与作梅均言，心肺脉模糊，此是最重之症，用一分心即增一分病，用一日心即增十日病。然愿即军中以毕此生，无他念也。”又一信云：“迩日并军报亦废阁不阅，夜则五心如火焚，已十余日。生死之际，如倦极思得一睡，睡着便安，即殁吾宁也之义。”果然，他终因劳瘁不堪而致咯血愈剧，于咸丰十一年（1861年）八月二十六日卒于武昌，享年50岁。比较起来，曾国藩与左宗棠与他的生年相近，胡林翼是死得最早的一个。他之早死，劳瘁过度固是主因，而早年生活之放荡不羁，或不免因忧伤过甚而种下体弱易病的原因。

综观胡林翼的一生，早年出身翰林，自恃才智过人而疏狂不羁，颇有花花少爷的模样。但在经过一番挫折之后，事业前途蹭蹬，使他幡然悔悟，于是在捐官知府之后就一改早年所为，立志要为国家民族做一番事业。7 年知府，声誉鹊起，其后屡经危难，更能竭力支撑，终于凭借他过人的才智与能力，在平定太平天国之乱的长期战争中大展鸿猷，为曾国藩的平吴大功做好基础工作。

胡林翼初到湖北之时，所带的兵数少而质差，屡经挫折，在湘军务部中称为最弱。但在经历过一番战火的历练及参用湘军营制加以训练之后，居然壁垒一新，屡有胜捷。自此之后，湖北之军，遂以善战著称。这自然都是胡林翼的收拾整顿之功。其后湖北虽经克复，而大乱之后，百事俱废，也靠了胡林翼的竭蹶经营，方在数年之间奠立富强之基。但他仍然不以此为满足，于分兵四援邻省之外，更全力支援曾国藩的东征之师，使无后顾之忧。东南大局之终能底定，至此已具备了先决的条件。咸同中兴，素来以曾胡并称，而胡林翼的才具实胜于曾国藩，只是他谦退为怀，不肯自言功绩而已。亦正因为他处处能推功让贤，调和将帅，以故人心归附，士乐为用。凡此施为，充分显示出一个成功的政治领袖所发挥的作用。一个国家能有这样的政治领袖，自然可以改造时势，戡定大难。这样的人物，在历史上并不多见，而清朝政府在当时居然能够得到，实在是太幸运了。

书生笑率战船来
——彭玉麟

彭玉麟，字雪琴，祖籍湖南衡阳，生于安徽省安庆府，清末水师统帅，湘军首领，人称雪帅。他与曾国藩、左宗棠、胡林翼并称大清“中兴四大名臣”，湘军水师创建者、中国近代海军奠基人，官至两江总督兼南洋通商大臣，兵部尚书。

彭玉麟于军事之暇，绘画作诗，以画梅名世。他治家极严，对不肖子弟绝不姑息放纵，为人处世讲求实效、直率刚正不事阿奉、疾恶如仇不稍假让。他曾写下这样的联语：烈士肝肠名士胆，杀人手段救人心。

无限伤心听杜鹃

彭玉麟（1816—1890 年），字雪琴，湖南衡阳县人。“英雄不问出身”，彭玉麟家世寒素，父亲彭鸣九当过合肥梁园镇巡检。李瀚章（李鸿章之兄）是安徽合肥人，巡抚湖南时，曾特意为彭鸣九作传，“推为皖中循吏之最”，评价不低。彭鸣九廉介明干，积攒了足够好的名声，却宦囊如洗，没能积攒足够多的金银。

1831 年，16 岁的彭玉麟随父母回故乡衡阳。在查江河隆甸度过了愁惨的少年时代，住茅椽，忍饥饿。

彭玉麟家本来有祖田百亩，因其父久在外边做小官，田地全被亲族非法霸占，一家人于是不得不住在三间旧屋里。为此，彭玉麟的父亲气病交加，不久撒手人寰，留下孤儿寡母艰难度日。这种严酷的现实生活，深深刺激着青年彭玉麟。

更有甚者，非法霸占彭家田地的人，害怕日后有反复，不时制造事端来欺辱彭玉麟孤儿寡母，使其俯首屈服。

一天，彭玉麟的胞弟玉麒在水塘边玩耍，早已潜伏在塘岸竹林里的无赖之徒突然窜出，将玉麒推入水塘，幸亏有人救起免死。随后这个无赖之徒又纠聚一伙人反而来到彭玉麟家告状，说彭玉麟的弟弟没有教养。这样，无赖之徒的卑劣行径终于激起了族人的愤怒，责令其归还彭玉麟家田地“十分之二”及“屋一椽”。夺田者虽迫于公义不得不退回一部分田地，但对彭玉麟家的怨恨之情“益甚”，早晚“伺隙侵辱”。面对这种境况，彭玉麟的母亲王氏把他们兄弟二人叫到眼前，流着泪告诫他们，查江老家不可再住，希望他们远出避祸，“努力自立成人而后相见”。于是，彭玉麟遵母命，来到衡阳著名的石鼓书院读书。

在石鼓书院，彭玉麟叩问经义，钻研诗书，未尝有饥寒之叹。不叹饥寒并不意味着可以无视饥寒，没过多久，彭玉麟便投笔从戎，在军营中担任文书。职位卑微，但好歹有了一份薄饷，可以赡养母亲，甭提他有多开心。彭玉麟为人纯孝，妻子邹氏早年侍奉婆母汤药不够周至，其后便再难得到夫妻间的鱼水之欢，这惩罚可真够重的。

彭玉麟的运气总是那么好。一天，素以伯乐自许的衡阳知府高人鉴来军营拜访协镇，看到案头放着一份文书，字体非颜非欧，气格亦豪亦秀，便问协镇这份文书出自何人之手。协镇说是彭玉麟。高知府激赏道：“此字体甚奇，当大贵，且有功名。”彭玉麟能得到知府的青睐，执贽为其门下弟子，人生路走起来就顺坦得多了。他曾作一副楹联：“绝少五千拄腹撑肠书卷，只余一副忠君爱国心肝”，气节自见，高知府对他又更加高看一眼。彭玉麟的出身止于附生 (秀才)，附生已足够了，左宗棠也只是个举人，不曾进士。八股文，害死人，他俩能闪得开身，是因为时势与英雄两造之际，都把握住了奇妙的机会，这机会与其说是清王朝给的，还不如说是太平天国送的。

因当时民生凋敝，列敌环伺中国，各地民众生活困苦，民变时有发生。1849 年爆发的李沅发起义，坚持半年之久，转战湘桂黔边境十余州县，影响几乎遍及南中国。此时的彭玉麟虽然无官一身轻，没有什么政绩可言，但因他与衡阳协标的特殊关系，所以很自然地参与了这场镇压农民起义的军事斗争。

战争结束后，彭玉麟因功受到上司的嘉奖。湖广总督裕泰见衔名列生员，误以为彭玉麟系武生出身，故奏补为临武营外委，赏蓝翎。衡阳协标想为其更请保赏为训守之职，但被彭玉麟谢辞。他的理由是，年轻学浅，不堪人师，报效国家则来日方长，此时还是潜心学业、服侍慈母更切实际。

彭玉麟自军营返回家乡衡阳后，在潜心学业的同时，为生活所迫，曾应商人杨子春之请，前往耒阳代为经营其典当铺生意。此时，湖南一带饥民特多，社会秩序极不稳定。可能与自身贫寒的经历有关，彭玉麟对贫苦民众寄予了深深地同情。他曾自作主张把当铺钱财赈济饥民，借贷给他人者明确宣布不取利息。

不久，湖南一带民众在太平天国农民起义的影响下，纷纷组织起来采取劫富济贫的行动。耒阳典当铺主人杨子春坐卧不安，以为其钱财必定被“土寇”洗劫一空。结果出乎意料，那些平常受彭玉麟恩惠的人，竟未对典当铺实行“打劫”而加以保护，使得彭玉麟能够从容收回资本“还报主家”。事后，人们对彭玉麟的胆识、才能和求实精神给予了高度评价。

请缨投笔又从军

1851 年 1 月，太平天国起义爆发了。太平军席卷广西、湖南、湖北、安徽，势如破竹，直至定都南京，大清王朝处于极度的风雨飘摇之中。清廷不断颁诏令各地“勤王”，但昔日威震天下的八旗和绿营兵因为长期养尊处优，日益衰朽，根本不能打仗。清朝最高统治集团不得不动员各地汉族地主豪绅，凭借其在本乡本土的封建政治、经济和宗族势力，“结寨团练”，与官军一起对付太平军，并为此在南北一些省份任命了一大批在籍官吏为督办团练大臣。

咸丰四年 (1854 年)，曾国藩治兵衡湘间，博求奇士，有人推荐彭玉麟，谓其胆略过人，足堪倚任。当时，彭玉麟正居母丧，不想出去闹腾，恰巧曾国藩也居母丧，便对彭玉麟说：“乡里藉藉，父子且不相保，能长守丘墓乎?”这话倒是在理，使彭玉麟大为感奋，遂决意留在湘军效劳。

彭玉麟应召入曾国藩幕府后，除了起草有关文稿之外，主要负责编练水师的工作。经过几个月紧张艰苦的努力，湘军水师于1854年春正式建成：拥有辎重炮船120只，辎重民船100只，士兵5000人，分为10营，由彭玉麟、杨载福、成名标、诸殿元、邹汉章、龙献琛、褚汝航、夏銮、胡嘉垣、胡作霖分别担任各营统领。据有关史料记载，当时湘军水师10营营官中有9人系新提拔之武员，唯彭玉麟是文员，故曾国藩特别倚重他，如军事进止方略均与他预先商议筹谋。如《清史稿》记载：“其九营多武员，白事悉倚玉麟，隐主全军，草创规制多所赞画。”湘军有别于八旗、绿营的地方虽然很多，但有彭玉麟这样的人统率水师，确是最为重要之处。

太平军自1854年4月上旬重新夺占岳州后，石贞祥、林绍璋都遵照石达开的指示，乘胜挥师南进，于4月中旬攻占距长沙城北仅50里的靖港，下旬石贞祥部驻靖港；林绍璋则率部又先后攻占宁乡、湘潭，对长沙形成了一种北、西、南三面的包围。与此同时，在太平军势力的影响之下，湖南及两广各地的会党势力重新活跃起来。面对这种危殆局势，湖南地方统治集团乱了阵脚，曾国藩召集湘军各路将领商议进止方略，以图迅速扭转危局。

在当时，许多人主张先夺回靖港，曾国藩从援助湖北着想，也认为如能击败靖港太平军，便可沿江北上援助武汉，不主张先攻湘潭而遭受退避自保的指责。但左宗棠、陈士杰等人则主张先取湘潭，才能争取主动权。最后，曾国藩召集水师10营营官征求意见，众皆推举彭玉麟为首，主持攻击湘潭的具体计划。大约在4月26日，彭玉麟统率湘军水师五营及一部分陆师，由湘江面上进击湘潭。

此时，太平军林绍璋部在湘潭城北修建木城、木栅，用以阻遏敌军于陆路反扑；同时又收船只数百，编为水营，用以扼守江面。当彭玉麟率湘军水师驶抵湘潭城外江面之时，湘军陆师塔齐布、周凤山部已先期自宁乡进军到达湘潭，与太平军接战互有胜负。彭玉麟自进抵湘潭城外时，见到湘军水师有备，“连樯十里”，必定有一场恶战。但他忧虑的还在于太平军水营战船上堆有许多财物，一旦获胜，水勇势必贪图掳获之物而丧失最终取胜的战斗力，所以他经过深思熟虑，决定亲率一营攻“中屯”，即现今湘潭沿江第十二总地方，适时纵火将船只与财物一齐焚毁，其他诸营则从首尾前往进击。

27日，彭玉麟统率的湘军水师与太平军水营在湘江江面上展开了激战。一时间，湘江水面上下数里间炮火纷飞，杀声震天，战斗持续了两昼夜之久。由于太平军水营战船多系临时编练而成的民船，不仅速度慢，而且旋转不迅速，故被湘军水师抢据上游，趁江面大风之势纵火焚烧，伤亡惨重。林绍璋不得不率全部于29日迅速集中残留之船只，趁风上驶，于30日抵达下摄司，又遭到彭玉麟部湘军水师的追截，最终弃船登陆，仍由间道折回城内。

5月1日黎明，当太平军从西北城垣沿梯而下准备突围时，又遭到早有准备的湘军水陆各军的猛攻，城门被砍开。太平军一面迎战，一面设法分道突围。林绍璋率太平军主力由湘江西岸回靖港，经湘阴、岳州东下；另一部分太平军则退防渌口、醴陵后，转道江西折回湖北通城。

湘潭之役，对于敌对双方来说，都是关键性的一役。就湘军而言，此役不仅为曾国藩在湖北败绩作了弥补，使省城长沙转危为安，更重要的是，湘军由此变被动为主动，得以水陆乘胜而下湖北，继而推进到江西。就太平军而言，此役不仅令西征军士气大减，而且失去了一个全歼湘军、巩固西线的大好机会，西征军从此不得不转入战略退却阶段。

湘潭之役湘军的胜利，彭玉麟功不可没，曾国藩极为赏识。

太平军西征军自湘潭之役受挫后，尽数退守湘北和鄂南地区以求发展。然而，这些地区属港汊纵横之地，尤其是百里洞庭湖的广阔水面适合于水战。曾国藩清醒地认识到，要尽快援救武汉就必须首先扫清湘北水面，而要扫清水面，非水师不能竟其功，所以他在湘潭之役后对湘军水师进行了一段短暂的实力整顿。他的基本方针是：凡是溃散之勇兵坚决不许重归营伍，溃散之后而又归来的营官、哨长也一概不予起用。经过整顿，湘军水陆各师仅留下 5000 多人。在这个基础上，曾国藩授命彭玉麟等人按照要求招募新勇补充各营，同时调回罗泽南、李续宾等部至长沙。

经过整顿补充起来的湘军水陆共计万余人，进行了认真的技艺操练和精神训导，纪律性和实战能力得到了大大的加强。

与此同时，曾国藩又奏准广东登州镇总兵陈辉龙率所部水勇 400 人、炮 100 尊，广西升用遣员李孟群率所部水勇 1000 人，另有广西保升同知夏銮所部、广西保升道员褚汝航所部共 2000 多人，一齐汇集到长沙，与湘军水陆各师合作一起，共有 2 万多人，势力迅速增强。为了补充湘军的战船装备，又在衡阳、湘潭、长沙分设船厂，除了修理旧船之外，续造新船 60 多只，“皆精坚可爱，比去年者好得三倍”。

一切准备就绪后，曾国藩于 1854 年 7 月上旬分遣湘军水陆各师进击湘北重镇岳州。彭玉麟与杨载福等奉令先率所部打前阵，塔布齐、罗泽南部陆师掩护其他各水营依湘江东下。湘军水师先头部队抵达岳州后，由彭玉麟部从君山、杨载福部从雷公湖，张两翼形成包抄之势，但太平军据南津要地不主动出战。后经湘军水师以小船入港，引得太平军水营主力出港迎战，彭玉麟、杨载福即率湘军水师主力猛扑，烧太平军水营船只 100 余艘、夺获小船数十只，迫使太平军不得不于当天晚上撤出南津据点。

过了 5 天，太平军组织反攻，再度被湘军水师击败，退据雷鼓台严阵以待。随后湘军水师进攻受挫，正拟于傍晚时分撤退时，杨载福对彭玉麟说，敌军有十倍于我之兵船，要想攻此坚垒，非冒死出奇不可，即自乘三版船冒着炮火直趋而进，彭玉麟亦紧随其后，虽其右肘中弹，疼痛异常，但他在此时已杀红了眼，不顾一切冲入太平军船队，放火先烧其坐船，使得太平军阵脚顿乱，溃散而去。

8 月上旬，湘军水师后续部队开至，陈辉龙等自恃船多械足，又因多次交战获胜养成一种骄气，在未作详尽谋划的情况下，统率所部及夏銮、褚汝航所部水勇轻进由太平军秋官正丞相曾天养镇守的重要战略要地城陵矶。正当湘军水师船队开至城陵矶时，突然风势大作，两广兵勇之船遂被大风横吹而下，相互拥挤一团，无法伸展开来。太平军水营战船趁机四面包抄，击毙陈辉龙、褚汝航、夏銮等人，毁其船数十艘。

彭玉麟等先是坐江观战，继则率船冲入救援，不仅无法挽回失败的结果，反而仅得单船而返。自此之后，曾国藩不再要求朝廷援派外省水师统领，而将湘军水师交由彭玉麟、杨载福全权统辖。

8 月 11 日，太平军水营统帅曾天养经过仔细分析敌我双方形势，决定率全军将士 3000 人舍舟登陆，准备据险安营。然而，就在此时由塔齐布率领的湘军陆师尽数开至，两军展开了激战。由于曾天养部太平军未及立稳脚跟，广大将士从心理上和军需供给上均未做好准备，加之塔齐布为清军悍将，又有彭玉麟等水师的协同作战，其结果太平军大败，损失将士 800 余人，主帅曾天养力战阵亡，余部不得不退守武昌。至此，岳州及湘北湘鄂通道被湘军占据。

岳州所属地区各战役获胜，奠定了湘军进援湖北的基础。这其中湘军水师所起的作用是不可低估的。传统的忠君观念和治国平天下的人生信念，不时驱使着彭玉麟出生入死。

1854 年 9 月下旬，彭玉麟等湘军水师在曾国藩的亲自指挥下，挥师东进，攻占了太平军把守的武汉三镇。武汉地处长江中游，九省通衢，地理位置十分重要。湘军夺下武汉，顺江东下，便可与清军夹击南京了。

太平军自失武汉之后，遵照东王杨秀清的指令，由燕王秦日纲前往田家镇（湖北武穴境内）全权主持布防，黄再兴、石凤魁则被锁拿赴天京。同时，杨秀清还给秦日纲送去木牌五座，用以加强抵御能力。经过 20 余天的紧张准备，秦日纲对田家镇一带军事防御做了三方面的工作：一是在田家镇到蕲州长江北岸 40 里地方，沿岸构筑土城，多安炮位；二是自田家镇横过半壁山江面，横置铁锁两道，相距十数丈，在铁锁之下又排列小划数十支，以枪炮加以保护；三是在地势险峻的半壁山上建立 5 个营垒，引湖水为壕沟。正因为做了这样严密的防御措施，所以当湘军前来进犯时，两军在田家镇进行了长达10天的恶战。

湘军自攻占武汉后，兵分三路水陆东进。罗泽南、塔齐布部陆师于1854年11月20日开始，在田家镇对岸的半壁山下与太平军秦日纲部首先交战，结果太平军失利，被迫退守山上。23日，由于韦志俊、石镇仑、韦以德率援军赶到，遂与秦日纲联合反攻，鏖战竟日，石镇仑、韦以德力战身亡，半壁山被湘军陆军占据。与此同时，彭玉麟和杨载福率领的湘军水师，则在蕲州与太平军陈玉成部展开激烈的争夺战。因陈玉成在此处布防严密，使得湘军水师屡攻不得其果，无法按预定计划速围田家镇。

11月27日，曾国藩在彭玉麟等人的建议下，采取了避开蕲州，绕越太平军北上舟城，顺流直进田家镇的战略，配合已在半壁山获胜的湘军陆师，全力攻击太平军拦江铁索这一难关。彭玉麟与杨载福、罗泽南、塔齐布根据侦察而得的实际情况，进行了仔细的分析后，决定将湘军水师分为四队，而各队攻击的具体任务有侧重：第一队担负着毁坏太平军拦江铁索，其船只尽数卸去大炮装置，士兵手持大斧，船上装有碳炉，并遵彭玉麟指令，目不仰视，顺流疾进至太平军筏下，砍断锁缆后任务即算完成；第二队负责攻击太平军战船，拟由彭玉麟亲自率领作为第一队的后援，并以其密集炮火掩护第一队行动；第三队在第一队将铁索砍断后，由杨载福率领迅速开船冲向下游，纵火焚烧太平军船只；第四队则担负守卫后方辎重船队、防止太平军突然袭击的任务。

12月2日半夜时分，湘军陆师向半壁山太平军发起攻击，水师第一队皆系小队迅速冲至太平军筏下，彭玉麟率领第二队立即集中炮火加以掩护攻击，将太平军护索小船击沉。此时，由铁工出身的湘军水师哨官孙昌凯指挥士兵鼓吹早已点燃的火炉，并用巨锅盛油脂置于船上，将铁锁环链烧熔砍断，太平军将士惊愕不已，纷纷后撤。早已安排就绪的杨载福则率湘军水师第二队抢先赶至武穴，截断太平军船队的归路，然后溯江而上，与彭玉麟部形成上下夹击之势，于是太平军大批船只被纵火焚毁而尽，士兵伤亡惨重。次日，秦日纲、韦志俊率太平军余部自田家镇退往黄梅，23 日又退据宿松、太湖等处。与此同时，驻守蕲州的陈玉成、曾凤传闻田家镇败绩，亦率部弃城东撤。

此次田家镇一役，对于太平军与湘军来说，关系均十分重要。就太平军而言，从此失掉了九江、安庆赖以依靠的屏障。

曾国藩终于松了一口气，可以向清廷交代了。他上书清廷，叙述湘军水师的战斗场面，请求表彰彭玉麟，“应请记名以知府用，并赏加勇号”，“杨载福彻底追贼，劳苦无比，应请记名以副将用，仍加总兵衔”。

芒鞋徒步七百里

湘军自田家镇之役获胜后，继续追击正在后撤的太平军，彭玉麟所率领的水师在罗泽南等陆师配合下，相继攻陷广济、黄梅。

太平军东王杨秀清急令石达开、罗大纲与陈玉成等将领合并经营九江、湖口两地的防御。石达开等在分析敌我实情后认识到，要战胜湘军就必须首先制伏湘军的水师。他们在九江、湖口所作的具体军事措施主要有三个方面：一是坚守据点，尽量不与湘军举行决战，分别由林启容守九江，罗大纲守湖口之西岸梅家洲，石达开坐镇湖口县城；二是采取拖的办法，寻机歼灭湘军水师战船舢板；三是一旦掌握主动权后，诱军深入，各个击破湘军有生力量。

曾国藩在屡次获胜之后，有些洋洋得意，急欲攻占九江、湖门，以实现“克复安庆，直捣金陵”的预定目标，但他没想到惨败还在后面呢。

1855年1月13日，湘军罗泽南等陆师以锐利之气占领小池口，9日渡江，13日扎营九江大东门外之四里坡；彭玉麟等水师亦同时停泊于九江附近江面，形成水陆夹击的军事态势。清朝廷为了促成湘军尽快攻下九江，派湖广总督杨霈率兵进据广济，派副将王国才率部4000人驻守黄梅，派按察使胡林翼率兵2000人自咸宁东出瑞昌，以抄九江太平军后路。全鄂各路官军均归曾国藩统一指挥。

29日，彭玉麟等湘军水师因接连在小池口、湖口获胜，遂产生轻敌冒进的心理，120多只轻便战船载着水勇2000多人，浩浩荡荡地驶入鄱阳湖内。此时，早已做好准备的太平军水营将士突然冒出，封锁湖口，修筑工事。是日夜晚，太平军小船寻机驶入湘军船队，在岸边陆军的有力配合下，相继抛掷火球、火罐等引火之物，一举焚毁湘军水师大战船9只、中等战船30只。三国时的赤壁之战又一次重演！

彭玉麟

尽管彭玉麟等拼全力指挥，终因太平军攻势强大，湘军水勇心惊胆战，无心恋战，纷纷四散逃离，彭玉麟不得不率领余下的笨重船只，退据上游。从此之后，湘军水师被太平军分割为内湖和外江两个部分。在内湖者虽有轻巧的战船舢板，在外江者虽有快蟹、长龙，但因不能彼此配合，无法施展所能。

2月11日夜晚，湘军水师再次受到太平军致命性的袭击。是夜三更时分，石达开、罗大纲、林启容等率太平军将士，各以轻舟数十只入江，趁着月色阴暗、江面漆黑之便飞速冲入湘军水师船队施以火攻。顿时，湘军水师鬼哭狼嚎，辎重丧失，溃不成军。就连曾国藩的座船亦被太平军俘虏，管驾官刘成槐、李子成被击毙，曾在座船上的文案全部丢失。

面对惨败的局势，曾国藩感到绝望至极，又要投水自尽，幸被左右全力救起，送入罗泽南陆师军营。

太平军乘胜发起反攻，连下黄梅、广济、蕲州、黄州、兴国、通山、崇阳、通城等地。4月3日，太平军秦日纲部一路重又攻占武昌。至此，湖北大片土地控制在太平军手中。

针对湘军水师被分割为内外两部分，且势力受到严重削弱的实情，彭玉麟遵照曾国藩的指令，率外江水师驻扎新堤和金口一带，建有船厂一座，在修复旧船的同时赶造新船。随后，又从湖南新募水勇与原有之水勇合为3000人，在战船和武器装备方面重新加以配置，战斗力有所增强。7月间，杨载福率领一批战船和新募水勇2000人由湖南岳州赶到金口，与彭玉麟所部分扎一处。这样，湘军外江水师又达到10营计5000余人之众，基本恢复了九江战前的规模。

1855年冬天，江西各府州县基本被太平军攻陷，湖南、湖北与江西湘军水师音讯不通。彭玉麟率军徒步700里，以赴江西之急，他这种勇于任事的精神令曾国藩十分感动。彭玉麟则把曾国藩视为师长，始终以弟子、幕僚的身份忠心服膺曾国藩，彼此之间建立起了深厚的感情。

从彭玉麟不顾自身安危徒步700里赴援江西这一事例可以看出，曾国藩之所以能够以一儒生而领兵数十万，历尽千辛万苦，终于替清王朝血腥镇压太平天国等农民起义军；湘军之所以有别于清朝原有的八旗、绿营兵，其中一个很重要的原因就在于曾国藩手下聚集了一大批像彭玉麟这样有胆识、有才学，勇于任事，讲朋友义气而不计个人得失的儒将。就湖湘文化的内涵而言，它那种突出的积极入世、勇于任事、重义轻利等精神色彩，自明末清初以后就体现得非常明显，而这一切在经世致用这种学风的驱使下又不断弘扬了起来。

彭郎夺得小姑回

正当彭玉麟奉曾国藩之命来到江西统领湘军内湖水师，配合陆师艰难转战各地之时，太平天国内部发生了分裂，使其元气大伤，给予湘军以战略反攻的机会。就湖北方面的形势而言，在胡林翼和李续宾的统一指挥下，湘军乘机攻占武汉，并经黄州、大冶、兴国而移兵支援江西，于 1857 年年初进抵九江城外；就江西方面的形势而言，由于彭玉麟的到来，湘军水师战斗力有所加强，水陆密切配合，很快形成对瑞州、临江、吉安的围攻之势。

彭玉麟、杨载福等水师开始配合陆师，发起对湖口和九江的攻击战。

1857 年 10 月 2 日，湘军水陆配合攻占小池口之后，彭玉麟约清杨载福会攻湖口，将水师分为三路以进。起初，湘军水师受到太平军强烈炮火的轰击，几次冲锋均无结果，反而损伤战船十余只。此时，有人劝彭玉麟不要强攻冒进以减少伤亡，有人更提出明确的反对意见，认为驱赶士卒出入炮火中，徒死无益，不符兵法。彭玉麟则流着眼泪动情地对众人说：湘军水陆用兵已有 5 年，精锐忠勇之士为国捐躯以千数计，湖南、江西等省人民饱受战祸之苦，失去性命者不计其数，每当我想到此，恨不能即刻以死相报，从而“此险不破，万不令将士独死，亦不能使怯者独生!”众人感奋不已，誓将性命置之度外。彭玉麟则身先士卒，“鼓棹赴之”，终于冲破太平军严密防线，与外江水师船队合为一体。随即，李续宾等湘军陆师从城背山猛冲而下接应夹攻，太平军伤亡惨重，余部纷纷后撤，彭玉麟乘胜夺占湖口的重要军事据点——小姑山。经过两昼夜的激烈战斗，湘军终在10月26日重新占领湖口，使九江太平军失去了一个重要军事屏障。

彭玉麟等攻占湖口之后，立即水陆配合，乘胜合围九江。此处系太平军著名将领林启荣尽心经营达6年之久的坚垒，但天京内讧后太平天国势力削弱，且饷粮方面得不到及时的补充供给，士兵生活异常艰苦，武器弹药也相当缺乏；相反，湘军由于占据战略主动地位，在半年多时间里逐渐加强了实力，从而在1858年5月中旬发起了对九江的总攻击。尽管林启荣等太平军广大将士英勇抗战，终因寡不敌众，1.7万余人全部阵亡。

九江的战略地位十分显要。就太平军而言，它是安徽、江西两省的门户，既被损失，使得江西的军事形势更加紧张，而且太平天国的另一重要军事据点安庆也就呈现出极大的危险；就湘军而言，攻占九江之后，既可以水面为依托，在陆师的配合下发挥水师的重要作用，为实力经营湖北、肃清长江以及收复江西失地打下了坚实的基础，为最终合围安庆提供了有利的条件。

1861年8月中旬，由陈玉成回援安庆，虽曾一度攻破湘军重围，但最终因彭玉麟等湘军水师截断了援城通道，粮饷无法按期运进，致使城内太平军饥寒交迫，战斗力大大削弱。不过几天时间，湘军水陆各师乘安庆城内太平军粮饷无以为继之际，以地雷轰倒北门城垣，越壕入城。可怜已经精疲力竭的1.6万余太平军将士，最终奋起血战之后全部战死。湘军攻下安庆之后，随即入城进行了残忍的报复性烧杀。这一点，就连彭玉麟本人也感叹不已。

1864年7月19日，曾国荃率湘军攻陷天京，但彭玉麟等水师尽力扫清江路的作用是不可低估的。在彭玉麟会同曾国藩、李鸿章、曾国荃奏报金陵被克复的消息后，清廷特意赏给彭玉麟一等轻车都尉世职并加太子太保衔；曾国藩多次在奏折和书信中对彭玉麟在攻克金陵过程中的功绩予以肯定和赞扬。

就彭玉麟本人来说，经历千辛万苦终于成就大功，但在欣喜之余却又自然而然地产生了厌弃功名、解甲归田的念头。他在《喜收复金陵二首》的长诗中很明显地流露出这种心境："血战长江十五年，一朝拨乱见青天。三吴城郭收新版，六代江山复旧阡。……书生喜了出山愿，敢乞残骸旧种田。"

促成彭玉麟厌弃军政生活的原因，还在于当时他对湘军的残忍以及战争给人民造成的无数灾难开始产生了反感。曾国荃的湘军陆师在攻下金陵之后，随即实行残酷的烧、杀、淫、掠之举。对此，彭玉麟较为不满，认为曾国荃身为统帅，应负有不可推卸之责。所以，他曾在书信中要求曾国藩大义灭亲，把曾国荃抓杀以谢天下。

曾国藩当然不会同意彭玉麟的请求，认为"舍弟并无管、蔡叛逆之逆，不知何以应诛?"曾国藩恳请彭玉麟不要急于引退，在辅助他稳定地方秩序，裁撤湘军的同时，为创立《长江水师章程》而尽责尽力。于是，彭玉麟一边就医治病，一边察看长江各地情形，着手草拟《长江水师章程》。

最终，这个《长江水师章程》共计议定事宜 30 条，营制 24 条。其事宜包括：长江水师提督衙署建于太平府、立行署于岳州，提督有单衔奏事的权力；长江共立六标，分设太平、岳州、汉阳、湖口、瓜州、狼山各地，共辖 24 营；长江与各省水面设防各有专责，即长江水师主要负责主流江防，不负责各省所属江河湖汊的防务；副将、参将、游击之官设立衙署，以稍离城市闹区为宜，都司以下之官不设立衙署；24 营共置战船 774 只，都司于本船之外另有打仗舢板之船，兵数 1.2 万余人；自提督至千把总各官以次分别配置书吏一至四人不等；长江水师兵丁粮额"暂从其优"，等到军务大定之后酌情稍减。此外，还就饷项出入报销、哨官出缺遴补、设弹药局、建船厂、操练技艺等事，都作了明文规定。

创设这个《长江水师章程》就中国来说，是前无古人之举。它可谓中国现代海军的雏形。

为官清廉“三不要”

彭玉麟以“不要官、不要钱、不要命”的“三不要”美名而著称于世。

先说“不要官”。早年投入湘军水师之初，即以“不受官”自许。曾国藩率领湘军镇压太平天国，水师实为其首，而彭玉麟作为水师统帅，可谓战果累累。每次大胜之后，曾国藩总是向清廷出面保奏彭玉麟升官，朝廷也不断以官职来提拔他，但他每次都总是不受命。同治四年（1865年）三月，清廷欲任命彭玉麟为漕运总督。漕运总督在当时是天下第一肥缺，多少人梦寐以求，谋之不得，而彭玉麟却视之如草芥，两次上书请辞，自称“臣以寒士来，愿以寒士归也。”对于彭玉麟固请力辞不愿为官的行为，朝廷很感奇怪，当时官场中人也极不理解，甚至有人出面向朝廷建议，以他不受命、近乎矫情而处分他。

曾国藩闻讯，出面为他说情，他说：“查彭玉麟自咸丰三年（1853年）初入臣营，坚与臣约，不愿为官，嗣后屡经奏保，无不力辞，每除一官，即具禀固请开缺。咸丰十一年（1861年），擢任安徽巡抚，三次疏辞，臣亦代为陈情一次，仰邀允准。此次亲奉恩旨，署漕运总督，该待郎闻命悚惶，专折沥陈。顷来金陵，具述积疾之深，再申开缺之请。臣相处日久，知其勇于大义，淡于浮荣，不愿仕宦，份出至诚，未便强为阻止。”清廷看了曾国藩奏折，才冰释狐疑，准予彭玉麟之所请。人谓求官非易，而彭玉麟却以辞官为难！太平天国和捻军相继失败后，清朝统治又恢复了暂时的宁静。彭玉麟功成告退，向清廷请求辞官回乡补行守孝。清朝看他情恳意切，便同意了他的请求。同治八年 (1869 年) 春，彭玉麟回到衡阳，仍旧居于他发迹前的三间小屋之中。3 年后，清廷命他检阅长江水师，又命他进京朝见，任为兵部右侍郎，仍不就职。南归后，自筑一房于衡阳湘江边，名曰“退省庵”，以表达他无意功名利禄的情怀。其后，又先后辞谢两江总督和兵部尚书。当时为人较为苛刻、喜欢议论人的文人王闿运在其日记中说：“雪琴辞官还山，朝命优渥，许其一年一巡长江，江湖二督为供张。雪琴此去，使京中王公知天下有不能以官禄诱动之人，为益于末俗甚大，高曾、左一等矣。”彭玉麟这种屡屡“不要官”的行动，在腐败污浊的封建官僚中，卓然清新，可谓出污泥而不染。

再说“不要钱”。彭玉麟一生不治产业，治军严，律己更严，尽管他位居高位，始终坚持了一条“不要钱”的生活准则。咸丰四年 (1854 年) 冬，彭玉麟率湘军水师配合陆师攻陷了田家镇后，清廷奖励 4000 两白银，他却转而用于救济家乡。他在给叔父的信中说：“想家乡多苦百姓、苦亲戚，正好将此银子行些方便，亦一乐也。”还要求他叔父从中拿出一些银两在家乡办所学堂，期望为家乡“造就几个人才”。对自己和家人却甚为严苛。当他得知儿子花费 2000 串铜钱修葺了家中老屋之后，即去信严词斥责：“何以浩费若斯，深为骇叹。”说他一贯将“起屋买田视作仕宦之恶习，已身誓不为之。不料汝并不来信告示于我，遽兴土木；既兴土木之后，又不料汝奢靡若此也。外人不知，谓吾反常，不能实践，则将何颜见人!”其实，他儿子修葺后的老屋也不过是三间土墙瓦屋而已。同治三年 (1864 年)，他曾说过：“顾十余年来，任知府，擢巡抚，由提督，补侍郎，未尝一日居其任。应领收之俸给银两，从未领纳丝毫。……未尝营一瓦之覆，一亩之殖以庇妻子。”

彭玉麟是这样说的，也是这样做的。按清朝制度，凡文武官员于正式薪俸之外，由国家另行发给养廉金一份，于离职之日一次发给，以奖官守，并杜绝贪污。据此计算，彭玉麟自咸丰五年至同治元年（1855—1862 年），7 年之间，应得养廉银 21500 余两，但他分文不取，全数上交国库充作军饷。彭玉麟考虑到他一个人这样做可能使人怀疑他沽名钓誉，因而又请求曾国藩出面向朝廷说明。曾国藩则说：“查彭玉麟带兵十余年，治军极严，士心畏爱，皆由于廉以率下，不名一钱。今因军饷支绌，愿将养廉银两，悉数报捐，由各该省提充军饷，不敢迎邀议叙，实属淡于荣利，公而忘私。”曾国藩之所言，确不为过。

彭玉麟还“不要命”。他以打仗不怕死闻名于湘军。咸丰四年(1854 年)，彭玉麟刚刚出山，即率领左营水师参加围攻岳州之战，遭到太平军猛将曾天养的拦击。在激战中，彭玉麟“奋不顾身，右肘中弹，血染襟袖，仍裹创力战”，被誉为“勇略之冠”。次年七月，彭玉麟在移军屯口途中与太平军遭遇，所坐船桅杆被太平军炮火击中，船在江上打转，他并不慌张，旋跃入部将成发祥的舢板中才脱离危险。事后，湖北巡抚胡林翼在奏折中称赞“玉麟忠勇冠军，胆识沉毅，坐舢板督战，被击断其桅，神色不变。”咸丰十年 (1860 年) 五月，曾国藩在向朝廷报告军情时称：“查彭玉麟管带水师，身经数百战，艰险备尝”，并赞扬他“任事勇敢，励志清苦，实有烈士遗风”。

被曾国藩以“烈士遗风”赞许的人只有两个，一个是新宁人江忠源，另一个就是彭玉麟。江忠源早死，而彭玉麟的勇敢不怕死，更为湘军各将领之冠。尤其值得称道的是，光绪九年 (1883 年)，中法战争爆发，法国殖民者侵略越南，矛头直指我国西南，全国上下抗法呼声日益高昂。清廷于 5 月谕李鸿章去督办广东军务，但李鸿章滞留上海不往，在边疆危机日益严重的情况下，清廷改命彭玉麟为钦差大臣督办广东军务。时年 68 岁，并已告老家居的彭玉麟，在民族危机严重的关键时刻，不顾年高体弱，慨然应允，立即募兵 4000 人开赴广东虎门附近驻守。行前他向清廷上书表示：“畏首畏尾，其如外侮日肆，凭陵何哉！臣德薄能鲜，不知兵，尤不谙陆兵，调度水师三十余年，我行我法，唯秉诚实无欺之血忱，不要官，不要钱，不要命。”爱国御侮之情怀，跃然纸上。

最终，彭玉麟凭他严密的军事部署和丰富的作战经验，指挥老部下冯子材等人先后取得镇南关大捷和谅山大捷，赢得了中法战争的胜利。正当彭玉麟准备一鼓作气，趁势收复越南时，却受到了李鸿章等妥协派朝臣的干扰，不能进一步扩大战果。雪帅对此忧愤交加，终于一病不起。

彭玉麟的一生，以其言行基本实践了其“三不要”的诺言。后任湖南巡抚，时任湖北布政使的陈宝箴在悼念他的挽联中写道：“不要钱，不要官，不要命，是生平得力语，万古气节功名都从此。”在与他同时期的封建官员中，诚不可多得。

史上最痴情高官

尽管彭玉麟是出了名的铁血将帅，但感情生活上却令人唏嘘。《曾国藩日记》和《郭嵩焘日记》中，都不约而同地提到他“每谈家事为之叹息”“无家事之欢”。对于这个问题，历史学界普遍认为，彭玉麟有一段不为人知的爱情悲剧。他从小在外婆家长大，与外婆家名叫梅姑的养女青梅竹马，情投意合。但迫于礼教的压力，不得不奉母命另娶他人。后来，在彭母的主持下，梅姑嫁到别家。

彭玉麟36岁那年，青梅竹马的初恋情人梅姑突然撒手人寰，他当下就痛不欲生，无奈身为湘军水师主帅，责任重大，不能立刻殉情，随梅姑而去。于是就立誓要在有生之年，画10万朵梅花来纪念已故的梅姑。

在此后40年里，无论军务、政务多么繁忙，每个夜晚他都会深情地挥笔，描绘梅花；并通过笔触在画布上的挥洒，倾吐他心中凄绥哀绝的情思。直到76岁临终前，仍强撑着病体，颤抖地拿着画笔，一丝不苟地画着梅花，此时他的双眸仍然同一池秋水那般忧郁痴情。

40年里，雪琴的确说到做到，共画了10万幅梅花。虽然在此期间，他一直寡居，永绝了妻室之欢，但内心并不孤寂，每天通过画笔与梅姑交流，每晚都通过梅花与梅姑互诉衷肠。

太平天国灭亡后，清政府论功行赏，彭玉麟晋爵一等轻车都尉，并官升八省漕运总督。但已经完成“治国平天下”使命的彭玉麟此时已心灰意冷，“生平最薄封侯愿，愿与梅花过一生”，就屡次上书辞官。清政府依常人逻辑，认为彭玉麟是嫌官位太低，于是就先后6次给他加官晋爵，加封他诸如“两江总督”“南洋通商大臣”“兵部尚书”等高官。

梅姑的死，让彭玉麟去意已决，所有官位，他都一概谢绝。朝廷无奈之下，只得将这些官位先后转给李鸿章、左宗棠。所以当时民谚说“彭玉麟拼命辞官，李鸿章拼命做官”。最后，清政府为了留住彭玉麟，新置“长江巡阅使”，规定每年巡视长江水师一次，其余时间自便并享钦差大臣待遇。

再也推辞不了的彭玉麟，为了方便巡视水师，将家安在了西湖之畔。当时湘军将领，哪一户住宅都是精致华美的江南园林，可对彭玉麟而言，没有了梅姑，再精致华丽的住宅都只是冰冷的摆设。于是将梅姑墓迁到了西湖旁，又在墓的旁边盖起了座简单的草楼，种植了上百株梅花。白日，就在墓旁吹笛，那曲子都是他们儿时青梅竹马的回忆；夜晚，就画梅花，诗梅花，“三生石上因缘在，结得梅花当蹇修”，“无补时艰深愧我，一腔心事托梅花”，“颓然一醉狂无赖，乱写梅花十万枝”。

虽然痴情于梅姑，无心官场，过着半隐半仕的生活，但他绝非将国事高高挂起，漠不关心。1883年，中法战争爆发，朝中已无大将。面对国难，年逾七旬的彭玉麟应召出征，主持对法战争。

光绪十六年（1890年），彭玉麟病逝于家。朝廷赠太子太保，谥号“刚直”。

去世时，除了所部官兵，便只有那10万幅梅花陪在他身旁。除此，既无亲戚，又无余财。可见，彭刚直公的确是条顶天立地、有情有义的好男儿、伟丈夫。

引得春风度玉关

——左宗棠

左宗棠（1812—1885 年），字季高，一字朴存，号湘上农人，晚清重臣，著名湘军将领，洋务派首领之一。左宗棠少时屡试不第，转而留意农事，遍读群书，钻研舆地、兵法；后成为清朝后期著名大臣，官至东阁大学士、军机大臣，封二等恪靖侯。他一生经历了湘军平定太平天国、洋务运动、镇压陕甘回变和收复新疆等重要历史事件。比起清王朝中那些投降派和顽固派来，他是一位应当肯定的历史人物。

落魄举人，心忧天下

左宗棠出生于清嘉庆十七年（1812年），字季高，一字朴存，湖南湘阴人。4岁时，随祖父在家中梧塘书塾读书，6岁开始攻读四书五经等儒家经典，9岁开始学作八股文。道光六年（1826年），15岁的左宗棠参加湘阴县试，名列第一。次年应长沙府试，取中第二名。道光九年（1829年），18岁的左宗棠开始读顾祖禹的《读史方舆纪要》、顾炎武的《天下郡国利病书》和齐南的《水道提纲》。这些是完全不同于儒家经典的学问。正是这些不算是正统的学问，为左宗棠日后的成功奠定了知识基础。道光十二年（1832年），左宗棠以监生身份参加湖南乡试，中第18名。之后6年，3次赴京会试，均未考中。左宗棠最初的心态是复杂的、迷离的。

他后来说，“读书当为经世之学，科名特进身阶耳”。他没有在悲观中走向人生的沉沦，没有像有些酸酸的文人一样从此寄情山水，尽管他的诗文才华出众。他决定不再参加会试，何必像范进一样在考试路上耗尽生命年华？从此“绝意仕进”，打算“长为农夫没世”，寻找新的报国途径。

23岁结婚时，左宗棠就在新房自写对联：“身无半亩心忧天下，读破万卷神交古人。”气壮山河的宣言，是对自己的勉励，也是他一生的写照。30年后的同治五年（1866年）三月，左宗棠在福州寓所为儿女写家训时，也是写的这副联语。

1838年，左宗棠取道江苏南京，谒见赫赫有名的老乡陶澍，陶澍是连任了十多年的两江总督，是当时经世致用之学的代表人物。陶澍对左宗棠的到来，显得格外热诚，他们之间有过一段缘分。

那是一年前的春天，陶澍回乡省亲，途经醴陵，县公馆的一副对联让他怦然心动：春殿语从容，廿载家山印心石在；大江流日夜，八州子弟翘首公归。

这副对联，表达了故乡人对陶澍的敬仰和欢迎之情，又道出了陶澍一生最为得意的一段经历。走进公馆，迎面是一幅山水画，上有两句小诗：一县好山为公立，两度绿水俟君清。意思是醴陵县那傲然屹立的山峰，皆是仰载陶公一腔凛然正气而生。小小醴陵，居然有我的知己！这位 60 多岁的封疆大吏，当即提出要见见这诗文作者。

左宗棠来了，一个 20 多岁的年轻人，时任渌江书院山长。陶澍决定推迟归期，与素昧平生的左宗棠彻夜长谈，共议时政。左宗棠不失时机地提出要拜陶澍为师，毕生仿效。陶公爱才，欣然应允。

于是，一个落魄的穷举人，就这样做了两江总督府的四品幕僚。陶澍甚至提出要与左宗棠结为儿女亲家，将年仅 5 岁的唯一儿子陶桄，许给左宗棠为婿。这表明他对左宗棠才学与人品的器重。左宗棠正是从这里开始接触军国大事，开始了解夷人的船坚炮利与世界大势。他将自己的命运与朝廷的命运连在一起了。

左宗棠开始初试锋芒。以至几年后的 1849 年，民族英雄林则徐途经长沙，指名要见隐逸在老家读书的左宗棠。去见林则徐是在夜里，37 岁的左宗棠行色匆匆，心情激动，一脚踏空，落入水中。林则徐笑曰："这就是你的见面礼?"林则徐一见他，混沌的眼睛顿时一亮，真是"众里寻他千百度"，可以托付终身大事的人找到了。他将自己在新疆整理的资料和绘制的地图全部交给左宗棠，并说："吾老矣，空有御俄之志，终无成就之日。数年来留心人才，欲将此重任托付!"他还说，将来东南洋夷，能御之者或有人——西定新疆，舍君莫属。以吾数年心血，献给足下，或许将来治疆用得着。年逾花甲的林则徐是用滴血的心说这段话的，好比临终托孤，后来左宗棠征战新疆，带的就是林则徐绘制的地图。当时，左宗棠的眼睛湿润了，心里暗暗立下誓言，绝不负重托！临别，林则徐还写了一副对联相赠：“苟利国家生死以，岂因祸福趋避之。”

这是传世名言，左宗棠将这对联当作自己的座右铭，时时激励自己。他说：每遇艰危困难之日，时或一萌退意，实在愧对知己。回福建后，林则徐身染重病，知道来日不多，命次子聪彝代写遗书，向咸丰皇帝一再推荐左宗棠，说他为“绝世奇才”、“非凡之才”。左宗棠的名字引起了朝廷的注意。

兴办洋务，打造水师

向西方学习，创办近代化工业，这是历史进步的要求。早在鸦片战争时期，魏源、林则徐就提出“师夷长技以制夷”的口号，原因是这些中华民族的有志之士，在同外国侵略者不屈不挠的斗争中，看到外国侵略者凭借先进的武器装备肆意侵略我们，我们要想有效地反击侵略者，也必须学习先进的科学技术，首先要学习造船、造炮技术，以此提高我们的国防能力。左宗棠受林则徐、魏源促进国防近代化思想的影响，更加深刻地认识到，国家要打败侵略者，不仅要有民族气节，而且还要引进西方先进的科学技术，兴办近代军事工业。他提出，要有效抵御来自海上的侵略，必须建立水师，而要建立水师，就必须建立造船厂打造兵船。

1866 年，左宗棠在任闽浙总督时，在福州马尾创办了福州造船厂，即福州船政局，这是“中国海军萌芽之始”。他在给朝廷的一份奏折中，对创办福州船政局的必要性作了充分陈述。他认为，在两次鸦片战争中，侵略军的兵船之所以能远渡大洋，并能在我沿海肆意袭扰，直逼我天津塘沽，是因为他们有先进的轮船，而我们因没有那样的轮船，因此无法抵御侵略者。他计划在福州船政局建立之后，建成一艘船，就训练一船军兵，使该船有战斗力，用5年的时间，就可以造出数条船，建立起一支像样的船队，与侵略者抗争。比较可贵的是，左宗棠在这份奏折中还把造船和发展经济联系起来，所造船只可以在海上运输货物，促进沿海各省的贸易，使百姓富裕起来，国家也就富强了。

但在当时，要不要办造船厂意见并不一致，有一种意见认为造船费用太大，不如租船或买船便利。但左宗棠认为，租船和买船不但工费贵，而且受制于外人。外国侵略者绝不会为我们中国着想，一旦遇到外敌入侵，我们要使用这些兵船抵御时，很有可能这些船就不听调遣，即使能调遣，也很有可能不按我们的意图行动，使我们无法有效抵御入侵者。而且轮船用过一段时间，就得检修，还得求外国技术人员来修；如果他们不来，船就不能发挥作用。因此，他坚决主张建立自己的造船厂。从长远利益来看，买船、租船都不如造船。福州造船厂在他的努力下，自1869—1907年，共造各式轮船40艘，对当时清朝的海防防卫、沿海航运等都起到了重要的推动作用。

左宗棠在引进西方科学技术，建造中国自己兵船的同时，特别重视对近代军事人才的培养。他深刻地认识到，造船要配套，造船的同时要培养自己的驾驶和检修机器的人员，这样才不会受制于人。要培养自己的制造、驾驶、检修一整套人员，就要兴办学校。于是，1866年，左宗棠在筹建福州船政局时，一面派人赴西方购置造船所用机器、部件，一面在福建马尾山上，开设了我国近代的第一所海军军官学堂——福州船政学堂，免费招收学生，请外国教师来教。学生既学外语（包括英语、法语），又学自然科学和理工学，学习有关造船技术及工艺，学习近代海军战术和驾驶等方法。当时船政大臣沈葆桢（林则徐的女婿）说，福州船政局“创始之意，不重在造，而重在学”。从这点来看，左宗棠是有战略眼光的，只要有自己的技术人员，造船就不会有困难了。

福州船政学堂是中国最早培养海军和造船技术人员的学校，后来不少重要的海军将领，如邓世昌、林永生、严复、萨镇冰、刘步蟾、林泰曾、詹天佑、郑清濂等，均出自该学堂。当时有个英国海军军官叫寿尔，参观了福州船政局之后赞叹说，船政局的整个制度表现了创办者的天才和才能。有人把福州船政局和李鸿章在上海办的江南制造总局对比，认为上海江南制造总局，条件远比福州船政局优越，但李鸿章没有创办一所学校，目光不如左宗棠远大。由于船政局很重视“学”，因此把培养中国的技术人员，放在重要位置上。船政局聘请外国人当技术监督，双方协议，按规定时间把中国技术人员培养到能独立工作；如果教学有方，提前教会中国学生，酬金从优。而且还规定，一旦中国技术人员掌握技术之后，这些洋匠一律按协议回国。福州船政局的这些措施，培养出一批批技术熟练的中国技术人员，对我国造船业与航海业的发展以及对增强国家的海防都起到了十分重要的作用。对此，清政府也对左宗棠大加赞赏，称左宗棠为国谋利，站得高、看得远。

1874 年，日本侵略台湾时，沈葆桢奉命督福州水师去台湾作战，迫使日本政府派员到北京议约，不敢用武力强攻台湾。当时沈葆桢带往台湾的船只大多是福州船政局制造的。中法战争以前，中国有北洋水师、闽江水师和南洋水师。闽江水师 11 艘兵舰除 2 艘是从美国购进外，其余 9 艘均为福州船政局制造。北洋水师的康济、威远、眉方、泰安、镇海等也出自福州船政局，占全部北洋水师舰只的 2/5。南洋水师的澄庆、横海、镜清、开济、靖远等也出自福州船政局，占全部南洋水师舰只的 1/3。水师的建立、在国家海防中发挥的作用，左宗棠功不可没。

抬棺出征，收复新疆

19世纪60年代后期开始，外国侵略者开始蚕食我国边疆领土。1865年，中亚浩罕国（在今乌兹别克斯坦境内）的军事头目阿古柏，在英俄殖民主义者支持下，侵占我国新疆大部分地区，建立反动的“哲德沙尔汗国”。接着英俄宣布承认阿古柏为国王，并派出使团，订立条约，供给军火，以对抗收复国土的清军。1871年5月，沙俄悍然出兵侵占我国新疆的伊犁地区。新疆局势日趋严重，西北边防岌岌可危。

到1875年春，阿古柏侵占我国新疆的天山南北已达10年之久，沙皇俄国直接出兵强占我国新疆的伊犁地区也已4年，饱受殖民统治的新疆各族人民，迫切要求清军早日出关，驱逐外国强盗，使新疆回归祖国。这时，左宗棠所部清军已经基本结束了在甘肃的战事，出兵收复新疆的条件完全成熟了。

当时，左宗棠正任陕甘总督，对新疆局势十分关心。1874年，他开始准备进军新疆，但就在这一年，日本发动了对我国台湾的侵略战争，东南海防因此紧张起来，由此在清政府内部引发出一场海防与塞防的激烈争论。

以直隶总督兼北洋大臣李鸿章为代表的海防派认为：塞防不如海防重要，国防的重点在海防，而不在新疆边防，主张把用兵新疆的钱移作海防。李鸿章上奏朝廷说：“新疆不收复，不伤及国家的元气。”言下之意，新疆可以拱手让给外国侵略者。他完全站在侵略者的立场上，说如果进兵新疆就会损害与英俄侵略者的良好关系。英国侵略者看到李鸿章的态度，便大造舆论，散布阿古柏已归属土耳其，并与英俄订有条约，中国不能过问。李鸿章还说，乾隆年间堪定新疆只是收复数千里的荒凉旷野，对国家只有损失而无收益。目前财政困难，无力顾及新疆，因此，应该放弃塞防，专顾海防，准备出关的部队，能撤则撤，能停则停，就地驻守，不必进取，等等。这就是所谓的“海防论”，实质上是放弃新疆的卖国谬论。

以湖南巡抚王文韶为代表的塞防派认为，西洋各国，以沙俄为最大，离中国最近，又最狡猾，目前已经侵占了伊犁地区，势必长期不还，如不迅速出兵收复，沙俄必将得寸进尺，继续入侵。因此，“目前应倾全力西征，只要使沙俄的入侵阴谋不在我西北得逞，其他入侵者也就不会在我东南沿海挑衅”。这就是所谓的“塞防论”，实质上是主张暂时放弃海防，专注塞防。

这时的清朝最高统治集团，从自己王朝的利益出发，也不甘心放弃新疆，但在李鸿章为代表的海防论者的喧嚣声中，又不知如何是好，左右为难，举棋不定。于是，便秘密传旨给陕甘总督兼督办新疆粮饷事宜的左宗棠，不指名地转述了海防、塞防两种意见，让左宗棠帮助拿主意。此时的左宗棠，无论资历、声望，还是地位、才干，都是当时唯一可以同李鸿章相抗衡的人物，他的意见，无疑将对清政府的最后决策产生极其重要的影响。

左宗棠原来打算在陕甘战事结束之后告病回乡。但是，当他得知沙俄强占伊犁的消息后，便决心在垂暮之年与沙俄作一番较量。从此，他以收复新疆为己任，密切注视着新疆局势的发展。1874 年 10 月，他受命督办新疆粮饷之后，已经从后勤供应方面，开始了进军新疆的实际准备工作。

1875 年 3 月 19 日，左宗棠在兰州军营接到密谕旨之后，周密筹划了 20 多天，于 4 月 12 日上了一道长达 5000 多字的《复陈海防、塞防及关外剿抚粮运情形析》，坚决反对放弃塞防、专顾海防的主张。他认为：自从福州船政局开设以来，海防的创办已有头绪，不需要从别处再筹措经费，平时的训练费用花费不多，也不用另从别处筹措。如果西北边塞防守费用充裕，自然可以匀给海防一些，可是，历年来，各省欠西北塞防的钱饷已达 5000 多万两，没有余钱可匀。乌鲁木齐没有收复，新疆没有要地可以扼守，没有撤兵的道理，即使收复了乌鲁木齐，不再继续向前用兵，防守的军队数量也不可能减少，也不会节省军饷。只有尽快收复新疆，以伊犁和南疆等富裕地区的财富来负担新疆的防务，才有可能节省军饷。同时，竭力抨击了李鸿章自动放弃边防的谬论。他说："若此时停兵节饷，自动放弃边防，那么我退一寸，入侵之敌则可能进一尺，新疆必然要被沙俄所占，我国便会断送这块富饶的疆土。"他还根据当时的形势，分析了新疆的战略地位，认为新疆是中国的西北大门，如果新疆失守，就会严重危及塞内安全。因此，指出：东为海防，西为塞防，两者不可偏废！总观目前情况，当务之急，必须收复新疆。西北边疆与北京的关系，好比是手与臂膀的关系，如果西北丧失了，那么直隶边关也就没有安眠之日，京城也就处在危险之中了。这就是所谓的海防、塞防两者并重的主张。

同时，左宗棠还上了一道《遵旨密陈片》，毫不客气地弹劾了原任新疆统帅景廉的无能和死板，弹劾了原任粮饷转运帮办袁葆恒的主观武断，对用兵新疆的人事安排提出了建议。

5 月 3 日，清政府发布谕旨，肯定了左宗棠的意见，决定采纳海防、塞防并重的主张，在加强海防的同时，出兵收复新疆，并决定将景廉和袁葆恒调回北京任职，任命左宗棠为钦差大臣，督办新疆军务，且表示不实施遥控指挥。这样，清政府就打破了边疆不用汉人的传统，将收复新疆的大权全部交给了左宗棠。

左宗棠主张海防和塞防并重，具有重大的战略意义。我们知道，中国近代以前的国防重点是塞防，是在西、北两大方向。从鸦片战争开始，资本主义列强相继从东、南沿海入侵，海防的重要性便凸显了出来。从此，清王朝几乎把全部注意力都转移到了海防方面，渐渐忽视了塞防。林则徐对此早有预见，他指出：沙俄最终将成为中国的主要祸患。然而，他的话并没有引起朝廷的注意。不久，沙俄就侵占了我国150多万平方公里的领土。对于这样重大的国防失误，恭亲王奕䜣却轻描淡写地说成没有仔细考察疆域图，可见清政府在塞防上糊涂到了何等地步！李鸿章发展这一错误，竟然主张放弃新疆、专顾海防，如果得逞，其后果不堪设想。因此，左宗棠的“并重”主张，不但避免了专注塞防的片面性，更重要的是克服了放弃新疆的危险性，实际上是一条从当时全国大局出发的唯一正确的国防方针。

这场争论虽然反映了湘系和淮系集团之间的利害冲突，但左宗棠的主张具有反抗外国侵略的爱国精神，得到国内爱国舆论的广泛支持。他的爱国之心和在军事战略上对国家大局利与弊的分析与谋划，体现了他的爱国热情和大智大勇。

1875年春，清政府任命左宗棠为钦差大臣，率军收复新疆。当时他已经64岁，身体又多病疾，但当他接到朝廷的受命之后，却是心情振奋，决心要从阿古柏手中夺回新疆。

左宗棠

收复新疆，有组织兵力，筹备军饷、组织粮食等作战物资的运送等困难。左宗棠认为：筹饷难于筹兵，筹粮难于筹饷，筹运输尤其难于筹粮。粮食和运输两件事，是出兵新疆的关键。

俗话说，兵马未动，粮草先行。粮食运输对作战的重要性本来就是不言而喻的。在进军前较长的一段时间里，左宗棠用极大的精力，着重抓了以粮食的筹措和运输为中心的各项进军准备工作。他首先对已在新疆和准备出关的部队进行了大刀阔斧的整顿。清政府军原驻新疆的部队有 3 支：一支是由当时任乌鲁木齐提督的满族贵族成禄统领的人马，约有 17 营 8500 人；一支是由任乌鲁木齐都统的满族贵族景廉统领的人马，约有 34 营 17000 人；还有一支是满族贵族金顺统领的人马，约有 30 营 15000 人。这些人马长期不训练，战斗力极差，左宗棠奏明朝廷，根据宜精不宜多的原则，成禄的 17 营整编成 3 营，景廉的 34 营改编为 25 营，都归到金顺部下，由他暂时统领，这时，由金顺率领的驻疆兵力有 58 营，左宗棠觉得还多，但金顺以拥兵多为荣，不愿裁减，左宗棠便奏请清政府，将其兵力整编为 16 营。

对于原来驻守新疆各城的清军残部，左宗棠命令他们保守现驻城堡，不担负作战任务。另从 55 营老湘军中精选 25 营作为主力，在粮运完成以前，暂在凉州 (今甘肃武威) 整训，待命出关。已经出关的张耀部 14 营嵩武军，令他在哈密举办屯田。

李鸿章从阻挠西征的目的出发，企图釜底抽薪，奏请将驻守甘肃的刘铭传部 22 营军兵调往山东、江苏驻防。有趣的是，当清政府征求左宗棠的意见时，左宗棠不但完全同意，而且还要求把其余的 2 支人马也一起调走或裁掉。

与此同时，左宗棠也对所带领的湘军进行整顿。他原辖有 180 多营，把老弱病残及无战斗力的人员，皆给钱遣回原籍，并且明确宣布凡是不愿随他出关西征的，不论官兵，一律听便，给钱回原籍，结果一下裁掉了 40 营，以后又作了进一步的裁减。留下来的大多为健壮之兵，而且是自愿出关西征的，战斗力都比较强。

他根据筹措粮食与运输的重要地位，坚决主张“精兵”。经过一番整顿，不但提高了部队的战斗力，而且最大可能减少了粮食筹备的数量和运输量。

其次是军饷的筹集。用兵新疆，每年需军饷约 1000 万两。当时的饷源仍靠各省供应。陕西和甘肃两省的协饷、厘金和海关税，总计每年应到800多万两。可是，拥护“海防论”的督抚们，一味拖欠，有的甚至不提供，就连主张全力西征的一些人，提供军饷也很不积极。当时，李鸿章统领的淮军，每年可发9个月的军饷，而进军新疆的部队，每年只能发1个月的军饷。对于实行雇佣兵制，兵勇们是靠薪饷养家，钱总是拖欠，不但不能打仗，而且军队都难以维持。由于左宗棠与士卒同甘共苦，将每年官俸的大部分都捐作军需，加上广大官兵的爱国热情，军心还未动摇，薪饷还可继续拖欠一阵子。但是，全军的粮草、盐菜、武器、被服的采买费和数额巨大的运输费，是绝对不能拖欠的。

1875年，左宗棠筹办粮食和运输，急需饷钱，当年却只收到了260多万两，他急得如坐针毡。1876年年初，左宗棠在要饷、催饷无效的情况下，只得上书朝廷，申请借外债1000万两，受到李鸿章等人的肆意阻挠。不得已，左宗棠再次恳请朝廷准他借400万两外债，以解燃眉之急。朝廷体谅左宗棠的难处，决定从户部库存四成洋税项下，一次拨给左宗棠200万两，令各省3个月必须拿出300万两给进疆的军队，超过期限的，准许左宗棠指名弹劾，从重治罪。另外，让左宗棠自己设法借外债500万两。左宗棠接到上谕后，高兴万分，开战前的军饷筹集终于有了着落。

此后，左宗棠通过上海采运局，几次向外国银行借债，至1881年，总计借了1300多万两；同时还向本地、外地富商挪借了一些；加上各省每年送到一些，总算勉强解决了筹饷的难题。

与此同时，左宗棠还组织了一套庞大的机构进行军粮的采购和运输。他改变过去成禄之流采取强行摊派、强拉民夫逼运的错误做法，实行用钱买和花钱雇运的方法。他强调，百姓是军队的衣食之本，没有百姓的支持，无法打仗。他规定必须以合理价格收购粮食、支付运费，在一个地区采购粮食不准过多，要保证农民留足口粮和种子，以便恢复和发展生产，为日后准备粮源。

按左宗棠在西北修订的《楚军营制》，步兵每营500人、民夫200人，骑兵每营250人、民夫100人，战马250匹。兵、夫每月口粮45

斤，战马每月粮料 150 斤，草料 360 斤，草料不够以粮料补充。总计入疆部队最多时达到百营左右，其中骑兵约占四分之一。每年约需粮食 5000 万斤，准备 3 个月作战口粮和 3 个月储备口粮，需要 2000 多万斤。军粮的采运，基本上按照这个标准进行。

在粮食的采购上，左宗棠开辟了五个粮源：一是甘肃河西走廊地区。1875 年采购到 3600 多万斤粮食。二是口北地区。由于河西地区粮少价贵、运费高昂，左宗棠经过调查研究，发现宁夏、归化（今呼和浩特市）和包头以西盛产粮食，经内蒙古北部有一条近路直达新疆的巴里坤，用骆驼运送，每百斤粮只要 8 两银子，比从河西采运便宜一半左右。左宗棠就在归化设了采运总局，在包头和宁夏设了分局。从 1875 年夏到 1876 年夏，共从此地采购到 700 多万斤粮食。三是北疆地区。从古城（今新疆奇台）到济木萨，产粮虽然不多，还可以买到一点。为了防止采粮过多，左宗棠采取事先调查、确定购量的方法，共买到 300 多万斤粮食。四是俄商之粮。1875 年夏天，俄国商人索斯诺夫斯基到兰州拜访左宗棠时，主动提出从沙俄为清军采运 500 万斤粮食到古城，每百斤收费七两五钱，条件是允许俄商来西北做生意。左宗棠一合计，觉得很划算，就答应新疆收复后再行通商。双方当即签订了合同。其实，这个所谓的商人原是沙俄军官所扮，卖粮的目的是左右清军行动，左宗棠虽未识破其阴谋，但也没有依赖他的粮食。由于清军在战争中迅速胜利，索斯诺夫斯基的罪恶目的没有得逞。五是屯垦之粮。他命部下张曜率 14 营兵马，进驻哈密开荒种田。1875 年开荒近 2 万亩，1876 年收获了 150 多万斤粮食，也解决了一点问题。

在运输方面，左宗棠采取了多种办法。俄国商人的粮食包给俄商运送，口北粮食包给骆驼商队运送，这两路的运输，费力不大。最困难、最复杂的是河西走廊一线，不仅要运输几千万斤粮食，还要运输大批的武器、弹药、军装、被服等军用物资。从凉州经甘州（今甘肃张掖）、肃州、安西、哈密、巴里坤到古城，全长 3540 里。沿途人烟稀少，道路年久失修。尤其是从安西到哈密的 1000 多里，茫茫戈壁，沙砾纵横，除马莲井有点水外，没有台站，没有水草。从哈密到巴里坤，中隔天山，山高路险，大车难以翻越。由于多年战乱，牲口、民夫和车辆严重缺乏，即使花钱也难雇到人畜、车辆。左宗棠从实际出发，规定玉门关内主要采用车运，玉门关外主要采用骆驼运。在充分发挥官运（辎重部队）作用的同时，主要雇请民夫运输，关内百斤百里给银四钱，关外加价一钱。具体方式是“接力传递运送”，也就是分路程包干，各运一段，相互衔接，流水作业。此外，还让军队自己带粮出关。凡出关部队，除随身背带马车、骆驼装运一批粮食之外，走一大站后，再腾出车、骆驼回头再运一批，如此往复而前。

另外，左宗棠知道阿古柏的部队大多用洋枪洋炮，西征军武器装备如不改善，作战将会遇到困难。当时，虽然李鸿章创办了江南制造局、金陵机器局和天津机器局，但李鸿章是反对左宗棠进军新疆的，自然不会将这些机器局生产出来的枪炮支援左宗棠。在这种情况下，1873 年左宗棠在兰州南关创办了兰州机器局，从广东、浙江聘请熟练工人，由总兵赖长（他对制造枪炮有一定经验）筹办。这个厂一年之后，便能造出各种枪炮。后来，由兰州机器局制造的军火、修理的军械不断送至前线。1876 年，一次便供应清军子弹、炮弹 2 万多发，使已经装备了相当多洋枪洋炮的清军，在新疆反击入侵者的战斗中获得极大支持。

在左宗棠的精心组织和周密调度下，从 1874 年 10 月到 1876 年 5 月，用了一年零八个月的时间，将大批作战物资运达新疆前线，并在哈密、巴里坤、古城等地库存了 2000 多万斤粮食。至此，以粮运为中心的各项后勤准备工作基本就绪了。

左宗棠收复新疆必须面对两个敌人：一个是强占伊犁地区的沙俄，另一个是受到英国支持已经囊括新疆大部地区的阿古柏。左宗棠认为，阿古柏与投降他的叛匪白彦虎、马人得等相勾结，占据着新疆全疆大部分地区和重要的城池，是主要威胁，如能集中力量连打数仗，消灭其主要的力量，再不断地进行追剿，就有可能很快掌握收复新疆的主动权。至于沙俄，他非法侵占我新疆伊犁后，正在观望我对新疆的用兵情况，对我新疆用兵暂时构不成威胁。左宗棠权衡轻重缓急，决定首先消灭阿古柏集团，待收复新疆大部分地区以后，再集中全力来对付沙俄。

当时，阿古柏集团兵力的分布情况是：阿古柏本人及其主力驻守南疆，马人得、白彦虎等部据守北疆乌鲁木齐、红庙子、古牧地等要地。左宗棠对当时的情况作了认真思考和分析：第一，清军当时还控制着北疆的哈密、巴里坤、古城、济木萨等城堡，可以保障新疆与内地的交通，西征大军有一条安全畅通的补给线。第二，阿古柏集团分散据守南、北疆各城堡，白彦虎等流窜成性，不得人心，战斗力较弱，可以各个击破。第三，新疆地势北高南低，先北后南，可以形成高屋建瓴之势，正如龚自珍所说“北可制南，南不能制北”。第四，首先攻克乌鲁木齐，进驻玛纳斯，可以遏止沙俄由伊犁东犯。于是他制定了“先北后南”的作战思路，具体进兵的步骤是：第一步收复新疆北路，也就是先收复乌鲁木齐、红庙子、古牧等要地，消灭马人得、白彦虎的部队；第二步收复南疆门户吐鲁番；第三步收复新疆南路，也就是直捣阿古柏的老巢。

1876 年春，左宗棠上奏朝廷，调擅长组织后勤保障供应的刘典到兰州，负责对进军新疆的总的后勤供应。同时，任命有勇有谋、机智果断、只有 33 岁的刘锦棠做先锋官，统一率领先头部队冲锋在前。4 月 7 日，他自己将指挥大营由兰州移到肃州，靠前指挥，统筹调度。

4 月 26 日，刘锦棠在肃州正式受命率兵出征，临行之前，左宗棠根据敌人部署纵深大，兵力分散，清军补给线长、兵力少不占优势等情况，考虑到鼓舞各族民心，保持旺盛士气等因素，告诉刘锦棠，用兵要采取“缓进急战”的方法。“缓进”就是不打无准备之仗，谨慎用兵。每次战斗之前，必须做好充分准备，特别是人、马要有充足的粮、草供应，才能组织一战。战后，必须肃清残敌，休整部队，调整部署，以利再战。“急战”，就是在组织进攻时，要集中优势兵力，充分发挥炮兵和骑兵的作用，速战速决，避免旷日持久，屯兵坚城之下，久攻不克，打消耗战。

按照先北后南作战思路，清军出关后，第一个战役是攻占北疆，收复乌鲁木齐至玛纳斯一带，控制全疆的战略要地，为向南发展进攻准备后方基地。盘踞北疆的白彦虎、马人得、马明各部，总兵力约有2万人，主力6000余人部署在乌鲁木齐东北的古牧地（今米泉)。左宗棠确定由刘锦棠和金顺2部64营3万多人马担负攻打北疆的作战任务，具体部署是：刘锦棠进疆与金顺部队会师后，首先攻占古牧，古牧是乌鲁木齐的东大门，攻占古牧，等于打开了通向乌鲁木齐的大门，便可形成直捣敌巢穴的有利态势。而后攻占乌鲁木齐，如果阿古柏从南路率军来援，必然有数场大的恶战，刘、金两部应集中力量歼灭阿军援兵，为大兵南下扬威，大造声势。接下来，分兵两路，金顺率部西攻昌吉、呼图壁和玛纳斯南北二城，刘锦棠率部在乌鲁木齐地区清剿残匪，准备对付阿军可能的反扑。战斗发起的时机，左宗棠和刘锦棠经过反复商量，最后定在秋初，因为这时正是粮食遍野的季节。

1876年8月上旬，北疆战役打响。在刘锦棠的指挥下，清军集中炮火猛攻古牧城，将城墙轰塌，清军蜂拥而入，城迅速被攻破，清军乘势猛攻乌鲁木齐，此时的白彦虎、马人得的人马被清军的凌厉攻势所吓倒，无心再战，乌鲁木齐随后被攻破，金顺率部迅速向西发展进攻，昌吉、呼图壁和玛纳斯北城不攻自破。历时仅10多天，清军便收复了北疆，白彦虎、马人得率残部向南逃窜。战斗打响后，阿古柏派出5000骑兵来援，刚到达坂城，便与败下来的白彦虎、马人得的人马相遇，只好收兵。

此战，要比左宗棠预计的顺利得多，这使左宗棠异常高兴，便立即着手部署天山战役，准备分兵攻取天山地区的达坂城、吐鲁番和托克逊，打开进军南疆的门户。计划上奏朝廷，皇上很满意，便令他赶紧实施。不料，金顺没有攻坚的经验和良策，玛纳斯南城守敌顽强抵抗，金顺部久攻不克，直到刘锦棠派去11营老湘军增援，到11月6日才攻克。这时大雪已经封山，无法南进了。

清军攻占乌鲁木齐后，阿古柏非常恐慌，一面请英国主子出面调解，企图通过外交途径阻止清军南进；一面赶赴托克逊部署防御，企图以吐鲁番、达坂城、托克逊三城互为犄角，组织坚固防守，阻止清军南进。后见清军没有动静，便又进一步部署：以南逃的白彦虎、马人得残部配合他的部下艾克木汗率步兵、骑兵8500人、民团1万人防守吐鲁番；以其大总管爱伊德尔呼里率步兵、骑兵4400防守达坂城，并在东西天山隘口之间筑起一座新城；令其次子海古拉率步兵、骑兵6000防守托克逊，总兵力有3万多人，其中主力2万余人，并配备了大量的后膛枪、炮。阿古柏自己则率大军驻守喀喇沙尔（今焉耆），遥控指挥。为了保护阿古柏这条走狗，英国公使威妥玛，以代表阿古柏向清朝“投降”为借口，发动外交攻势，要求清朝停止进军，获准阿古柏在南疆作为清朝附属国，但要免除每年的朝贡。朝廷便致电左宗棠，征求他的意见，左宗棠断然拒绝，指出英国的阴谋是让阿古柏长期侵占我南疆地区。同时，左宗棠函告刘锦棠，大军南进时，如果阿古柏派代表真意求降，可押解到肃州大营，由左宗棠处理；如果阿古柏的意图是缓兵之计，便立即将来使遣回。

左宗棠认为，天山战役不同于北疆战役，清军将同阿古柏的主力交战，需要认真对待。为此，他计划：集中刘锦棠、张曜、徐占彪三支部队作战。同时给刘锦棠增调了骑兵、炮队各三营，给张曜增调了骑兵、炮队各一营，给徐占彪增调了骑兵一营，合计三部兵力为53营、2万多人。依据敌情和刘、张、徐三军目前的部署，决定兵分三路，同时进击：以刘锦棠为北路，从乌鲁木齐出发，由北而南，攻打达坂城，如果得手快，则用兵配合张、徐两军夹攻吐鲁番；以张曜为东路，从哈密出发，由东而西，以徐占彪为东北路，从巴里坤出发，由东北而西南，越天山南下，与张曜在盐池会师后，合兵西攻吐鲁番，如果进展快，则西进配合刘锦棠夹攻达坂城；两城攻克后，三军合攻托克逊。战役发起的时机定于次年春天，具体发起进攻的时间，由刘锦棠与张曜、徐占彪约定，分头、分期出发，约定日期联合攻敌。

同时，左宗棠为确保南下后后方的安全，对乌鲁木齐及其周围地区的兵力做了新的部署和调整。玛纳斯一战，再次证明金顺的无能，难以独当一面，恰好清政府任命金顺为伊犁将军，左宗棠便将金部39营裁并为20营，担负玛纳斯以西到精河一带的防务；调驻包头的金运昌部10营皖军西行，接替刘锦棠的防务，驻守乌鲁木齐地区；调徐万福3营、范铭1营接徐占彪之防，驻守巴里坤、古城地区，哈密防务则由刘凤清部2营豫军和原哈密4营防军负责。

为了保证大军南下作战的粮食供应，左宗棠令古城粮局采购和运送900万斤粮食到乌鲁木齐，加上清军在乌鲁木齐地区收割和采购的秋粮，为刘锦棠的部队备足了4个月口粮，并令巴里坤粮局就地采购200万斤粮食，加上从口北运来的粮食，合计有600万斤，供徐占彪的部队和接替他防务的部队食用；又令肃州粮局采运600万斤新粮到哈密，满足张曜的部队之需。同时还赶运了一批军装、被服和新买的后膛枪、炮到达前敌。

大军南进之前，左宗棠向各部反复叮嘱：必须严禁杀掠奸淫，严禁骚扰百姓，要宽待阿军俘虏，争取南疆人民的支持和配合。按照左宗棠的部署，天山战役从1877年4月中旬开始，前后不到半个月就胜利地结束了。刘锦棠一路攻打达坂城，仅用了4天就全歼守敌，无一漏网，还生擒了爱伊德尔呼里，打了一个漂亮的歼灭战。接着，刘锦棠分兵一部，与张、徐两军同日抵达吐鲁番城下。这时，艾克木汗、白彦虎已经南逃，马人得稍作抵抗后，率部投降。刘锦棠亲自率一部直捣托克逊，阿古柏仓促应战，由于军心浮动，加上清军乘胜进攻，士气大盛，阿军难以抵挡清军的进攻，慌忙烧毁存粮和火药，仓皇逃往喀喇沙尔。这一仗，共计歼敌2万余人，救出百姓2万余人。

按照左宗棠的要求，刘锦棠对俘虏全部宽大释放，对百姓作了妥当的安置。左宗棠的作战计划顺利地实现了，这时的南疆八城，已门户大开。

天山战役结束后，刘锦棠向左宗棠建议作战行动暂时告一段落，部队作短期的休整，以利再战。左宗棠认为，只作小停顿，粮运准备来不及。从吐鲁番到库尔勒1000多里，沿途产粮极少，必须准备足够的粮食才能进军。吐鲁番本是产粮区，可是，存粮已被敌毁，当时青黄不接，新粮还要3个月才能收获。哈密、巴里坤、古城和乌鲁木齐各粮局所储存粮，短时间内运不上来。需要派人到吐鲁番和托克逊设粮局，在当地采购粮草，同时，还需要调运足够的银两随军前进，以备在库车以南随地买粮之用。因此，左宗棠决定，部队暂缓进军，待秋天到来，采购和运上足够的粮食后，再大举进兵。

清军的暂缓进攻，客观上促进了阿古柏营垒的分化瓦解。这给清军继续进兵创造了极其有利的条件。

左宗棠预计，阿古柏死后，当下之敌，以伯克胡里和白彦虎两股为最强，伯克胡里擅长坚守，白彦虎擅长流窜。一旦清军进攻，白彦虎必然迅速逃跑，其逃跑路线有三：一是西窜库车、阿克苏，这一路正是清军追剿的重点，不必重新部署；二是经罗布泊、吐鲁番边界，东窜敦煌，逃入青海。这一路荒山野岭，沙漠戈壁，缺粮少水，可能性不大；三是由西转向北，经伊犁边界，回窜昌吉、玛纳斯一带，这一路地势平坦，道路纵横交错，对清军威胁最大，必须预先设防。为此，左宗棠命令金顺和金运昌两军，尽可能向远处派出侦探，提高警惕，随时准备截击白彦虎的回窜。

南疆八城，以喀喇沙尔、库车、阿克苏、乌什为东四城，夹在天山山脉和塔里木盆地之间，东西一线，延绵 3000 余里。以喀什噶尔、英吉莎尔 (今新疆英吉莎)、叶尔羌、和阗为西四城。由阿克苏向南，经 1500 多里驿路到达叶尔羌，叶尔羌以东 700 多里是和阗，往西约 300 里是英吉莎尔，再往西 200 多里是喀什噶尔。八城中，以阿克苏的地理位置最为重要。

根据这种敌情和地形情况，左宗棠计划南疆战役分两个阶段进行：第一个阶段攻占东四城，控制阿克苏；第二个阶段攻取西四城，收复整个南疆。为了使作战顺利进行，左宗棠将清军分成三部分：以刘锦棠部 31 营为主要进攻力量，打头阵，主要担任消灭敌人，攻克城池的任务；以张曜部 16 营为预备力量，紧跟在刘锦棠部队的后面，主要担任接防刘锦棠部队攻克的城池，清剿残敌，防敌回窜；由于徐占彪在天山战役中曾勒索敌财，破坏军纪，左宗棠便将其撤回巴里坤、古城一带驻防，另调 7 营军在张曜军之后，主要任务是在张曜部队前进后，接管防守阿克苏以东各城。作战发起的具体时间，授权刘锦棠决定。

1877年9月下旬，清军粮运准备完毕，先头部队控制了托克逊至曲惠一线。刘锦棠不失时机地发起了南疆战役。由于白彦虎一触即逃，刘锦棠抓住有利时机，果断率精锐骑兵和步兵，以迅雷不及掩耳之势，1月驰骋3000里，在维吾尔族人民的支持和协助下，一举收复了东四城。

在此之际，英国又向清政府交涉，要求清政府准许伯克胡里在西四城建国，作为清朝的附属国，年年朝贡。驻英公使郭嵩焘和李鸿章一唱一和，鼓动清政府批准这一侵略要求。清政府将情况通报左宗棠，左宗棠怒不可遏，立即上奏痛斥了李鸿章之流的卖国主张和英国的无理要求，同时命令刘锦棠马不停蹄，继续进攻，坚决消灭残余的敌人，如果遇到外国人交涉，请他到肃州大营说话。

1877年12月初，刘锦棠得知尼牙斯和何步云起义的消息之后，不等张曜率军到达阿克苏接防，便分兵三路，于年底收复了西四城。除伯克胡里和白彦虎各率一部，分道投奔沙俄而漏网之外，余敌全部被歼，阿古柏侵略势力终于被消灭了，沦陷10多年的天山南北终于回到了祖国的怀抱。胜利捷报传到肃州大营时，左宗棠高兴万分，情不自禁地赞扬说："这样快地取得了胜利，真是古今罕见之事。"

南疆回归祖国后，左宗棠决心乘胜收复仍为沙俄霸占的伊犁。1879年10月，清政府派往俄国谈判的使臣崇厚屈服于压力和讹诈，竟擅自签订了丧权辱国的《里瓦几亚条约》，除割去霍尔果斯河以西和特克斯河流域大片领土外，还赔款500万卢布。消息传来，国人上下群情激奋。左宗棠极为愤慨，坚决反对这一卖国条约，左宗棠认为，单靠外交谈判是不可能解决问题的，必须做好武力收回伊犁的准备。他随即上书朝廷，请令出征，坚决收复失地。清政府在全国舆论的压力和以左宗棠为代表的主战派的强烈要求下，最终将崇厚治罪，并改派驻英法公使曾纪泽赴俄谈判，不承认崇厚所签的条约，同时命令左宗棠统筹兵事，做好打仗的准备。

沙俄侵略者见清政府拒绝批准他一手炮制的"条约"，就一面施加外交压力，一面进行军事讹诈。在同我国新疆毗连的地区集中了几万俄军，仅在伊犁地区俄军便增至 12000 人，同时还向远东派出了一支由 20 多艘军舰组成的舰队。

面对沙俄侵略者的挑衅，左宗棠毫不畏惧，于 1880 年春拟订了一个三路出击，收复伊犁的计划：即以金顺率军扼守精河地区，防止俄军向东进犯；命张曜率所部 5000 人由阿克苏出发，沿特克斯河前进，作为主要进攻的力量；刘锦棠率所部 1 万余人，出乌什，从西面配合。

1880 年 5 月，年近七旬的左宗棠，豪情满怀，亲自出关，将自己的大营移到哈密。他嘱咐部属为自己准备了棺材，随军运行，决心与沙俄侵略者决一死战，不收回伊犁，死不瞑目。全军将士看到自己的统帅把生死置之度外，个个精神振奋，斗志昂扬。沙俄侵略者听说左宗棠亲临前线指挥，十分惊恐，他们深知在远东的军力不敌左宗棠，这才被迫与曾纪泽在彼得堡签订了《中俄伊犁条约》，虽然仍是个严重损害中国领土主权的不平等条约，但总算夺回了伊犁，将被沙俄已吞并的特克斯河流域大片领土归还我国。这其中除了曾纪泽坚持正义立场外，左宗棠的军事活动支持外交斗争是十分重要的。

烈士暮年，心系国家

在 1878 年 12 月攻占喀什以后的岁月里，左宗棠忙于新疆的重组和重建。他重新规划区域，重新测量农地，重建村庄和城镇，设立学校，改革货币，改革财政体制，试图引进养蚕业，刺激农业生产，在该地区建立一种行政体制，其基础是恢复本地头人管理百姓的办法，并将之条理化。新疆于 1884 年建省，由左宗棠所完善的行政体制直到革命成功、推翻清朝统治之后仍然存在。在新疆的一些地区，现在仍然有效。

左宗棠于12月22日抵达兰州，休整几天后，他于1881年1月3日继续旅程。总督左侯爷要离开他大建功业之地的消息迅速传遍了甘肃。按照中国人的算法，他已经进入生命的第70个年头，可以肯定，这位大总督离开甘肃会一去不返了。

左宗棠于2月24日抵达北京，大约与此同时，他接到了与俄国签订最终条约的消息：中国人收回了新疆的最后一角。

当左宗棠抵达北京时，他发现自己置身于一个很不适合他那率直脾性的世界。还没进城，他就遇见了腐化堕落的实例。腐败已经吞噬了朝廷，使认真管理国家事务的企图一败涂地。他碰到了一个惯例：所有任期结束奉召进京的高官，都要在城门口交纳一笔银子。那些刚从油水特厚的位置上退下来的官员，有时要交纳10万两之多。左宗棠来到京城门口，门房要他交纳4万两，被他拒绝了。他说，皇帝召他进京，他就来了，如果进入国都面见皇上要交钱，那就应该由朝廷埋单。至于他，一个铜板也不会掏。他在城门外等了5天，直到事情有了转机，但他始终未掏腰包。

进入京城的第二天，皇太后宣他召对。那天慈禧太后身体不适，召对由慈安主持。究竟是由于从哈密到北京长途旅行的疲劳？由于环境陌生？由于慈安接见时态度十分和蔼？或者是由于各种因素的综合？左宗棠生平第一次失去了镇定，他哭了。

慈安皇太后是一个具有罕见魅力的女人，生就一副软心肠。她对左宗棠及其历经的千辛万苦表现出深切的关怀，致使左宗棠的防线彻底崩溃。这个男人一生中遭到不断的反对和非议，已被锻造得如钢铁一般坚强，但是此情此景，得到如此的同情，他再也撑持不住了。

皇太后看到了他的泪水，柔声问他为何如此。左宗棠说，眼睛本来不好，一路上被风沙刺激。皇太后又问他如何保护双眼，他说平时都戴眼镜。慈安叫他戴上。召对时戴墨镜有失于恭敬，左宗棠不肯，慈安执意叫他戴上。左宗棠从口袋里掏出眼镜，哆哆嗦嗦，眼镜掉到地上摔破了。慈安叫太监取来咸丰皇帝用过的墨镜，交给左宗棠。他戴着皇帝的眼镜走出召对的宫殿，这件礼物立刻令他深陷于谦卑。

左宗棠被任命为皇帝的军机大臣，掌管兵部，在总理衙门行走。按照惯例，升任高级京官的任命书由太监宣读，而接受任命者应该给太监一个大红包。当左宗棠听宣任命时，他给了太监 100 两银子。太监的表情非常惊讶，左宗棠想：莫非我的慷慨把他吓着了？于是又给了他 50 两。接着太监开始问起咸丰的那副眼镜。左宗棠根本没听出他的言外之意，说了些无关紧要的闲话，就此作罢。

慈安皇太后在首次召见他以后，没过几天就去世了。她的谢世是一个非常意外的事件，普遍的看法是，她死于伙伴慈禧皇太后之手，后者是个无情而专制的女人。慈禧病重，是众所周知的事情，有人怀疑她会一病不起。当宫内宣布皇太后驾崩时，京城中人一开始都以为死的是慈禧。当大家得知死去的人是慈安时，无不感到诧异。左宗棠在慈安死后的当晚进宫，当他听到这个消息时，立刻嚷道：“我今天还见到太后上朝，说话和平时一样清朗。太后去世肯定不正常!”

左宗棠墓

他怒气冲冲地在庭院里来回顿足，无所顾忌地发表意见，如果换了别人这样做，恐怕脑袋就会在另一次日落之前搬家了。恭亲王费了很大力气才让他安静下来，可是早有太监将他的话报告了慈禧。如果说慈禧曾经对左宗棠有过偏爱，此后就不会如此了。没过几个月，左宗棠就被派到了地方上。他与北京的宫廷生活太不合拍了。

1881 年 10 月，左宗棠被任命为两江总督，这个职位在所有的总督当中有许多方面是最令人垂涎的。可是左宗棠没有寻求职位。他老了，虚弱多病，他想退休回老家，在那里平静地度过晚年。然而他的威望太高，为了尽责，他不得不坚持到底。

在上任之前，他回了一趟湖南的老家。短暂停留之后，他继续前往南京，于 1882 年 2 月 10 日抵达。上一年长江下游地区发生了洪灾，当时百姓生活仍然很苦。左宗棠立即在淮河启动大规模的水利建设。他巡视了受灾地区，然后继续向下游走到长江口，视察河上的防御措施。视察途中，他到了上海，受到了外国移民的盛大欢迎，他们鸣炮 13 响向他致敬。他在一封信中说，这是外国人首次向一名中国官员鸣炮致敬。这一点他肯定是弄错了，但既然他对此深信不疑，也就说明外国人鸣炮向中国官员致敬并不常见，至少在上海是如此。

到 1882 年年底，左宗棠已经非常疲惫，身体出了不少毛病，加上左眼完全失明，右眼也不好使了，他请求引退，理由是他无力妥善处理繁重的公务。他说，他的记忆力衰退了，往往刚读完一份信函或文件，马上就忘了内容。他被赏假 3 个月，可以不去衙门，但必须留在南京。1883 年秋季，他应召去处理山东南部将要发生的暴动。镇压暴动是他的特长，他很快就控制了局面。1884 年 1 月，他已衰弱到无法站立，但他仍然亲自视察辖区内的整个运河段。

中法关系因为安南问题而变得紧张，北京和各省衙门都在大谈战争。针对边境防御问题，左宗棠在一份奏章中对所有事务做了简明的总结，他再次请求解职回家。朝廷赏假 4 个月，但假未休完，又奉命进京。他于 1884 年 6 月 13 日抵达京城，受命负责全国的所有军事。

尽管没有宣战，法国的敌对活动正大大加紧。他们袭击福建海岸，封锁了台湾。孤拔指挥的舰队在和平伪装下通过了闽江口的炮台，在福州下锚，于 1884 年 8 月 23 日向中国人开火，摧毁了江上的战船和马尾船厂，攻占了后方的炮台，并将之捣毁。朝廷现在指望着左宗棠，不顾他年迈多病，任命他为福建的钦差大臣。如果他年轻 10 岁，他指定会让法国人付出沉重的代价，可是在他生命的沙漏里，沙粒已经快漏光了。

左宗棠于 1884 年 9 月 15 日离开北京，于 12 月 14 日抵达福州。只差一天，就是他 20 年前第一次进入福建追歼最后一批太平军的日子。左宗棠离京以后，主和派占了上风，他在与法国的这场战争中不可能有很大的作为。他的天性中没有屈服，他宁愿抓住硬战的机会，也不愿不战而放弃。法国对台湾施加极大的压力，左宗棠冲破封锁，成功地派出大批部队增援岛上的中国军队。中法和谈在春季恢复，李鸿章于 6 月份签署了条约。

条约签订之后，左宗棠奉命返回京城。根据他在最后这几年频繁调动的情况，可以大胆地推测，慈禧没有忘记他对慈安猝死一事所爆发的怒火。他请求朝廷批准他在返京途中回家探亲。请求得到了批准，但他未能起程。1885 年 9 月 5 日，左宗棠病死在福州前线。他在临终口授的遗折中写道：“此次中法一战，是反映中国强弱的一大关键，臣督师南下，还没能痛杀法国侵略者，扬我国威，遗恨平生，不能瞑目。”这悲壮的遗言，表现出左宗棠强烈的爱国主义思想光芒。

左氏人格，民族之魂

左宗棠之功远高其过。林则徐曾评价他说：“一见倾倒，诧为绝世奇才。”胡林翼也曾极力称赞说：“左氏横览九州，才智超群，必成大器。”在 19 世纪七八十年代力排李鸿章等海防派重臣之议，抬棺西行，收复新疆。曾国藩评价其说：“论兵战，吾不如左宗棠；为国尽忠，亦以季高为冠。国幸有左宗棠也。”左氏是湘军骨干，亦被清廷认为是国家栋梁，谥号“文襄”，取其襄赞国家之举。关于他的负面评价是：在镇压太平天国运动中，在当时老百姓中有“左屠夫”之称。但在镇压同治西北回民暴乱时，可谓再世冉闵，如果没有他，回民暴乱危害会更大，陕甘地区汉人也许将再无余种，而回人毁坏黄帝陵的做法也会得逞。

综观左宗棠的一生，最辉煌的是收复 1/6 的国土。这是他个人的荣耀和骄傲，更是国家之福。浙江巡抚、左宗棠的老友杨昌浚在清廷恢复新疆建省后到西域，所到之处，杨柳成荫，鸟鸣枝头，人来车往，百业兴旺，当即吟出一首《恭诵左公西行甘棠》：“大将筹边尚未还，湖湘子弟满天山；新载杨柳三千里，引得春风渡玉关。”与唐代诗人王之涣慷慨悲凉的“春风不度玉门关”相映照，玉门关外，何止是杨柳撩起的春意呢？

据资料记载，他自从请缨西征，白发临边，就没有打算过还乡的。在给家人的信中，他抒发了这样的抱负：“天下事总要有人干，国家不可无陕甘、陕甘不可无总督，一介书生，数年任兼折，岂可避难就易哉!”他早已将个人生死置之度外，纵然是万丈深渊，也百折不回，宁愿马革裹尸。一个人一旦将自己的命运和祖国的命运连在一起，他就荣辱皆亡，名利皆亡，他的人格就伟大了，撑起了中华民族的脊梁。左宗棠本来是一个文人，然而却是一个为政而活的文人。戎马倥偬间，留下了不少的对联和诗意，忧国忧民之情，读来荡气回肠。左宗棠是一个官吏，然而却是一个忧国忧民的官吏。他的官做得够大的了，从一个布衣到一品大员，威风八面。假如他拿着俸禄，鱼肉百姓，或者换一种活法，那么，中国历史就会少了一个民族英雄，我们今天可能会站在历史的彼岸叹息祖国的河山残缺。

一个民族成员的人格不仅反映了这个民族的品格与精神风貌，而且直接影响到这个民族的生存与发展。与其说是破碎山河成就了左宗棠的功名，不如说是左宗棠创造了这一段历史。第一次赴京会试，22岁的左宗棠就打量西北，关注新疆的置省和屯垦。他写诗说：“石域环兵不计年，当时立国重开边。橐驼万里输官稻，砂碛千秋此石田。置省尚烦他日策，兴屯宁费度支钱?将军莫更纾愁眼，生计中原亦可怜。”

收复新疆了，左宗棠曾专门到福建林则徐祠拜谒，在林公像前默默悼念，他没有忘记完成这一使命是林公当年的嘱咐和期待，他甚至以陶澍、林则徐的继承者自居，在陶林二公祠写对联：“三吴颂遗爱，鲸浪初平，治水行盐，如公皆不朽；卅载接音尘，鸿泥偶踏，湘间邗上，今我复重来。”

正是这位注重于经世致用而不是娴熟八股的人，担当起了匡扶社稷主权的重任。左宗棠的历史存在，深邃地透视出民族之魂！左宗棠精神、左宗棠人格，典型又真切地体现了中国传统文人精神的精髓。可以说，左宗棠以他全部的生命之火塑造了传统文人的精神典范。

宇宙常留一瓣香
——石达开

石达开（1831—1863 年），小名亚达，绰号石敢当，祖籍广东兴宁，客家人，太平天国名将，近代中国著名的军事家、政治家、武学名家。翼王石达开是太平天国最富有传奇色彩的人物之一。他 16 岁便“被访出山”，19 岁统率千军万马，20 岁封王，英勇就义时年仅 32 岁。他生前用兵神出鬼没，死后仍令敌人提心吊胆，甚至他身后数十年中都不断有人打着他的旗号从事反清活动和革命运动。辛亥革命党人曾通过诗歌、小说、绘画等各种媒介宣传他的事迹以“激励民气，号召志士，鼓吹革命”。有关他的民间传说更遍布他生前转战过的大半个中国，足见他当年深得各地民众爱戴。

短暂人生，传奇经历

1831 年，石达开出生于广西贵县（今贵港市）北山里那邦村一个小康之家，汉族客家人，但有壮人血统 (他的母亲是壮族人)，有两妹一姊，没有兄弟。石达开幼年丧父，八九岁起独撑门户，务农经商之余，习武修文不辍，13 岁时处事已有成人风范，因侠义好施，常为人排难解纷，年未弱冠即被尊称为“石相公”。

道光年间，官场腐败，民生困苦。石达开 16 岁那年，正在广西以传播基督教为名筹备反清起义的洪秀全、冯云山慕名来访，邀其共图大计，石达开慨然允诺，3 年后毁家纾难，率 4000 余人参加金田起义，被封为左军主将。

1851 年 12 月，太平天国在永安建制，石达开晋封“翼王五千岁”，意为“羽翼天朝”。从 1851 年 1 月到 1853 年 3 月，石达开随太平军转战数省，战功卓著，尤其是 1852 年西王萧朝贵在湖南长沙阵亡后，太平军在长沙城下陷入清军反包围，形势万分危急，石达开率部西渡湘江，开辟河西基地，缓解了太平军的缺粮之危，又多次击败进犯之敌，取得“水陆洲大捷”，重挫清军士气。其后，为全军先导，经河西安全撤军，跳出反包围圈，夺岳阳，占武汉，自武昌东下金陵，28 天挺进 1200 里，战无不胜，攻无不克，令清军闻风丧胆，号之曰“石敢当”。

1853 年 3 月，太平天国定都金陵，改号天京，石达开留京辅佐东王杨秀清处理政务。定都之后，诸王享乐主义抬头，广选美女，为修王府而毁民宅，据国库财富为己有，唯石达开洁身自好，从不参与。

1853年秋，石达开奉命出镇安庆，节制西征，他打破太平天国以往重视攻占城池、轻视根据地建设的传统，采取稳扎稳打的策略，逐步扩大根据地范围，亲自指挥攻克清安徽临时省会庐州（今合肥），迫使名将江忠源自尽。过去，太平天国没有基层政府，地方行政一片空白，石达开到安徽后，组织各地人民登记户口，选举基层官吏，又开科举试，招揽人才，建立起省、郡、县三级地方行政体系，使太平天国真正具备了国家的规模。与此同时，整肃军纪，恢复治安，赈济贫困，慰问疾苦，使士农工商各安其业，并制定税法，征收税赋，为太平天国的政治、军事活动提供所需物资。

1854年年初，石达开在安徽人民的赞颂声中离开安徽，回京述职，太平天国领导层对他的实践给予充分肯定，从此放弃了绝对平均主义的空想，全面推行符合实情的经济政策。1854年夏秋，太平军在西征战场遭遇湘军的凶狠反扑，节节败退，失地千里。石达开看出两军最大差距在于水师，便命人仿照湘军的船式造舰，加紧操练水师。在湘军兵锋直逼九江的危急时刻，石达开再度出任西征军主帅，亲赴前敌指挥，于1855年年初在湖口、九江两次大败湘军，湘军水师溃不成军，统帅曾国藩欲投水自尽，被部下救起，西线军事步入全盛。同年秋天，石达开又挥师江西，4个月连下7府47县，由于他军纪严明，施政务实，爱护百姓，求贤若渴，江西人民争相拥戴，许多原本对太平天国不友好的知识分子也转而支持太平军，队伍很快从1万多人扩充到10万余众，敌人哀叹“民心全变，大势已去”。

1856年3月，石达开在江西樟树大败湘军，至此，湘军统帅曾国藩所在的南昌城已经陷入太平军的四面合围，对外联络全被切断，可惜石达开适于此时被调回天京参加解围战，虽然大破江南大营，解除了清军对天京3年的包围，却令曾国藩免遭灭顶之灾。1956年9月，“天京事变”爆发，东王杨秀清被杀，上万东王部属惨遭株连，石达开在前线听到天京可能发生内讧的消息，急忙赶回阻止，但为时已晚。北王韦昌辉把石达开反对滥杀无辜的主张看成对东王的偏袒，意图予以加害，石达开逃出天京，京中家人与部属全部遇难。

石达开在安徽举兵靖难，上书天王，请杀北王以平民愤，天王见全体军民都支持石达开，遂下诏诛韦。11月，石达开奉诏回京，被军民尊为“义王”，合朝同举“提理政务”。他不计私怨，追击屠杀责任时只惩首恶，不咎部属，连北王亲族都得到保护和重用，人心迅速安定下来。在石达开的部署下，太平军稳守要隘，伺机反攻，陈玉成、李秀成、杨辅清、石镇吉等后起之秀开始走上一线，独当一面，内讧造成的被动局面逐渐得到扭转。但天王见石达开深得人心，心生疑忌，对石达开百般牵制，甚至意图加害。为了避免再次爆发内讧，石达开不得已于1857年5月避祸离京，前往安庆。

1857年9月，天王迫于形势的恶化遣使石达开回京，石达开上奏天王，表示无意回京，但会调陈玉成、李秀成、韦俊等将领回援，并以“通军主将”身份继续为天国作战。此后，石达开前往江西救援被困的临江、吉安，拥戴他的安徽太平军将领大都留守安徽。因没有水师，无法渡过赣江，救援行动失败，石达开又于次年进军浙江，并联合国宗杨辅清进军福建，欲开辟浙闽根据地，与天京根据地连成一体。浙江是江浙皖清军的主要饷源，为阻止石达开攻浙，清廷急调各路兵马增援，最终不得不命丁忧在籍的曾国藩重任湘军统帅，领兵入浙。太平军在浙江取得许多胜利，但江西建昌、抚州失守后，入浙部队失去了后方，协同作战的杨辅清又在被天王封为“木天义”后从福建撤军，为免四面受敌，石达开决定放弃攻浙，撤往福建，后又转战到江西。石达开建立浙闽根据地的努力虽因内外矛盾以失败告终，却牵制了大量清军，为太平军取得浦口大捷、二破江北大营、三河大捷等胜利创造了有利条件。

是冬，石达开经与部将会商，决定进攻湖南，取上游之势，再下趋湖北，配合安徽太平军作战，并伺机分兵入川。

1859年春，石达开自江西起兵入湘，发动“宝庆会战”。彼时湘军正计划分兵三路进攻安庆，闻石达开长驱直入湖南腹地，军心全线动摇，只得将因势利导，全力援湘。面对湘军的重兵驰援，石达开孤军作战，未能攻克宝庆，被迫退入广西休整。

1861年9月，石达开自桂南北上，于1862年年初经湖北入川。自此，为北渡长江，夺取成都，建立四川根据地，石达开转战川黔滇3省，先后4进四川，终于在1863年4月兵不血刃渡过金沙江，突破长江防线。5月，太平军到达大渡河，对岸尚无清军，石达开下令多备船筏，次日渡河，但当晚天降大雨，河水暴涨，无法行船。3日后，清军陆续赶到布防，太平军为大渡河百年不遇的提前涨水所阻，多次抢渡不成，粮草用尽，陷入绝境。为求建立“生擒石达开”的奇功，四川总督骆秉章遣使劝降，石达开决心舍命以全三军，经双方谈判，由太平军自行遣散4000人，这些人大多得以逃生。剩余2000人保留武器，随石达开进入清营，石达开被押往成都后，清军背信弃义，2000将士全部战死。

1863年6月27日，石达开在成都公堂受审，慷慨陈词，令主审官崇实理屈词穷，无言以对，而后从容就义，临刑之际，神色怡然，身受凌迟酷刑，至死默然无声，观者无不动容，叹为“奇男子”。

练兵有法，武艺精湛

石达开从贵县到桂平集中以后，专门负责操练兵马。他是一个善于打仗的人，同时，还兼管理财政。石达开练兵的时候，叫大家跟着马跑得一样快，谁能赶到马的前头，就算得是好兵。石达开担负起操练人马的责任。要把原先的矿工和农民训练成为善战的队伍，不是一件容易的事情。石达开早在进行“拜会”活动时，就已经比较注意对会员施行战斗教练，经常招请练武的教师向他们传授武艺；他更定出一些办法来锻炼群众的作战能力，例如，他常叫群众拉着马尾巴，跟着疾驰的马匹奔跑，以此来训练他们冲锋陷阵的本领。

石达开遇难纪念碑

石达开参加了拜上帝会，在贵县、白沙一带积极开展革命宣传和组织工作。金田起义前，他带领一支拥有3000多武装齐全、训练有素的队伍参加太平军。洪秀全看见这支队伍，十分高兴，就命石达开专门负责加紧训练天军。当时，各地拜上帝会的武装聚集金田，每天都在盘营上练兵。石达开要求非常严格。他常教育部队，功夫要练到家，不能马马虎虎，十八般武艺，样样俱精，并能做到言传身教。传说他练马非常奇特，除了快跑、俯身跑、卧跑外，还在地下放着一把刀，骑马的战士扬鞭催赶快马，马飞跑到放刀的地方，战士即踩着马鞍磴子俯身去拾刀，谁能拾刀到手，又不掉下马来，就算练得一手硬功夫，获赏铜钱3枚。练得第一手骑马硬功夫后，还有第二手：把装进炮筒里的铁丸子一颗放在草坪上，马跑如飞，当跑到放铁丸子的地方，谁能俯身拾到铁丸子，又不掉下马来，就算练得第二手硬功夫，获赏铜钱5枚。第三种硬功夫就是逐步升级，把小小的一枚铜钱放在地上，战士跑马飞奔，当马飞跑到放铜钱的地方，即俯身去捡铜钱，谁捡得铜钱在手，马技就算是到家了。石达开因为练兵严格，一丝不苟，天军训练有素。金田起义后，他训练的军队即成为太平军的主力，充当先锋，攻无不

克、战无不胜，杀得清军失魂丧魄，闻风而逃。

有了会众的队伍，石达开就着手训练工作，他在那邦村背建了一个练武场，又在可览山上建了一个跑马场，进行各种兵器训练，并进行会员的体力训练。其中有用石头木棍自制的杠铃，重量有的达百多斤，有些会员能用脚挑起，再用双手接住，然后举起来。其中有的体力更大的能担起两个石滚子（土话叫石磙）从圩回到奇石（相距十五六公里)。有一次，县官派几个探子到奇石刺探石达开拜上帝会的情况，这些人去到六屈村一个会员家里，这个农民正忙着洗石磨，准备磨包粟，见了几个可疑的人，趁机显示自己的武功，于是，轻轻把磨头提起，在头上转了一圈，随即放下。对几个陌生人说：“你们来干什么?”几个探子见到这种情况，转身急急走了。石达开如此重视他的队伍的训练，难怪他出征时所带的队伍，成为一支骁勇善战、无坚不摧的部队，他被清军称为“石敢当”。在首义诸王中，重视对部队的训练，他算是为首者。

石达开不仅是太平天国一代名将，同时也是晚清中国的武学大家。在战场上，他是以冲锋陷阵、骁勇善战闻名的“悍将”；在武学修为方面，《北平国术馆讲义》更将他与许宣平、达摩祖师、宋太祖、岳武穆、张三丰、戚继光、甘凤池等人并论为中国历史上最杰出的拳术名家。只可惜由于他的身份敏感，清政府在太平天国败亡后大肆销毁各种对太平天国人物的正面记载，以致他作为武林高手在后世的名声远不能和其他人相比。据《清稗类钞》《太平天国野史》记载，石达开的拳术“高曰弓箭装，低曰悬狮装，九面应敌。每决斗，矗立敌前，骈五指，蔽其眼，即反跳百步外，俟敌踵至，疾转踢其腹脐下。如敌劲，则数转环踢之，敌随足飞起，跌出数丈外，甚至跌出数十丈外者，曰连环鸳鸯步”，民间认为这种武艺就是后来号称“北腿之杰”的“戳脚拳”，传说石达开还曾将这种武艺传授给选拔出来的士兵，用于作战。石达开不仅外功出众，而且内外兼修，他和陈邦森比武的故事已成为后世武林口耳相传的掌故。根据文字记载和口碑传说，两人相约各自击打对方三拳，受拳者不得还击，“邦森拳石，石腹软如绵，邦森拳如著碑，拳启而腹平。石还击邦森，邦森知不可敌，侧身避，碑裂为数段”。

世人推崇，评价甚高

翼王石达开是太平天国最富有传奇色彩的人物之一。他 16 岁便“被访出山”，19 岁统率千军万马，20 岁封王，英勇就义时年仅 32 岁。他生前用兵神出鬼没，死后仍令敌人提心吊胆，甚至他身后数十年中都不断有人打着他的旗号从事反清活动和革命运动。辛亥革命党人曾通过诗歌、小说、绘画等各种媒介宣传他的事迹以“激励民气，号召志士，鼓吹革命”。有关他的民间传说更遍布他生前转战过的大半个中国，足见他当年深得各地民众爱戴。

太平军的高级将领们对石达开的胆略十分推崇，如李秀成谈及各王优劣才能时“皆云中中，而独服石王，言其谋略甚深”，陈玉成认为太平军将领“皆非将才，独冯云山石达开差可耳”。而清朝方面，曾国藩说“查贼渠以石为最悍，其诳煽莠民，张大声势，亦以石为最谲”；左宗棠说他“狡悍著闻，素得群贼之心，其才智诸贼之上，而观其所为，颇以结人心，求人才为急，不甚附会邪教俚说，是贼之宗主而我之所畏忌也”；骆秉章说他“能以狡黠收拾人心，又能以凶威钤制其众”，是“首恶中最狡悍善战”。不止如此，他还赢得了众多与他敌对立场的人的敬重，如地主文人周洵在《蜀海丛谈》中称其为“奇男子”，清朝一位贡生在湘军军宴上公开说他有“龙凤之姿，天日之表”，在大渡河畔与他为敌的许亮儒对他的英雄气概与仁义之风钦佩不已。

直到他死去近 40 年后，由清朝地主文人所撰的著作《江表忠略》之中还有这样的记叙：“至今江淮间犹称……石达开威仪器量为不可及。”

在有关石达开的各种评价中，最著名的当属美国传教士麦高文通讯中的一段话：“这位青年领袖，作为目前太平军的中坚人物，各种报道都把他描述成为英雄侠义的——勇敢无畏、正直耿介、无可非议，可以说是太平军中的培雅得 (法国著名将领和民族英雄)。他性情温厚，赢得万众的爱戴，……他是一个有教养的人，一个敢作敢为的人。”

壮士何曾惜羽毛
——李秀成

李秀成出生贫苦农民家庭，幼年和父母一起“寻食度日”，生活十分艰难。1849 年，26 岁的李秀成加入了拜上帝教。1851 年 9 月参加太平军。他作战机智勇敢，从一名普通的士兵很快晋升为青年将领。天京变乱后，为了挽救太平天国危急形势，李秀成和陈玉成被洪秀全提拔为王，李秀成被封为“万古忠义”的忠王，他和陈玉成在太平天国后期衰弱的形势下，在军事上连连获胜，中兴了太平天国，李秀成也成为太平天国后期的顶梁柱。1864 年，天京陷落后，李秀成被俘遇害。

出身贫寒，参加义军

李秀成 (1823—1864 年)，广西藤县人，原名以文，出生在一个贫苦的农民家庭。8 岁到 10 岁，曾在担任师塾的舅父处读书，后为生活所迫而辍学，去种地帮工，寻食度日，生活极不安定。不久，父亲去世，寡母孤儿，度日艰难，生活十分清苦。

李秀成由于从小以来，都在山地、村庄里干活，没出过远门，更不知道外面世界发生了什么事。所以，他到了 26 岁时，才知道有拜上帝教。后来，因为他看到拜上帝教的人有饭吃，不像自己食不果腹的处境；同时当地的团练横行霸道，欺压和敲诈广大平民百姓，李秀成也被逼得无路可走。填饱肚皮已成为当时广大贫穷农民的迫切需求，李秀成也是为了这个目的，没弄清拜上帝教到底是什么东西，就糊里糊涂地参加了。

自从李秀成参加拜上帝教之后，他的生活比以前有所改善，在家里没米、没衣服而挨饥挨寒时，拜上帝教的人就会给他雪中送炭，帮他度过困难的日子。李秀成能得到这样的帮助，自己已感到满足了，对拜上帝教一直非常虔诚，对教义、教规也不敢有任何一点的触犯。

1851 年 1 月 11 日，各路拜上帝教的人马纷纷在金田集会，以庆祝洪秀全的生日为名义，进行秘密活动。当天下午，各地会众基本上都集中在金田，洪秀全等乘机发动统一的起义，打败前来镇压的清兵，宣誓建立太平天国，洪秀全自称为“主”，初步建立新政权，从此开始了波澜壮阔的太平天国运动。金田起义后，洪秀全由思旺率兵到大旺、

大于，分水陆两路向永安州进攻，陆路人马由萧朝贵、韦昌辉带领，水路人马由杨秀清、冯云山带领，沿途从大黎经过。陆路人马在大黎屯扎了 5 天，沿路征集粮食、衣服和军饷，以备太平军作战之用。那时候，恰好萧朝贵带兵在李秀成家附近的一个村庄里停留，并发下命令，凡是参加拜上帝教的人，不必害怕，只要参加太平军，全家人都有饭吃，用不着逃。

当时李秀成家中贫寒，能够解决温饱问题，已经是很不错了，所以他也没想太多，带领母亲、兄弟李明成，以及许多堂弟、堂叔，参加了太平军。太平军还有个规定：凡拜上帝教的人房屋都要放火烧毁。当时李秀成家里也无太多的顾虑了，只要人一出来，整个草房就空荡荡了，所以，他一贯的目标就是——只要有饭吃，随太平军怎么样都行。烧毁了房子，李秀成随太平军一起行军了。那时李秀成一直是在深山里居住，也没见过多少世面，当他随太平军一起走过 100 多里时，就不知道怎么回去了，再加上后有清兵追杀，更是害怕回去，就随军奔波。这时，他已经进入人生的转折时期，开始了“圣兵”的生涯。

1851 年 9 月 25 日，太平军攻占了第一座城镇永安，就在该州屯扎，在城外扎营、设立各防御工事、开挖战壕、囤积粮食，准备长期驻扎在这里。几天之后，清政府对广西农民起义大吃一惊，急忙派赛中堂、向荣率领大队清兵，剿杀太平军。

太平军浴血奋战，冲出永安，打败清军，由小路向西前进，攻打全州。在攻全州城时，南王冯云山身先士卒，一马当先，率领部下冲到城附近，城上敌军气急败坏却又战战兢兢向太平军开炮，谁知有一炮正好落在南王的身边，南王身受重伤，流血过多而牺牲。太平军将士见状，顿时号啕大哭，疯也似的爬上云梯，一上城，如砍草一样，奋勇杀敌，势不可当。

攻克全州城后，太平军于 1852 年 8 月，又占领了湖南郴州。乘着胜利，太平军又连连攻克各大小城市。1852 年 9 月 11 日，太平军又沿着湘江向北进军，到达湖南长沙城外围。西王萧朝贵会同将领李开芳、林凤祥率军进攻长沙，西王在进攻中也遇到不幸，又发生了南王攻全州的一幕。由于长沙外围有护城河深且宽，且城内守军顽固凭城死守，使太平军难以迅速攻下，几十天后，清军的援兵已经越来越接近太平军。为避免受清军两面夹攻，太平军攻了 2 个多月的长沙城就这样放弃，只好绕道向北前进。在太平军攻打长沙之时，洪秀全在南门制造金玺，自称为“万岁”，还制定了朝规和各级官制 ，加上原在永安建立的东王、西王、南王、北王、翼王等官制，进一步完善了太平天国的朝政。

绕过长沙城后，太平军将领商议，准备由益阳县向北进军洞庭湖，沿湖到常德，再攻取河南，以河南为根据地，发展太平军。但意想不到的是，当太平军抵达益阳县时，忽然一下子就弄到几千艘民船。由于长江水上运输极为便利，并且起义军都是两广、湖南一带的南方人，不适应河南一带的气候，而对长江沿岸的湿润气候、冬季暖和的天气较为熟悉，因此沿长江进攻则更为有利。太平军将领认真地分析了当时的形势，都觉得沿江东下更好。于是他们改变了原军事计划，沿水路由长江顺流直下，克武昌，下池州、九江，接着太平军水陆两路联合攻下了安庆，但没有派兵把守。一直把清军赶到江南，水军由东王杨秀清、北王韦昌辉、翼王石达开、天官丞相秦日纲以及罗大纲、赖汉英等带领，陆路由胡以晃、李开芳、林凤祥带领，水路两军展开阵势，截断江南的水陆交通，使江南清朝水军孤立无援。太平军从四面八方滚滚而来，沿途打败江南城外的清军营盘，围打孤城，攻打了 7 天，城内清军抵不住太平军的凌厉攻势，被破城而入。太平军俘虏了数千清降兵，收缴大量军械火药、粮食和船只，船只数量增至 1 万多只，船上满载粮食。太平军将士喜气洋洋而又威风凛凛地向南京进发。1853 年 3 月 19 日，太平军攻下南京，改名为天京，作为太平天国的首都。

从广西到天京，李秀成当时作为一名太平军的“圣兵”，跟随太平军队伍英勇作战，立下了汗马功劳，初步显示了军事才能。

解救镇江，一破江南大营

从1851—1855年，在这短短的4年中，李秀成以他自己的勇气和军事才能，由一名普通的士兵晋升为一员难得的将领。李秀成镇守庐州成绩显著，不久，他又升为二十一检点，被任命到安徽太平府、和州一带驻守，像一道屏障一样横在天京上游，挡住了清军。

从1853年5月以后，由于太平军分战北伐和西征，天京以及附近的兵力大为削弱，以致经常受到清军江南、江北大营的威胁。1853年年底，被迫放弃扬州。1855年，形势更趋严重：5月，北伐军在山东茌平冯官屯最后覆没；8月，天京西翼要地芜湖失陷；11月，皖北重镇庐州失陷。幸好从1855年年初起，西征战场取得了九江—湖口之战的重大胜利，全线转入反攻，重新夺回了武汉及其周围地区，并挥师江西，开辟了广大地区。这就使天京当局有可能从西征前线抽调大军回援，以打破清军对天京的围困。

1856年年初，洪秀全、杨秀清从西征战场抽调兵力回救。1月下旬，各部齐集天京。由于镇江被困日久，形势紧急，故决定首行救援镇江。2月1日，李秀成（这时已升地官副丞相）、陈玉成等6丞相的部队，在燕王秦日纲率领下，从天京出发，东援镇江，遭到清军的顽强阻截，最后大家议定：由陈玉成率小队，乘坐小船，取道长江，冲破清军炮船的封锁，顺利进入镇江，后稍事休整，即调集船只，准备渡江，攻破江北大营。

4月2日，李秀成与秦日纲、陈玉成等自镇江渡至瓜洲，留周胜坤一军扼守仓头后路。4月3日拂晓，李秀成等率太平军对西线濒江的重要据点土桥发起猛烈进攻，清军因无戒备，纷纷溃逃。太平军突破西线土桥，乘胜猛进，连破朴树湾等地清军营盘。次日，太平军又大败清军于三汊河，累计共破敌营120余座。托明阿仅带数十骑，连夜逃往扬州东北的邵伯镇。5日，太平军乘扬州城防空虚，兵不血刃，再占扬州，迅速征集粮食，接济镇江、瓜洲的急需。

太平军进攻江北大营，原为接济镇江，本拟于完成任务后南渡，取道镇江由原路返回天京。可是，由于留守仓头的周胜坤一军于4月6日被清军打败，通向天京之路已被切断。17日，李秀成等放弃扬州西进，前队于16日攻占浦口，准备由此渡江南返。可是，就在当天，江南大营派出总兵张国梁率兵勇2400人由南岸石埠桥渡江，并攻占了浦口，27日攻占江浦，致使太平军由浦口南渡之路又被阻断。太平军只得东返瓜洲，在此休整20余日后，于5月27日南渡镇江，屯驻金山。

李秀成等返抵镇江之后，马上攻占黄泥洲，包围烟墩山清军营盘。6月1日，江苏巡抚吉尔杭阿自九华山大营率队抵烟墩山清营，被太平军围困不得出，自杀毙命，各军自乱，烟墩山6座清营即被攻破，清军纷纷逃回九华山大营。3日，太平军进逼九华山，清军因主帅败亡，军中无主，不战自溃，30余座营盘全部瓦解。4日，太平军转攻城东南清军京岘山大营，连日进击，步步为营，先以地道攻破了西路清营，接着转攻东路。由于总兵张国梁率援兵赶到，太平军交战不利。13日，李秀成等尽弃镇江城外各营垒，率部返回天京。

1856年6月13日，李秀成与陈玉成等自镇江返抵天京，驻营观音门、燕子矶一带。这时，东王杨秀清下令，要将清军江南大营攻破之后，方准入城。李秀成与陈玉成等自2月东援镇江，已与清军鏖战数月，将士已相当劳累，从局部情况看，本应进行休整。故太平军将士对东王进攻江南大营的作战命令不甚理解，甚至有的“将兵怒骂”。因此，李秀成便与陈玉成等两个丞相，进京向东王陈述，认为“向营久扎营坚，不能速战进攻”，不主张马上攻打江南大营。杨秀清听到这种主张，顿时大怒，说：“不奉令者斩!”李秀成等不敢再求，只得回营做进攻的准备。

进攻江南大营的战斗从6月17日开始。李秀成等担负的是从东北方向进攻江南大营东侧的任务。当时就由燕子矶向尧化门逼近。“次日，张国梁已由丹徒返回孝陵卫，是早引军与我迎战，自辰至巳，两军并交，张军败阵，天朝之军倾力追赶。……我等移营重困尧化门清营。次日，张国梁复领马步前来，两家立阵相迎，各出门旗答话。步战汉兵，马战满兵，两交并战，自辰至午，得翼王（石达开）带曾锦谦、张遂谋等引军到步助战。清军满兵马军先败，次即向、张所领汉军亦败也。是日向、张所救尧化门未能，白军败阵，后被我四面追临，当即攻破孝陵卫满、汉营寨廿余个，独剩向帅左右数营。”（《李秀成自述》语）李秀成所担负的这一路，是主攻方向，所以遇到张国梁所部的顽抗，打得比较激烈。

与此同时，其他方向的太平军也一齐出击，集中兵力，多路分进合击，终于攻破了清军苦心经营3年的江南大营，取得了辉煌胜利。

三河大捷，力挫湘军

正当革命顺利发展之时，天京城发生令人痛心的内讧，东王杨秀清、北王韦昌辉相继被杀，翼王石达开也负气出走。翼王是李秀成的直接领导，翼王出走时要求李秀成同行。李秀成对石达开的文韬武略十分佩服，但是他顾全大局，不同意出走。

太平天国接踵而来的事变，使太平军在各个战场上停止了进攻，轻取守势，从而使清军获得了喘息的机会，并调集兵力，对太平军进行反扑。

在湖北战场，太平军于1856年12月19日放弃武汉，不久，所占沿江各州县也随之全部丧失。清军夹江东下，直逼江西九江城下。在江西战场，1857年9月，瑞州（今高安）失守。1858年1月，临江失守。5月，九江又陷。9月，吉安失守。至此，江西全省陷入清军之手。

在天京周围，1857年6月，清军陷溧水。7月，陷句容。12月，太平军弃守镇江、瓜洲。1858年年初，清军复建江南、江北大营，掘壕筑垒，加紧围困天京。

在安徽战场，情况有所不同。天京事变之后，除皖南各州县迅速被清军攻占外，安庆及其周围地区，基本上仍在太平军控制之下。这一带的军事形势之所以没有迅速恶化，是与李秀成、陈玉成等一批年轻将领的英勇奋战分不开的。

天京内讧前后，李秀成正驻营于江苏句容丁角村。这时，皖北重要据点三河镇被清军围困，守将蓝成春具文到京告急。李秀成奉调带领所部人马离句容前去救援。可是，当行至安徽无为州，就得到三河、庐江已先后于9月16日、18日失守的消息，李秀成便率部进入桐城。

桐城自1853年11月攻占后，一直由太平军据守。李秀成率队送援之前，庐州、舒城、六安、巢县、无为已被攻占，现三河、庐江又失，桐城形势更加危急。从1856年10月21日起，李秀成所部六七千人，接连抗击提督秦定三所率清军的进攻，胜败互见。30日一战失利，几个部将被俘杀。11月13日一战，阵毙游击江忠信。12月2日，夜袭总兵郑魁士营，又斩副将萧同福。这时，清军倾全力争桐城。李秀成所部仅六七千人，困守孤城，面对众多的敌人，深感势孤力单，于是他想到了陈玉成。此时陈玉成正在皖南进攻宁国，李秀成“命使持文前往宁国，求救于陈玉成。当即准请……移军来救桐邑之困。兵由枞阳渡江齐集，我亲自轻骑赶赴枞阳，绘成进攻图式，与成天豫（陈玉成）细详”。这时，敌人正面防御较严，如正面力攻，难操胜算，于是双方商定了解救桐城之围的计策，由李秀成即回桐城坚守，而由陈玉成率部下攻，拊敌军之背，然后内外夹击，以解城围。1857 年 1 月，陈玉成部占无为州，下仓头、运漕，会合自天京西来的迓天侯陈仕章等，大败总兵和隆武于东关并占领巢县。然后折而向西，31 日占领庐江，经大关进至桐城北乡界河、新店、吕亭，抄敌后路，断敌粮道。2 月 24 日，陈玉成率军由外向内，李秀成率军由内攻出，夹击清军，大败提督秦定三、总兵郑魁士等于桐城之郊，并进占舒城，斩总兵郝光甲。3 月 3 日，占领六安。这一带人民纷纷参军，达数万人。此后，李秀成、陈玉成开始分军。陈玉成率部占正阳关，攻寿州 (今寿县) 未下，然后领兵入湖北，在广济童司牌一战失利后，退守太湖、潜山。李秀成则向三河，联络张乐行部捻军。行至半路，张乐行已派龚德树、苏天福来迎。两支起义军胜利会师，当即计破霍邱，交捻军作根据地。自此之后，捻军接受太平天国领导，长期与太平军联合作战，成了太平天国北部的坚固屏障。这对当时严重恶化的太平天国军事形势，显得尤为重要。

李秀成自受命援三河后，进据桐城，艰苦奋战，后联合陈玉成部，内外配合，不但迅速攻破了桐城围敌，并乘胜追击，连占舒城、六安、霍邱，扩大了地盘，建立了与张乐行部捻军巩固的同盟关系。这是李秀成单独执行任务后的第一个战绩，也是李秀成、陈玉成两支部队第一次成功的合作，标志着他在军事上、政治上趋于成熟。

这时，天京周围的军事形势又趋紧张。自攻破江南大营、向荣死去之后，清廷即于 1856 年 9 月任命和春为钦差大臣，从安徽庐州驰赴江苏丹阳，督办江南军务。1857 年 7 月，清军攻陷句容，再围镇江。同年冬，镇江城内绝粮，洪秀全命令李秀成率军下救。11 月 7 日，李秀成率部数万 (内有捻军李昭寿、张乐行部) 自六安进至庐州二十里铺。23 日，出昭关，逼和州，准备下救镇江。29 日，占和州。12 月 11 日，进至江苏高资，与提督张国梁相持。

这时，镇江城内粮食已尽，豆麦等物已吃完，开始杀马、杀驴子吃，并以野菜、芦根充饥。瓜洲、镇江的太平军，开始向高资集中，做好了突围的准备，只等外援一到，就里外会合，突出重围。1857 年

12月27日，吴如孝等放弃镇江，在李秀成部接应下，突出重围，回归天京。同日，瓜洲守将谢锦章也弃守瓜洲。1857年年底，天王封陈玉成为前军主将，李秀成为后军主将，主持军务，陈、李成为太平天国后期两根顶天支柱。此后陈玉成主要在上游作战，李秀成则活动于天京周围及江浙一带，在东南富庶地区建立根据地，支持和拱卫天京。

李秀成率部自镇江救出吴如孝等守军回到天京之后，受到全朝的赞赏和洪秀全的重用。可是，这时的军事形势仍是严峻的。各战场的形势也越来越严重。在此情况下，李秀成出于对全局的关切，深深感到此时的关键是——京外缺乏调度之将。于是他建议给1854年因湘潭失败而被革职的林绍璋复职，保其为地官又副丞相，负责京内事务，由他自己出京调度天京外围的军务。他一再将这个主意上奏洪秀全，都被拒绝。无奈，他到天王府门口去击鼓鸣钟，强行奏闻。按照太平天国的制度，各机关都设有登闻鼓，凡有要事或冤屈，都可到门口击鼓鸣钟，主管长官听到后就立刻出来受理。洪秀全听到鼓声，就立即坐殿，李秀成将出京的理由从头一一奏明。洪秀全听了之后，同意李秀成出京。

李秀成获准出京之后，将京中之事交与蒙得恩、林绍璋、李春发掌管，辞别洪秀全，由南门一日一夜赶到芜湖，与其堂弟李世贤商定，“一人敌南岸，一人敌北岸”。1858年4月，李秀成带5000余精兵，由芜湖东梁山渡江，到含山集合。5月4日，破含山城西20里之昭关，下和州（今安徽和县）。10日，占全椒。11日，占领滁州。13日，占领来安。李秀成此次军事行动，是绕攻江北大营外围，以分其兵势。21日，清军帮办江北军务侍郎翁同书率部来攻，太平军迎战不利，放弃来安，退回滁州。

不久，李秀成将滁州交由部将李昭寿镇守。李昭寿是河南固始人，1853年在家乡结捻起义，1854年率部投降清道员何桂珍，次年在英山杀何桂珍，投降太平军，隶李秀成部下，是个反复无常的人。李秀成将滁州交李昭寿后，于6月初经全椒到达江浦大刘村安营扎寨，厉兵秣马，准备进攻江北大营。6月5日，江北大营即派清军来攻，首战小胜；次日，清军大队来攻，太平军失利，营垒全部被毁，损失官兵千余人。部队转移到江浦汤泉，李秀成回到了全椒。

李秀成经大刘村之败后，偏处全椒，兵力受到了进一步的削弱，深感要攻破江北大营，单靠自身的兵力是不够的。于是他通知各镇守将，到枞阳会商对策。会议约于7月下旬至8月初召开，各路将领都依约而来，陈玉成也不约而至参加了会议。会议商定了进攻江北大营，以解天京之围的作战方略，“各誓一心，订约会战”。后来这两支太平军主力之间互相合作，取得了二破江北大营的重大胜利。

1858年9月，都兴阿、李续宾即率领大军自湖北入皖，22日攻占太湖，随后即分兵两路，大举进攻。南路由都兴阿率副都统多隆阿和总兵鲍超所部，在水师配合下，进逼安庆；北路由李续宾督率所部，直指庐州。这时，前军主将陈玉成刚刚攻破江苏六合，得报之后，立即扯兵上救；同时启奏天王洪秀全，调后军主将李秀成率部同往。

陈玉成率部先行，于11月7日抵达三河镇西南30里的金牛镇。李秀成率部随后而来，于11月14日驻扎在三河镇东南25里之白石山一带。两支太平军主力号称10万大军，连营数十里，并切断了李续宾军的退路。15日深夜，李续宾派出7个营的兵力，分左、中、右三路袭击金牛镇。16日黎明，其先头部队一度攻入陈玉成的防地，这时大雾弥漫，咫尺莫辨，鼓角相闻，敌我难分，陈玉成部乘势从四面八方掩杀过来，把敌军围困在烟筒（墩）岗一带。这时，李秀成率军助战，李续宾大败，自缢而死。是役一举歼灭湘军精锐6000人。

湘军的惨败，令曾国藩“哀恸填膺，减食数日”；胡林翼在家治丧，听到后当即晕倒在地。

太平军之所以取得全歼李续宾部的胜利，主要由于决策正确果断，兵力集中，战术灵活，指挥无误。当湘军进抵舒城、三河时，陈玉成果断决定兼程回援，并奏调李秀成部同往，形成了兵力对比上的绝对优势。在对敌发起进攻时，太平军采取正面迎战与伏击、抄袭相结合的战法，各部之间又能密切协同，主动配合，迅速分割包围敌人，打得湘军前后左右不能相救，以速决的方式达成战役目的。

通过三河镇大捷，太平军粉碎了湘军东犯的企图，保卫了皖中根据地，对鼓舞士气、稳定江北战局、保证天京安全和物资供应，都具有重大的战略意义。

声东击西，二破江南大营

1859 年 4 月，洪秀全的族弟洪仁玕由香港抵天京，颇为洪秀全所器重，不久即被封为“干王”，总理朝政。洪仁玕撰写了《资政新篇》等著作，在政治和经济方面提出了一些改革措施，使太平天国的领导力量有了某种程度的加强。但洪仁玕的被重用，引起了一些“老兄弟”的不满。洪秀全便加封前军主将陈玉成为英王，加封李秀成为忠王，使这一矛盾基本上得到了解决。

再说清军江南大营自 1856 年被攻破后，于 1858 年年初复建，统帅为和春，张国梁帮办军务，是年冬于天京城外挖掘长壕，“自城北之上元门，至西路之三汊河、乐心寺江干止，共长一百三四十里，大小营盘一百三十余座，兵勇约四万有奇”。大营设在沧波、高桥门之间。

为了打破清军对天京的包围，李秀成一再向洪秀全强奏，要求率军离开浦口，设法攻打江南大营，以解天京之围。这一要求最后得到了洪秀全的应允。关于如何解围问题，李秀成建议：率部“伪装缨帽号衣，一路潜入杭、湖二处”，攻敌之所必救，以吸引和调动江南大营清军；当出现上述情况时，立即放弃浙江杭州和湖州（今吴兴），由小路回师天京，围攻江南大营。而英王陈玉成，则在皖北实施佯攻，以掩护江南之作战行动。整个作战由李秀成负责组织实施。洪秀全同意了。

1860年3月11日，李秀成所率精兵进至杭州城外。当时杭州城除满营外，仅有兵勇2800余名。19日太平军轰塌清波门城垣，由1350人组成的先锋队立即冲入城内，攻占杭州，杀死浙江巡抚罗遵殿等多人。唯杭州将军瑞昌等踞守的满城，未能攻下。

江南大营统帅和春得知太平军入浙，立即派总兵张玉良等率兵由六合往援。咸丰帝深恐失掉浙江这个财赋之区，严令和春增调劲旅赴浙。和春只得遵旨加拨援兵，前后共抽调了13000人，统归张玉良率领。太平军攻陷杭州4天之后，张玉良所率援兵才到达杭州城外。

李秀成见调动江南大营清军的目的已经达到，便于在城内遍插旗帜以为疑兵，连夜撤出杭州，率军疾驰北返，沿路攻占了江苏高淳、溧水、溧阳、句容等地。

当李秀成率军回师天京之际，在皖北执行佯攻任务的陈玉成、吴如孝等率军由全椒南下，于4月底渡江，经江宁镇抵板桥、善桥一带。

4月底，各路太平军抵达天京外围，众达十余万人，在扫清清军外围据点后，随即准备总攻江南大营。总攻部署是：李世贤部自北门洪山、燕子矶，李秀成部自尧化门，刘官芳、陈坤书部自高桥门，杨辅清部自雨花台，陈玉成部自善桥方向，五路并进。天京城内的太平军则由城内出击，配合援军夹攻清军。

5月2日，太平军发起总攻。是日天气晴朗，但从当晚开始降雨，连日不止，太平军冒雨连续进攻。

5月4日，陈玉成部于上河镇、毛公渡一带搭造浮桥数道，进攻清军的外墙。城内太平军见外援已到，也纷纷出击，抛掷的火罐落入清副将雷安邦的营内，引起火药轰发，清军纷纷外逃，一时人声鼎沸，乱作一团，附近清营闻之，也纷纷撤出营外；外地逃来的难民见清兵溃退，也扶老携幼号哭道旁，一片混乱。城内城外的太平军乘着敌人的混乱，加强攻势，半日之内，大营西半部的50余座营垒全行攻破。

总兵黄靖、副将马登富、雷安邦等均被击毙。张国梁闻西路有变，便赶来救援，见营盘已失，西部防线已溃，只得从原路退回，破坏了上方桥，准备固守大营东北半壁。太平军突破敌西南长壕，内外会师，重围已解，士气更高。

这时清军兵勇大半溃逃，大营势危，幕僚们建议暂退镇江，但和春不许，说："今上方桥以南既为贼有，我军驻扎小水关，地面不宽，守之尚易，即可进剿，何必退往镇江"，"如贼来扑我，唯有一死而已，不必多言"。

未几，太平军已攻至孝陵卫街口，钟山南麓也到处起火，幕僚们才把和春唤醒，穿衣上马出营，狼狈逃奔，于6日晨至石埠桥，搭江船逃往镇江。围困天京两年多的江南大营，又被摧毁。太平军缴获了大量的枪炮、火药、铅子，以及白银十余万两。

二破江南大营是太平天国战争史上最成功、最典型的一个战役；是由洪仁开、李秀成周密组织的一个完整而巧妙的计划，确是太平军的"得意之笔"。

进攻湖北，攻略杭州

江南大营的彻底崩溃，迫使清王朝将镇压太平天国的希望寄托在曾国藩及其湘军身上。1860年夏，清廷授命曾国藩为两江总督、钦差大臣，令其督办江南军务，所有大江南北水陆各军，统统归其节制。进攻太平军的各路清军，开始在曾国藩的名义下统一起来了。到9月底，东犯的各路湘军，已深入安徽境内，完成了对太平军西线屏障安庆的战略包围。其部署是：在长江以北，由道员曾国荃率湘军万余人围困安庆，由副都统多隆阿率领的万余人陈兵桐城外围，准备打援，由胡林翼坐镇太湖调度指挥。在长江沿岸，由提督杨载福率湘军水师破枞阳镇，攻池州（今安徽贵池）；在长江以南，道员张运兰率领湘军3000人攻旌德，总兵鲍超部湘军6000人攻泾县，曾国藩则坐镇祁门调度指挥。五路东进的湘军，已构成对太平天国的严重威胁。

这时，洪秀全已感到局势严重，决定组织兵力，进行反击。于是颁下严诏，命李秀成赶赴上游。李秀成当即选将调兵，将苏福省的军政民务交给陈坤书接理，带兵西上。洪秀全命他取道长江以北，同另一支主力陈玉成部，共解安庆之围。从当时敌军兵力部署来看，其重点在安庆周围，如果按照洪秀全的计划，李秀成、陈玉成两支太平军主力都走北路，以主力对主力，未尝不是一种较好的兵力部署方案。可是，由于李秀成强调湖北、江西一带义民首领要求投军，执意先走南路，召集义民之后，再行“扫北”。这样，就将当时太平天国所面临的解救安庆的首要任务置于次要地位，这是很不妥当的。

这样一来，洪秀全等不得不改变计划，由陈玉成一支部队趋北路，李秀成、李世贤、杨辅清等部走南路，其具体部署是：英王由江北前进，他们的目的是在3月（公历4月）会师武昌；忠王自南昌以下横过江西，经瑞州至洞庭湖上的岳州，由此到达武昌以西的地区；侍王横渡鄱阳湖，经南昌、义宁州入湖北，进攻武昌南面；辅王取道湖口、九江，如可能，用船运军队溯江而上，攻打武昌的东面，英王的军队攻北面。这一计划，较之洪秀全原来的计划，存在着明显的缺陷：一是在兵力部署上，产生了主次颠倒的现象，将太平军的主要兵力部署在江南，而敌人的主力则在江北；二是在发动进攻的时间上推迟太久，到次年4月才合取湖北，而这时，安庆已被围近一年，形势越来越紧迫。这一计划所存在的这些缺陷，给尔后军事上造成很大的被动。对此，李秀成是负有责任的。

计划确定之后，陈玉成即率部于9月底白天京渡江西上。李秀成则迟迟于10月底才从天京动身。李秀成在回忆这一段历史时说：“举兵由苏动身到京，将来情启奏，不欲扫北。我主义怒，责罚难堪。此时亦无法处，管主从与不从，我在苏肯应江西、湖北肯降之义民，应肯前往接应，故而逆主之命，信友之情，出师而上江西、湖北。”

1860年10月底，李秀成违背洪秀全旨意，率领部队白天京出发，经安徽太平府（今当涂）、芜湖、繁昌、南陵、石埭，于12月1日越羊栈岭进占黟县，离曾国藩的祁门大营仅60里。正在进攻休宁的湘军鲍超、张运兰两部（共约万人）见后路被断，急忙回师反攻。2日，太平军稍却，退守黟县北面的卢村（儒村）。3日，与鲍、张两部战于休宁柏庄岭，阵亡将士数百人。李秀成部太平军受阻后，便改由箬岭到徽州（今歙县），过屯溪，上婺源，入江西，占玉山，然后又折入浙江境内，在常山过年。

这时，和李秀成一起取道皖南西进的，还有辅王杨辅清部、侍王李世贤部，以及定南主将黄文金部、右军主将刘官芳部等，在兵力上居于绝对优势。如果李秀成联合这几支太平军，对祁门曾国藩大营进行围攻，是完全有可能歼灭敌军主帅的。这种有利的形势，也可从曾国藩的书信中得到反映。他给他的四弟写信说：“此间于十九日忽被大股贼匪窜入羊栈岭，去祁门老营仅六十里，人心大震。幸鲍、张两军于二十日、二十一日大战获胜，克复黟县，追贼出岭，转危为安。此次之险，倍于八月二十五日徽州失守时也。”曾国藩的幕僚欧阳兆熊记述当时的情况说：“文正（指曾国藩）驻休宁城，羞忿不肯回答，已书遗嘱，部署后事，军中皇皇，莫知为计。”可见，李秀成等部太平军给曾国藩所造成的巨大震动，以致他数度留下遗言，交代后事。可惜，太平天国方面没有进攻皖南敌军的计划，几支部队各自为战，互不统属，缺乏统一指挥，形不成“拳头”，这就使曾国藩得以拆东墙补西墙，以对付各路太平军的进攻，从而渡过了难关。太平天国也因此而丧失了在皖南聚歼曾国藩大营、救援安庆的良机。

1861年2月中旬，李秀成部自浙江进入江西，经玉山、广丰、广信（今上饶），于3月中旬进攻建昌（今南城）而未克；下旬，进攻抚州府又未克，便南趋崇仁、宜黄。4月4日进占新淦、樟树镇（今清江），由于赣江水涨，以及清军、地方团练的防堵，未能过江，便沿江南进，于19日从吉水渡过赣江，占领吉安府。22日，弃城北进，经临江继续北上，连下瑞州（今高安）、奉新、武宁，在这里设立乡官，建立地方政权，以为后方基地。5月30日进占义宁州（今修水）。6月上旬，兵分三路，进入湖北境：右路由武宁北攻兴国州（今阳新）；中路由义宁北攻通山；左路西攻通城。6月中旬，各路大军抵达武昌外围，比原计划的于4月合攻武昌，晚了2个月。在经过江西、湖北时，各地义民纷纷加入太平军，使李秀成部的兵员大增，号称50万大军。

李秀成忠王府

李秀成率领大军，千里挺进湖北，为的是与在江北西进的陈玉成部合取武昌。可是，在李秀成部滞留江西境内时，江北的情况发生了很大的变化。1861年2月，英王陈玉成按照“合取湖北”的既定方针，开始向湖北进军。3月10日占霍山。14日占英山，进入湖北。17日占蕲水（今浠水）。18日占黄州（今黄冈）。22日，陈玉成在黄州府会见了英国参赞巴夏礼。巴夏礼借口维护英国的商业利益，“劝告”陈玉成不要进攻武汉。陈玉成由于受到英国侵略者的威吓，就终止了向武汉的进军。除留赖文光据守黄州外，便分兵数路，先后占领湖北蕲州、黄安（今红安）、德安府（今安陆）、孝感、黄陂、随州（今随县）、云梦、应城、麻城等地，但大多旋取旋弃。4月下旬，陈玉成便弃“合取湖北”的计划，率领主力东下，直接救援安庆。

李秀成到了鄂南之后，接到赖文光发自黄州的禀报，得知江北陈玉成军已回援安庆，同时也受到英国驻汉口领事金执尔的“劝阻”，便放弃进攻武昌，于7月上旬命令所部撤出湖北。大体上沿着原来进军的路线，经江西东返浙江。几十万大军跋涉数千里，于抵达武昌外围后不战而退，徒劳往返，诚为可惜。至此，太平军南北两路“合取湖北”的计划半途而废，解救安庆之围的战略企图也成泡影。

李秀成部是太平军的一支主力，拥有数十万部队，他的一举一动，对太平天国整个军事形势，有着举足轻重的地位。可以设想，李秀成如按原计划继续围攻武昌，即使不能攻克，也能吸引更多的清军回救，迫使湘军陷于两面作战的地位，从而减轻太平军安庆战场的压力，有利于解救安庆之围。即使李秀成部撤离武昌外围，如向皖赣边界活动，也可威胁与牵制湘军的南翼，从而减轻安庆战场太平军的压力。然而李秀成计不及此，置事关太平天国全局的西线军事于不顾，离开西线东返江浙。1861 年 7 月 19 日，占领靖安，逼近省城南昌。曾国藩在安徽东流闻讯，急调鲍超部 7000 人由宿松南渡长江，经九江，驰援南昌。8 月 5 日，李秀成率部自瑞州进至南昌对岸之生米镇、万寿宫一带。14 日，进入临江府境。24 日，鲍超率部经瑞州南下。26 日，李秀成率全军渡过赣江，屯于樟树镇。30 日，率部东趋抚州，围城多日不克，乃于 9 月 8 日撤围东走许湾镇，在此息兵 3 日后继续东趋。16 日，在铅山县河口镇，会合自广西脱离石达开部东返的童容海等部 20 余万人。22 日，攻广信不下，乃率领号称 70 万的大军，东下浙江。

当李秀成率领大军撤出湖北，途经江西东返之际，太平天国西线重镇安庆为湘军攻陷，万余守军全部殉难。安庆的失守，标志着太平天国自 1860 年 9 月开始的第二次西征的彻底失败。自此，太平天国后期的军事形势开始急转直下，天京遂暴露在湘军的攻势之下。正如洪仁玕后来所说：“我军最重大之损失，乃是安庆落在清军之手。此诚实为天京之锁钥而保障其安全者，一落在妖手，即可为攻我之基础。安庆一失，沿途至天京之城相继陷落，不可复守矣。安庆一日无恙，则天京一日无险。”

李秀成率领大军自江西入浙，于 9 月 25 日占常山。10 月 5 日围攻衢州。11 日，撤围东进汤溪，经兰溪到达严州 (今建德梅城镇)，与正在围攻该城的侍王李世贤部会合，议定由李秀成“领新招将士及童容

海全军而下浙江（指杭州），派李世贤打温、台、处州、宁波等处，我派军去破绍兴各县。”

李秀成部署完下一步的军事行动后，率大队从严州出发，经桐庐、新城，20日攻克余杭，进逼杭州。28日，占领武林门外的卖鱼桥。11月3日，由卖鱼桥进至岳坟、孤山一带，拟经苏堤进向南屏。清军断苏堤上的玉带桥，并以炮船前后夹攻，太平军退至九里松。5日，太平军由朱桥猛攻凤山门外的馒头山，破望江、候潮、凤山各门外清军，合围杭州。7日，提督张玉良率兵万余自富阳来援，也被太平军击败（张玉良于21日被击毙）。从此，杭州将军瑞昌、巡抚王有龄率兵数万，困守孤城。13日，李秀成给在守绍兴的侄容椿、子容发的信中说：“官兵自到杭郡以来，日战日胜，城外妖穴，一概扫平，杀死无数，活拿者数千，自降者数千，已将该城围困，内外不通，成功在即矣。”当时，四周各县均为太平军所占领，杭州已成为一座孤城，城内粮食渐趋枯竭。李秀成在军事进攻的同时，还对敌展开政治攻势，“射谕入城，分军民满、汉分别言语，顺言而化，肯降者即可。”

在太平军的政治攻势下，12月10日，杭州武林、钱塘、清波门外的清军投降太平军。29日，清军兵勇纷纷溃散，太平军各部乘势缘梯而入，打开凤山、候潮、清波等城门，大队太平军开入城内，占领杭州。巡抚王有龄自杀，布政使林福祥、总兵米兴朝等被俘。杭州既破，李秀成命令暂停进攻满城，允许杭州将军瑞昌率部退走。然瑞昌顽抗，李秀成乃于31日下令攻破满城，瑞昌等自杀。

在李秀成督部进攻杭州的同时，部将陆顺德占领了绍兴、萧山等地，李世贤部连占嵊县、新昌、上虞、天台、奉化、慈溪、镇海、仙居、台州（今临海）、黄岩、太平（今温岭）等府县，并于12月9日占领五口通商口岸之一的宁波。浙江大部府县，归入太平军的控制之下。

在进军湖北和攻略杭州的过程中，李秀成开始执行了一种优待俘虏的政策，显示出他具有出众的政治水平。早在1861年夏，当进军江西高安阴岗岭时，大败清军，俘副将李金畅（绰号冲天炮）。李秀成“见是勇将有名之人，心内痛惜英雄，故未杀害，当问其来情肯降否？……后见其语未有从心，仍然礼待，并未锁押，悉听其由。过了数日，发盘川银 60 余两，其不受而去江西。后闻被杀”。此次攻下杭州，又当众宣布：“各肯从军者即从，不从者皆由自便。”俘虏了浙江布政使林福祥、总兵米兴朝等清朝官吏，“我亦不杀，礼而待之，又未锁枷，落在书房，与我文官闲叙。……过了十余日，林、米二人欲去，不愿在营，既而备舟只各一条，由杭州到上海，各给银 300 两”（《李秀成自述》）。林、米二人到了上海后，为清朝江苏巡抚薛焕奏清查办。次年夏，清政府命左宗棠杀之于浙江衢州。

李秀成执行的优待俘虏政策，在太平军方面来说是个创举。太平军自金田起义以来，对清军官兵一直执行镇压政策，故清军官兵或逃散，或顽抗，或自尽，降者寥寥。李秀成礼待俘虏，有利于分化瓦解敌军。

大厦将倾，独木难支

太平军在江南活动，并攻克苏州、昆山、嘉兴、青浦、松江等地，直逼帝国主义侵略中国基地——上海。鸦片战争以后，帝国主义歪曲《南京条约》有关条款，在上海建立大片租界。英法侵略者俨然以主人自居，威胁太平军“勿攻上海，否则还击”。此时正值第二次鸦片战争时期，清政府正在京津一带与英法联军作战。但是上海的清朝官吏却“忘记”了英法是敌国，居然无耻地向敌人请求援助。

1860 年 6 月，清政府苏松太道吴煦和买办杨坊出钱，由美国人华尔出面招募了一批外国的亡命之徒组成“洋枪队”，专门与太平军为敌。7月，华尔率“洋枪队”偷袭太平军占领的松江，接着又在1万名清军的配合下，进犯驻守青浦的太平军。李秀成在青浦大败“洋枪队”之后，乘胜进逼上海城下。英法联军协助清军作战，用山炮、来福枪猛烈扫射太平军，停泊在黄浦江上的英国军舰也炮击太平军阵地。太平军义愤填膺，奋起反击，与英法干涉军激战4天。因后方告急，不得不退离上海。

1862年1月，李秀成攻克杭州后，再次进攻上海。太平军从四面八方抵达上海郊区后，李秀成发布文告，严正警告外国侵略者不要干涉中国内政，如敢继续助清军为虐，那就是“飞蛾扑火，自取灭亡”。但是这时帝国主义已通过《北京条约》从清政府手里取得更多的殖民特权，他们蓄意加紧勾结清政府，与太平军为敌。帝国主义强盗一面从天津调来英法联军1000多人，一面把“洋枪队”大大扩充，改编为“常胜军”，同时还用军舰把李鸿章的淮军从安庆运到上海。他们互相勾结，向太平军阵地疯狂反扑，相继侵占嘉定、青浦，向太仓进犯。李秀成立刻从苏州集中1万多名精兵赶到太仓，迎头痛击敌人。经过2天激战，太平军连破敌营30多座，歼灭外国侵略军几百人，清军5000人，俘获洋枪大炮不计其数。

这时，湘军由曾国藩弟弟曾国荃率领，自安庆倾江而下，包围天京。天王一天连下三道诏书，命李秀成赶快回师救援。李秀成不得不再次放弃对上海的进攻。

英王陈玉成在安徽也很吃紧。在清军夹击下，庐州不保，只得率兵3000余人北走寿州，打算联络奏王苗沛霖，此时苗已被钦差大臣胜保招抚，陈玉成一进寿州城，即被执缚，解往胜保军营。6月4日陈玉成在河南延津被杀害。庐州的失守和陈玉成的牺牲，标志着太平天国西线防务的瓦解。

湘军方面，自攻占安庆后，曾国藩即由皖南进驻安庆，筹划进军金陵和围歼太平军的有关事宜。1862年5月18日，曾国荃率军15营自西梁山渡江，会同水师攻占太平府（今安徽当涂）。26日进驻江宁、板桥，旋占秣陵关、大胜关、三汊河。30日，彭玉麟督水师占头关、江心洲、蒲包洲，进泊金陵护城河，曾国荃陆师直逼雨花台。这时天京已处于湘军的直接威胁之下。

天京方面，以洪秀全为首的太平天国，于安庆失守后，对危急的军事形势，开始是麻木不仁，见惯不惊，因此对之并未采取任何有力措施来挽回危局。待到曾国荃部直逼雨花台之后，便惊慌失措，一日三诏，严令李秀成自上海、松江前线回救。

1862年6月19日，李秀成率部自松江回到苏州，并于6月22日召集会议与众将商讨援天京之方略。然而会后不久，7月11日宁国失守。16日，保王童容海以广德降清，天京外围的形势更趋严重。9月14日，李秀成率部离开苏州，过溧阳，到东坝，会齐各路人马，直下溧水、秣陵关，一路径向雨花台，一路经板桥、善桥，进攻曾国荃部湘军营寨。与此同时，陈坤书等率4万人进至安徽太平府，断敌后援；辅王杨辅清、堵王黄文金等则分路进逼宁国，以牵制鲍超部湘军。

10月13日，在天京外围，李秀成督率所部与天京城内太平军相配合，对围城湘军之东西两翼发起猛攻。湘军则坚壁固守，俟太平军攻近，突以排炮轰击。太平军闻炮则伏，炮停即起，昼夜不停地进攻敌人。15日，西路太平军冲上江心洲，以断敌运道。曾国荃则令湘军连夜构筑营垒，与太平军对峙，以保持运道畅通。接下来，太平军束草垫沟，负板蛇行而进，步步进逼。曾国荃见势危急，亲自督战死拒，被太平军击伤面颊。太平军用箱筐装土，排砌壕边，明防炮子于上，暗凿地道于下，准备穴地轰毁敌垒。湘军则先以火箭集中射击，继续挑选“锐卒”进行反击，破坏太平军的地道作业。27日，湘军发现太平军西线营垒散而不坚，有机可乘，便实施三路反击，攻毁太平军营垒12座。

11月3日，太平军并力进攻东路，用火药轰塌敌雨花台大营附近的营墙两处，同时万箭齐发，排炮雷轰，太平军将士乘隙直上，纷纷冲入缺口。但湘军早有准备，当地道轰发之后，便立即从营中冲出，并力抢堵拦击。太平军往返冲杀达五六次之多，终不得破墙而入。次日，西路太平军决长江之水，淹湘军粮道。湘军水师出动舢板，驻守双闸，与陆师相配合，保护运道。东路太平军继续挖掘地道，向敌进攻；湘军则以对挖的办法进行破坏，每挖通一处地道，或熏以毒烟，或灌以污水，或以桩堵塞洞口，使太平军的地道连连失效。11 月 21 日，湘军从芜湖派出两营增援金陵。曾国荃以兵力稍厚，在西路再次出击，太平军不支而退，湘军直追至板桥、牛首山一带。东路太平军见西路溃退，一部也退往秣陵关，另一部则撤回天京。就这样，太平军连续攻击达 45 天，均未能将敌营攻破，最后不得不撤围。太平军“十三王”回援天京的作战以失败而告终。

为什么太平军在拥有优势兵力、精良火器，又遇敌军流行疾疫的情况下仍不能攻破敌营呢？李秀成分析说：“九帅（曾国荃，排行第九）节节严营，壕深垒坚，木桩叠叠层层，亦是甲兵之利，营规分明，是以连攻数十日而未能成效者，因此之由也。然后亦因八月而来，各未带冬衣，九十月正逢天冷，兵又无粮，未能成事者此也。”（《李秀成自述》）敌军深沟坚垒，而太平军又逢天冷无粮，这固然是一部分原因。但天京当局对湘军东侵，事先缺乏准备，直至湘军兵临城下，又没有乘其立足未稳而给予打击，等到各路援军赶到，敌已深沟高垒，以逸待劳，攻击自然困难得多。而李秀成率领“十三王”回救时，又企求速胜，一到天京外围，就连日轮番攻击，结果顿兵挫锐，造成较大伤亡。加之数十万大军云集一地，粮食供应困难，因而在久攻不克的情况下，只得下令撤围，宣告失败。

洪秀全令他组织部队“进兵北行”。李秀成对此次“进兵北行”的军事行动另有自己的主张，本想启奏，但洪秀全不容他分辩，并说“有天所定，不必尔算，遵朕旨过北，接陈得才之军，收平北岸，启奏朕闻”（《李秀成自述》）。李秀成无奈，只得勉强执行。

此次军事行动的企图依然是以威胁湘军后方的手段来调动天京周围的湘军。据湘军缴获的太平军文件透露：太平军过江之后，将由安徽舒城、六安趋霍山、英山、麻城、宋埠，然后分兵两路，分别夺取黄州与汉口，以调动长江南岸之敌北援，长江下游之敌上援，达到解天京之围的目的。这一战略行动，简称“进北攻南”。其基本策略，仍然是“围魏救赵”之计。由于太平军一而再再而三地使用这一战法，已难以使曾国藩及其他湘军首领上钩。曾国藩曾就太平军此次北进的企图，写信给他正围攻天京的弟弟曾国荃说：李秀成“往年以偏师攻破浙江，分官军之势，而以全力攻扑金陵老营。此次或以攻窜和（州）、含（仙）、巢（县）、庐（州），效往年破浙之故智，而以全力再攻弟营与金柱”。这一事实确也表明，洪秀全及其周围的谋士智谋已穷，再提不出什么高明的作战思想。

李秀成受命之后，于1862年12月8日，先派遣章王林绍璋、对王洪春元、纳王部永宽及其次子李容发等自天京下关率领第一批部队数万人取道九袱洲开始北进。太平军一面猛攻浦口一带清军营盘，一面连夜冲过浦口、江浦西行。第一批部队过江后，连占安徽含山、和州以及附近的铜城闸、运漕镇和东关等要地，以等待主帅李秀成率后续部队的到来。

这时，李秀成为何还不立即北进呢？原来，这时苏福省的局势不稳，这一带的地主团练，在江苏巡抚李鸿章的唆使、收买下，正酝酿发动叛乱，故李秀成只能先派遣一部分人马北进，自己回苏州对付叛乱。1863年1月11日，李秀成自天京赶回苏州。17日，常熟守将骆国忠等果然举城降清，并于19日袭占了常熟北面的福山港。李秀成立即命令慕王谭绍光统兵讨伐，同时，派遣他的女婿蔡元隆入守太仓，以防内变。由于太仓仍在太平军手里，淮军无法从陆路增援常熟。李鸿章令总兵程学启纠集清军万余和“常胜军”2000余人，进攻太仓，企图打通援救常熟的道路。2月14日，淮军进攻太仓，为太平军所败，“常胜军”伤亡数百人。当晚，李秀成赶到太仓，部署防守事宜。16日，李秀成自太仓赶到常熟外围。22日，督谭绍光、陈炳文等攻破常熟北门、西门外敌营，城内叛军死拒。李秀成于当晚对围攻常熟城作了部署后，即返回天京。

1863年2月27日，李秀成会同护王陈坤书、顾王吴如孝等，率领第二批部队数万人自天京下关、中关北渡九袱洲。接着率部绕江浦西进和州、含山，留吴如孝进攻浦口、江浦。与此同时，天京当局还命

令活动于皖南的襄王刘官芳等部由徽州（今歙县）、宁国（今宣城）出发，奉王古隆贤等部自太平、祁门出发，堵王黄文金等部自青阳、石埭出发，三路西进，以策应李秀成部的北进行动。

3月31日，李秀成进抵巢县，准备会合第一批部队，取道无为州西进。由于3个多月来曾国藩已从各地调集了万余湘军进入皖北，使太平军西进遇到很大困难。4月19日，李秀成率部自巢县进抵无为州的石涧埠，围攻前来增援的湘军毛有铭、刘连捷部，进攻多日未下。5月4日，鉴于敌援军已至，乃撤围西走。7日，攻庐江不下。8日攻舒城又不下。11日进逼六安。时六安城内仅有两营清兵据守，城大兵单。5月12日，李秀成三面攻城，东门城垣为风雨所损，倾坍六七丈，由于守军死拒，也未能攻入城内。这时，正值“青黄不接，那时想去会陈得才之军（注：此时陈得才已率军进至陕南），此地无粮，不能速去，不得不由，回军返辔，由寿州边近而回。此地正无粮，被苗沛霖之兵久害，民家苦于万分，官兵又未得食，饿死多多，食草充饥，如何为力”（《李秀成自述》）。5月19日，李秀成被迫放弃原定进军计划，撤六安之围东返，于6月2日退入天长县境。

当李秀成率军西进之际，苏福省的形势继续恶化，常熟自叛投清军之后，慕王谭绍光率部围攻两月，终未攻下；不仅如此，太仓于5月2日被淮军攻陷，昆山也于6月1日失守。加之天京南门外雨花台要塞于6月13日被湘军攻陷，洪秀全因安全受到严重威胁，急令李秀成速回天京。李秀成便于16日率部离天长，经六合、九袱洲，南渡天京。

李秀成过江之后，据守江北各地的太平军也纷纷弃城南返。时夏季来临，长江水涨，湘军水师已封锁江面。等待过江的太平军，不断遭到敌水陆师的袭击，地处渡江必经之地的九袱洲，此时也容纳不了这么多兵士，于是纷纷争向芦苇丛中惊走，而芦苇密处，水深均在一丈以上，沟港纵横，人马纷逐，一蹴即溺。呤唎在《太平天国革命亲历记》中记述道：“许多身体过于衰弱、完全不能动弹的兵士，眼看就要到达目的地，他们为了回到这里，曾经付出了这么许多的艰苦奋斗，忍受了这么许多痛苦，可是现在却不得不留下来等死。他们的人数太多，所以他们的同伴无法一一假以援手，帮助他们在敌人烟火之下渡江。炮弹不断地在这些骨瘦如柴的人们中间轰轰地爆炸。人群过于密集，许多人都被后面的人挤落江中，为江水卷去。成千的炮艇向这些拥挤在一起寸步难移的人们猛烈地轰击。那些筋疲力尽的残存的兵士从倒在地上的自己的同伴的尸体中间慢慢地挣扎出来。”就这样，太平军冒着敌人的炮火，逐日南渡，前后历时12天，被击毙、饿毙者不计其数，渡至南岸的总计不及1.5万人。6月30日，湘军付出死伤2000余人的代价之后，终于攻占了九袱洲，守军全部殉难。至此，长江北岸完全为清军所占领。

此次“进北攻南”的作战行动，非但没有达到解救天京的目的，反而在进军途中和渡江时损失了数万精锐，李秀成部的实力受到进一步削弱。从此，解救天京的希望就变得更加渺茫了。

当李秀成率领部队进军江北之际，江苏巡抚李鸿章督率淮军，在“常胜军”的大力配合、支持下，向太平天国的苏福省大举进攻。5月2日攻占太仓。6月1日，攻占昆山，并正组织部署兵力，对苏福省的首府苏州实施进攻。李鸿章分析：苏州、常州一带为太平天国的财赋要地，物产丰富，太平军势必死守力争；其所统兵力仅4万余人，分布在自常熟至金山卫的广阔地区，能直接用于进攻苏州的兵力有限，因此，他决定采取“规取远势，以翦苏州枝叶，而后图其根本”的方针，并拟定了一个三路进攻的作战计划：中路，从昆山直趋苏州，由总兵程学启部担任；北路，从常熟进攻江阴、无锡，由同知李鹤章、总兵刘铭传部担任；南路由总兵李朝斌率所部太湖水师担任。此外，由黄翼升率淮扬水师往来策应，“常胜军”则驻昆山为预备队。截至1863年9月中旬，南路淮军已攻陷吴江，中路淮军已直逼苏州近郊，北路淮军已陷江阴，军事形势十分严峻。在此情况下，李秀成又启奏天王洪秀全，要求赶赴英州前线。洪秀全则要他助饷银10万两，方准出京。后不得已，李秀成把全家首饰以及银两，凑得7万两，才准许他出京，并限他“40日回头”。

9月20日，李秀成带领4万部队，来到苏州，人心稍定。他抵达苏州的当天，洋将戈登督常胜军2900人自昆山进扎苏州城外，攻占南郊宝带桥，李秀成率部出城反击，未能取胜。“那时，我在苏州与洋鬼开仗，连战数日，胜负未分，两不能进。水道甚多，洋鬼利在火舟之害，我水军不能与其见阵。旱道能争，苏州水道太多，旱道甚少，是而败失地者，皆洋鬼之害也。”(《李秀成自述》)

北路淮军自9月16日攻占江阴之后，兵锋即指向无锡。24日，总兵郭松林即率队进攻，败无锡守将黄子隆，直抵无锡南门；另一支淮军则直插无锡、苏州之间的大桥角一带。苏州太平军的后路受到严重威胁。10月9日，李秀成率部自阊门撤至苏州城外，“欲由外制，暂保省城”。他准备在这里歼灭进抵苏州、无锡之间的敌军，确保苏州后路畅通。可是，自外地来援的李世贤、林绍降部被淮军阻于无锡南门外，他只得率领所部由东向西进击。11日，率部进攻大桥角，洋将白齐文以轮船大炮助之，毁淮军水师舢板船21只。次日，淮军援兵赶到，轮船被击沉，李秀成退守黄埭。16日，败总兵郭松林部淮军于后宅。21日，与淮军李鹤章、郭松林部战于后宅、鸿山、安镇。23日，复与敌战于坊前、梅村。李秀成连日与敌接战，均未能取得大胜，而苏州形势却日益危殆。于是他于10月28日，11月1日、10日连续写信给常州守将陈坤书和无锡守将黄子隆，约他们率部会战。信中分析形势，言辞恳切：“今京城之困非前日可比，殿下当亦尽知，万望依肯前来会合，并同侍王(李世贤)排进共除，一处妖净，则处处皆然也。早扫开此孽，则可早日会计进解京围。苏、杭二处不稳，解围故不待言，常、锡亦成瓦解，那时我等悔之不及也。殿下深明此理，不必多语，望速为荷。”但由于这时陈坤书、黄子隆都已封王爵，所部已不易调遣，加之有的信件被清军截获，故陈、黄都未前来会战。李秀成只得继续率领所部在东起大桥角、西至坊前的狭长地带继续与淮军作战。淮军对太平军的进攻，“先以坚壁勿战挫其气，继以滚营并进遏其锋”，稳扎稳打地对付太平军，以致太平军难以速胜。

11月19日，淮军及“常胜军”攻占浒墅关，苏州与外面的交通断绝。22 日，李秀成曾组织进攻，企图夺回浒墅关，结果未达目的。23 日，李世贤、黄子隆与自常州来援的护王陈坤书部与淮军刘铭传、郭松林部大战于东亭，结果又失利，李世贤遂率部西回溧阳，陈坤书返回常州。至此，李秀成在苏州、无锡间反击淮军的企图全部落空。

当李秀成在苏州西郊与淮军浴血苦战之际，苏州守将中的一些动摇分子正与淮军进行议降活动。11 月 28 日，康王汪安钧溜出苏州，与攻城淮军将领程学启会面，洽谈叛降事宜。他们准备在主将谭绍光出城抗击时，将他关在城外。正巧，11 月 28 日深夜，李秀成率卫兵 400 人由望亭回到苏州城内，使叛将的计划一时难以实现。李秀成进入苏州之后，曾倡议放弃苏州和南京，将全部太平军转移至广西。这个倡议遭到慕王谭绍光的反对，他主张坚守苏州，奋战到底。其他诸王因为准备投降，也不同意李秀成的倡议。对于这批叛将，李秀成“久悉其有投大清之意，虽悉其所为，我亦不罪。闲时与其谈及……现今我主上蒙尘，其势不久，尔是两湖之人，皆由尔便，尔我不必相害。……现今之势，我亦不能留尔”（《李秀成自述》）。在这样严重的关键时刻，李秀成对叛降行动，非但未予制止，反而采取了极端错误的容忍态度。

李秀成见苏州城内军心散乱，乃于 12 月 1 日凌晨，带着痛苦而复杂的心情出胥门，离开苏州，由灵岩、光福山小路，回到了茅塘桥。他与谭绍光分手时，痛哭而别，也没有告诉他部永宽等准备叛降的事。

12 月 4 日，郜永宽等 8 名叛将，将谭绍光杀害，开城降敌，苏州城遂为淮军所占。2 天之后，这 8 名叛将，也全部被李鸿章处死。

李秀成在茅塘桥，得知了苏州失陷的消息，心情十分忧闷。他下令拔队西撤，到丹阳暂扎“那时我家弟李世贤兵屯溧阳，劝我前去，别作他谋，不准我回京。我不肯从。其欲出兵前来，逼我前去，不欲我回京。后见势不得已，见我母亲在京，难离难舍，骨肉之亲，故而轻骑连夜赶回京”（《李秀成自述》）。12 月 12 日，无锡失守，淮军攻占苏州、无锡后，准备进攻常州。

天京沦陷，国破人亡

同治三年 (1864 年) 6 月 1 日，洪秀全病死，幼主即位。此时的天京已经是危城欲摧了。到 7 月 19 日，清军通过地道用火药炸开城墙 20 余丈，冲入城内。太平军与清军展开激烈的巷战。次日，李秀成置母亲妻子于不顾，带领幼天王及千余人马突围，他舍死带头冲锋，几经血战，终于身护幼天王杀出城外，并将自己的坐骑换予幼天王，使之得以轻骑脱险，而他自己因战马不利，在天京东面的方山被清军俘获。无论是保护天王“骨血”的私谊也罢，抑或是保存太平天国革命“旗帜”的公义也罢，李秀成两皆无愧，堪称肝胆照人。

李秀成被俘后，被押解到曾国荃军营。曾国荃痛恨他坚守天京，久攻不下，命人拿来锥子，狠命地刺他，又叫刽子手用刀来割他，刺割得血流如注。但李秀成面不改色，山岳似的挺立不动，表现出威武不能屈的气节。5 天后，曾国藩由安庆抵达南京，亲自讯问了李秀成。

7 月 23 日，李秀成被解送到曾国荃军营。曾国荃一见李秀成，对农民起义军的仇恨就涌上心来。他身穿短衣，手握刀锥，便向李秀成胳膊腿上乱刺，直刺得鲜血流淌。然李秀成端坐不动，并厉声怒骂道：“老九! 何为如此？各人做各人事，何须生气？”李秀成藐视敌人的英雄气概，反使得曾国荃成了被审判者，不得不收刀歇手。

当天晚上，曾国荃的幕僚赵烈文去见李秀成，与其交谈良久。当问及他下一步打算时，李秀成毫不犹豫地回答：“死耳。顾至江右者皆旧部，得以尺书散遣之，免戕贼彼此之命，则瞑目无憾。”

三天之后，曾国荃做成了一个大木笼，将李秀成关在里面。

7 月 28 日，曾国藩自安庆赶到。次日，决定“取伪忠王详供”。

7 月 30 日，李秀成根据曾国藩的要求，开始写“自述”。当时正值炎暑，他身处囚笼，每天以书写 7000 字左右的惊人速度，回顾他自参加太平军到天京陷落这段长达 13 年的革命历程。他一连写了 9 天。8 月 6 日下午，李秀成在天京从容就义。据赵烈文《能静居士日记》记载，李秀成“写亲供五六万言，叙贼中事，自咸丰四五年后均甚详。虽不通文墨，而事理井井，在贼中不可谓非桀黠矣，中堂甚怜惜之。……傍晚赴市，谈笑自若，复作绝命词十句，无韵而俚鄙可笑，付监刑庞省三，叙其尽忠之意，遂就诛。”可惜，李秀成的绝命词，没有能够流传下来。

《李秀成自述》的最后部分被曾国藩撕毁了，另外，还有不少地方，被曾国藩删改过，但其大部原稿毕竟被保留了下来。在差不多 100 年之后，即 1963 年，曾国藩的曾孙曾约农在台湾世界书局把它影印公布了，我们得以看到它的真迹。经太平天国史专家罗尔纲先生翔实、充分的考证，肯定为李秀成的真迹。

至于李秀成自述的内容，其中的确有真有假，有的是因记忆错乱而造成的假，也有因出于欺骗敌人而故意作的假。有对有错，其中既有其坚持农民革命气节的思想，也有讨好敌人，以求得宽宥苟活的幻想。因此，人们在阅读和使用它的时候，一定要把它放到太平天国革命的大环境和李秀成处于敌人囚笼这小环境中加以分析判断。对李秀成这个历史人物，史学界历来褒贬不一，不过，从研究军事史角度而论，由于李秀成是太平军的前期将领和后期统帅，太平军所进行的一些主要战役和重大战斗，他都亲自参加了，并在《自述》中都有所记述和反映，因此，这份《自述》实际上成了一部太平军自己写的战争史，给我们留下了极为珍贵的历史资料。

我们从《自述》中可以看到，太平天国战争自金田起义到天京失陷的全过程。其中包括：太平天国金田起义前后的概况；太平军从广西打到金陵的约略经过；占领天京以后的战略决策以及参与防守天京、攻守庐州的情况；1856 年太平军解救镇江战役的战况，一破江北大营的战况，以及一破江南大营的战况。天京内讧之后，在军事形势严重恶化的情况下，他与陈玉成并肩作战，支撑皖北危局，扩大了根据地；1858 年举行枞阳会议，调集部队，组织了二破江北大营战役，参加了著名的三河战役；1859 年为保持天京北路畅通转战浦口、江浦一带的战况；1860 年组织进行的二破江南大营，东征苏常，开辟苏福省和一攻上海的战况；1860—1861 年参加二决西征和进军浙江、再克杭州的战况；1862 年二攻上海和“十三王”回救天京的战况；1863 年“进北攻南”和保卫苏福省的战况；1864 年困守天京，组织天京保卫战的战况。这一系列的战役、战斗，李秀成或是参加者，或是参与组织者，或是主要组织者，所反映的都是第一手的材料，从一个侧面反映了太平天国战争的全貌。我们可以设想，如果李秀成没有留下这份《自述》，太平天国战争史将会是另一番面貌，所留下的疑窦定将更多。

特别值得一提的是，他在回顾了太平天国全部历史之后，开列了天朝十误 (其实共十一项)。他在《自述》中写道：

计开天朝之失误有十：

一、误国之首，东王令李开芳、林凤祥扫北败亡之大误。

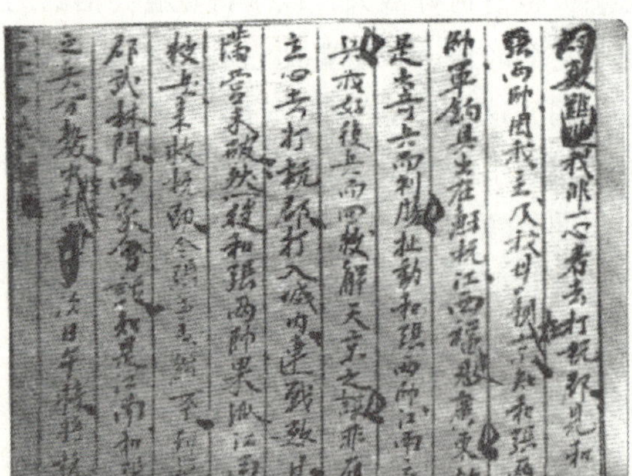

李秀成字迹

二、误因李开芳、林凤祥扫北兵败后，调丞相曾立昌、陈仕保、许十八去救，到临清州之败。

三、误因曾立昌等由临清败回，未能救李开芳、林凤祥，封燕王秦日昌复带兵去救，兵到舒城杨家店败回。

四、误不应发林绍

璋去湘潭，此时林绍璋在湘潭全军败尽。

五、误因东王、北王两家相杀，此是大误。

六、误翼王与主不和，君臣疑忌，翼起猜心，将合朝好文武将兵带去，此误至大。误主不信外臣，用其长兄次兄为辅，此人未有才情，不能保国而误。

七、误主不司政事。

八、误封王太多，此之大误。

九、误国不用贤才。

十、误立政无章。误国误命者，因十误之由而起，而性命无涯。

李秀成站在太平天国全局和军事战略的高度，回顾太平天国革命的全过程，总结了太平天国革命之所以遭到失败的十大（实际共11项）教训。所提到的这些内容，确是太平天国革命失败的关键所在。但是，通观历史过程，失误当不止这11项。其实，与李秀成自己有关的一些重大军事行动，如第二次西征半途而废，一而再地进攻上海，以及洪秀全到最后关头拒绝“让城别走”等，没有包括在内。这就反映出，李秀成在总结太平天国革命失败原因时存在的局限性。

在自述中，李秀成把自己描绘成一个“迷迷懵”的蠢材，朝秦暮楚的小丑，反反复复地表白写“自述”是因感戴曾国藩兄弟的恩德，又隐瞒天王对他的重任、掩饰回京的目的、掩盖担任主持坚守天京的任务，假造与天王的不和，最后表示，愿出面将部下陆续收齐、共降清朝。李秀成“自述”的真伪以及关于这份《自述》的评价是新中国成立以来史学界争论不已的大问题，毛泽东同志更有“忠王不忠”的重要论断。其实，如果仅仅是浮光掠影看这部自述，或仅从表面立论，很容易产生李秀成投降曾氏兄弟、至少是有乞活言辞的结论，但是，仔仔细细地分析，自述的字里行间，分明透露出李秀成坚定的革命立场与强烈的革命感情。在自述的开端，他就没有像其他叛徒一样使用清朝纪元，而是遵照太平天国的制度用甲子纪年，他对“让城别走”的大计讳莫如深，隐瞒了幼天王逃脱，湖州、广德军队的动向，为幼天王得以进入江西争取了时间。一生“铁胆忠心对主”、有着外柔内刚性格及谋略之才的李秀成，是决计不会投降清朝的。他之所以写了许多伪饰的话，是有他自己的政治目的的。在身俘被囚，再也不可能与敌人搏斗在战场时，只有用软计与敌斗争，他企图沿袭三国姜维伪降钟会的办法，让曾国藩像钟会一样听从他的计划。

李秀成半生戎马，血战多年，早已将自己的生死置之度外。被俘后，他十分清楚清军最终是会杀死他的。因此，他对伪降计，没有幻想，也没有幻灭，只是竭尽人谋，以图有济，走一步算一步，所以，他听到曾国藩要杀害他时，“无蹙容”地迎接死亡。7月6日，李秀成被押赴刑场，沿途，他“谈笑自若”，在遭受极其残酷的凌迟极刑时，默不作声，英勇就义。

对李秀成的评价

李鸿章对他的评价是：“伪忠王李秀成为诸贼之冠，不甚耐战，而最多狡谋。……狡狯异常、诡谲多谋、谋狡而稳……既深佩其狡猾，更积恨其忠勇。”

梁启超说：“李秀成真豪杰哉。当存亡危急之顷，满城上下，命在旦夕，犹能驱役健儿千数百，突围决战，几歼敌师。……及城已破，复能以爱马救幼主，而慷慨决死，有国亡与亡之志，推古之大臣儒将，何以过之，项羽之乌骓不逝，文山之漆室无灵，天耶，人耶？吾闻李秀成之去苏州也，苏州之民，男女老幼，莫不流涕。至其礼葬王有龄，优恤败将降卒，俨然有文明国战时公法之意焉。……使以秀成而处洪秀全之地位，则今日之域中，安知为谁家之天下耶！”

美国人马士（Hosea Ballou Morse）这样评价他：“他是忠王—忠贞的王—太平事业的主心骨，他专程从无锡远道赶来研究苏州的局势并激励军兵防御的士气。我饶有兴味地打量着他。他体格健壮，显然身经百战才身居高位。他神色威严，身穿便服，仅仅佩戴一串精美的珍珠，别无其他饰物。”

常胜军首领戈登评价：“如果你能有幸目睹忠王的风采，你就会相信，像他那样的人，注定会成功。不论抚台（李鸿章）、恭亲王还是别的满族王公贵族，在他面前都相形见绌。他是叛军拥有的最勇敢的、最有才能的、最有创业精神的领袖。他比其他任何叛军首领打过更多的仗，而且常常是打得很卓越的。……他是唯一的一位死了值得惋惜的叛军领袖。”

台湾首抚美名扬
——刘铭传

1884年中法越南战争，一位中国将领崭露头角，在台湾大败法军，让曾经不可一世的法国饮恨海峡，望洋兴叹，这位将领就是日后台湾的首任巡抚——刘铭传。

刘铭传出生于一个动荡的年代，所谓“乱世出英雄”，出身贫困的他，并没有选择大多数人走的路——科举功名。从小性格强悍的他，酷爱兵书，喜欢研究带兵作战。在镇压太平军和捻军的过程中，他所建立的“铭字”军立下赫赫战功。

刘铭传在中法战争中大败法军，使宝岛台湾免于被法国侵占的厄运，后刘铭传重视台湾防务，上书朝廷，终得朝廷重视，成为台湾省第一任巡抚。

刘铭传是海峡两岸共同景仰的英雄人物。

智勇双全，军中发迹

刘铭传，字省三，安徽肥西人，生于 1836 年 9 月 7 日。他出身于一个农民家庭，因为小时候得过天花而导致脸上留下了麻点，又因为他在兄弟中排行老六，所以当地人称他为“刘六麻子”。

刘铭传所生活的时代正是中国开始进入半殖民地半封建社会的时期，外国侵略势力凭借坚船利炮强行打开中国国门，对古老的中国进行政治、经济、文化等各个方面的侵略，中国社会矛盾日益尖锐。1951 年 1 月，轰轰烈烈的太平天国运动爆发。当时的清朝皇帝咸丰帝先后派出李星沅、乌兰泰、赛尚阿、向荣等名臣虎将前去镇压，皆因清政府所依赖的八旗兵和绿营兵战斗力低下，而以失败告终。1953 年 3 月，太平军攻陷南京，改南京为天京，洪秀全正式建立与清王朝对立的政权，而且还声称要推翻清王朝的统治。1957 年 6 月起，太平军先后攻占了安徽的安庆、桐城、六安、庐州等地，安徽巡抚也被太平军击毙，安徽团练大臣吕贤基自杀身亡。清王朝的统治岌岌可危。

太平天国轰轰烈烈地兴起所形成的所向披靡、摧枯拉朽之势，让各级地方上都各自办团练以求自保。面对如此富有生气的太平军，在家乡保卫乡里的刘铭传一度想加入它的行列，但是由于祭旗时狂风吹断旗杆，众人认为是不祥之兆，只好作罢。对于清军与太平军的火拼，刘铭传采取了坐山观虎斗的中立态度。太平军攻陷六安和庐州时，他都是不参加任何一方而绝对中立。

当时合肥县知县英翰在合肥县城被太平军占领后曾逃至西乡向刘

铭传求救，但刘铭传坚决予以拒绝。不久刘铭传因此事被清政府逮捕入狱，但不久被赦免释放。刘铭传被赦出狱后，因感激朝廷的不杀之恩，加之他的家乡合肥在清军与太平军的拉锯战下，亦成为灾区，所以他决定率领所部团练归顺朝廷，投入对太平军作战的行列。而此时由于太平军的势力越来越大，清政府寄希望于各地组织的“团练”，刘铭传这几百人的队伍很自然地成为当地办团练者拉拢的对象，而刘铭传此时也急于寻找日后的出路，两下里一拍即合，刘铭传遂成为本乡团练的小头目。从此他的人生道路出现转机，他开始效忠清王朝，镇压太平军以维护大清王朝的统治秩序。

此后，刘铭传一方面招兵买马、积谷练兵，扩充自己的实力；另一方面效忠清廷，积极镇压北方黄河流域的捻军和南方的太平军。他所训练的军队基于对敌作战的需求，迅速地接受西式枪炮，学习西方练兵操法，成为后来湘军、淮军接受类似训练的典范。1859 年 9 月 1 日，太平军一部攻打合肥的长城镇、官亭，刘铭传奉命率部“协剿”，将太平军击退。后被安徽巡抚福济褒奖为千总，赏五品顶戴。1861 年 11 月，李鸿章奉曾国藩之命在合肥招募勇丁，编练淮军。刘铭传受荐组织一支 500 人的队伍，号称“铭字营”，随同出发。1862 年，刘铭传率所部加入李鸿章的淮军，这支队伍号称“铭字营”。与淮军中的其他队伍一样，“铭字营”也是依靠宗族关系组织起来的，在这支队伍中，刘铭传职位最高，辈分也最高，这种既是长官又是长辈的关系，使他更容易驱使部下。

1862 年 4 月，李鸿章奉命援上海，刘铭传带着“铭字营”，乘英国轮船由安庆到达上海。李鸿章到达上海后，便着手更换军械。至 9 月，“铭字营”中小枪队已改为洋枪队。以后，全营都换成清一色的洋枪。11 月，刘铭传聘请法国炮兵军官毕乃尔教演洋枪，后来又四处购觅新式炸炮，委任他充任亲兵炮营营官。随着武器装备的改变，作战形式也就改为在开花炮队掩护下由洋枪实施突击的新式战法。刘铭传先后参与了进攻上海外围和苏南的太平军，攻占了南汇、川沙、江阴、无锡、常州等城镇，由于他指挥有方和所部团练（“铭字营”，后改为“铭军”）作战勇猛，在镇压捻军和太平军的军事行动中屡立战功，尤其是在镇压太平天国的战争中，指挥出色、成绩卓著，所以地位不断得到迁升，从千总五品顶戴经都司、游记、参将，一直升到记名提督、头品顶戴，深受李鸿章和曾国藩的赏识与器重。他所部的“铭字营”发展成左、中、右三军，每军6营，共18营，加上炮队、亲兵队和募僚人员，总兵力达七八千人，成为淮军的主力之一。

清同治三年（1864年）对清王朝和刘铭传来说都是不平常的一年。这一年太平天国运动被扑灭了，清朝的肘腋之患终于去除；而刘铭传也由于在镇压太平军中的出色战绩赢得了极大的荣耀。就在这一年，刘铭传攻陷了常州，生擒并处死了太平天国护王陈坤书，因为这一大功，他被赏穿黄马褂，晋升为直隶总督。就是在这一年刘铭传率部占领常州后，住在原太平军将领陈坤书的护王府。一天夜里，刘铭传听到院子里有金属撞击之声，急呼亲兵到院中搜查，结果发现是马笼头上的铁环撞击马槽发出的声音。他命亲兵将马槽移开并刷洗干净，这才发现原来是一个铜盘，上面还有蝌蚪形的文字。后经人鉴定，这个铜盘叫“虢季子白盘”（现藏中国国家博物馆），是西周时期的宝物。刘铭传自然十分高兴，告诉家人妥善保管。后来刘铭传回乡养病（原拟3个月，实际赋闲13年），各地名士纷纷慕名参观此盘，刘铭传也很是得意。据说这个消息被光绪帝的老师翁同龢知道了，这位酷爱古文物的老夫子赶紧派人游说刘铭传，说是愿以重金购买，结果被刘铭传一口回绝。后来，翁同龢又派人向刘铭传表示结好之意，刘铭传知道醉翁之意不在酒，谢绝了这种好意。这下彻底惹恼了翁同龢，也为刘铭传以后的官场生涯埋下了祸根。

刘铭传也是一位自学成才的儒将，他看到被士兵当马槽使用的“虢季子白盘”底部有古文字，“读之不能尽晓”，意识到“非寻常物也”，秘运回家，后来又多方找到金石学家吴云的考释，自写“跋语”，编印成《盘亭小录》一书，昭示世人，并在故居刘老圩造“盘亭”珍藏，即已显示出他较高的文化素养和文物鉴赏能力。

太平天国被镇压几个月后，1864 年 12 月，“铭军”奉命移师安徽六安、霍山一带，参加镇压捻军的战争。刘铭传鉴于僧格林沁马队全军覆没的教训，向“剿捻”主帅曾国藩提出“定长墙圈制与扼要设防、分道兜剿”的建议，被曾国藩采纳，于是以运河、黄河、贾鲁河、沙河、淮河为界，沿河筑起长堤碉堡，分兵防守。刘铭传部负责防守从周家口到槐店（今河南沈丘）的地段。为了追击捻军，刘铭传率先组建了马队，配备了双响短洋枪，但仓促组成，远不如捻军的骑兵。

1866 年 9 月，捻军突破清军沙河防线，曾国藩计划宣告破产。12 月，淮军统帅李鸿章接办“剿捻军务”，他继续沿用曾国藩的故技，用“扼地兜剿”之法，重新策划对捻军的围攻。1867 年正月，李鸿章为了剿灭东路捻军，和曾国荃商定采取分进合击的策略，淮军方面的刘铭传率“铭军”西上，曾国荃派鲍超率“霆军”东下，在尹隆河一带对东路捻军形成两路夹击之势。刘铭传与鲍超约定正月十五日上午七时出兵，但为了争头功，刘铭传率部上午五时就出发。结果，“铭军”与捻军遭遇，被杀得大败，刘铭传与幕僚逃入一个废堡，脱去衣冠，坐地待死，险些成了俘虏。这时，鲍超的“霆军”赶到，架劈山炮连环轰击，将包围刘铭传残部的捻军击退，不仅救出了刘铭传及其残部 2000 余人，而且使战役反败为胜（尹隆河战役）。但刘铭传却推卸责任，一方面责备部下刘盛藻“浪战轻敌”，另一方面责备鲍超未能按时赶到合击敌军。结果李鸿章据此上奏朝廷，使得刘盛藻和鲍超受到严厉处分。鲍超本来等着朝廷嘉奖，不想却差点儿丢了脑袋，真是又急又气，当即晕倒。后来，鲍超抑郁成疾，回乡养病，从此一蹶不振。这一事件引起包括曾国藩在内的湘军将士对刘铭传的强烈不满，李鸿章也十分被动，不得不出面上奏朝廷为鲍超请功。虽然事情总算得以平息，但刘铭传以怨报德的行为却让包括同僚旧友在内的人们觉得过分。他以后长期赋闲在家不被起用，不能说与此无关。

1867 年 6 月，东捻军在赖文光、任化邦率领下渡过运河进入山东半岛，兵锋直指烟台。刘铭传整天疲于追击，不见成效，遂提出“守运河、进扼胶莱”的毒计，企图将捻军“挤入登、莱海隅，趁势围逼”。李鸿章采纳了他的建议，在胶莱河近300里的地段上，部署了近百营的重兵把守，在河西修筑长墙壕沟，每营负责3里宽的防御正面。8月，清军王心安部营垒建成，河墙未筑的情况被捻军侦知，于是捻军趁机由此突围，向南转移。刘铭传紧追其后，先后在淮县、赣榆大败捻军，并收买叛徒杀害捻军领袖、鲁王任化邦，使东捻军元气大伤，于年底败亡在扬州东北瓦窑铺。东捻军被围告急之际，正在陕北作战的西捻军闻讯回救，取道山西，进入直隶，威胁北京。清政府慌忙调集多路清军围追堵截。而刘铭传则怨恨朝廷赏罚不明，愤而南还合肥养病，在曾国藩的坚决催令下，方于1868年7月27日回到铭军老营，参与镇压西捻军。

这时西捻军在各路清军的围堵下损失殆尽，又局处黄河、运河，陡骇河间狭窄地域。8月16日，刘铭传部淮军和郭松林部湘军，与西捻军在陡骇河边决战，西捻军覆败，领袖张宗禹不知所终。在镇压太平军和捻军的血腥战争中，刘铭传的“铭军”已扩编为1.2万余人，分步、骑、炮诸兵种，全部装备了洋枪洋炮，成为淮军及整个清朝军队中一支十分凶悍的武装。刘铭传攻打北方的捻军，历经数十战，屡立战功，受到清廷的极大奖赏，清政府先是赐予他三等轻车都尉世职，又封他为一等男爵，他的祖上三代也因为他立下的丰功伟绩而被朝廷追封为一等官爵，实现了他少年时“大丈夫当生有爵死有谥”的誓言。到这个时候，肥西刘家的名声响彻天下。

同治五年（1866年），在镇压捻军的戎马生涯中，刘铭传出人意料地编辑出了一卷诗集《大潜山房诗抄》，收录自己几年来的诗词作品114首，曾国藩序言曰：“省三所为七律，往往以单行之气差于牧之为近。”“省三用兵亦能横历捷出，不主故常。将其诗风比之于晚唐著名诗人杜牧，亦与其独特用兵风格相类。”大意是说刘铭传的诗风近似于唐代大诗人杜牧，这个评价颇为难得。此诗集两年后刻板刊印，成为淮军诸将第一本诗文集，名噪一时。刘铭传因此获得“儒将”的赞誉。连帝师翁同龢也说他是“淮军中的名士”。刘铭传不仅在军事指挥上有方、作战勇猛、出奇制胜、功勋卓著，而且在文学上也有自己独到的造诣，真可谓是难得。

赋闲在家，不忘忧国

同治六年（1867年），清廷派左宗棠为陕甘总督并督办陕甘军务，镇压当地的捻军和回民起义。同治八年（1869年）十二月，回民起义军击毙左宗棠爱将刘松山，一路南下。慈禧太后急命李鸿章入陕督办军务。左宗棠与李鸿章有隙，不愿让他插手，便指使手下奏报陕西“匪患”已经肃清，则李不必西来。李鸿章也不想自讨没趣，因此派刘铭传前往。左宗棠对此也深表不满，不愿刘铭传插手其中。刘铭传自然对左宗棠的阻挠也不满，此时又接到慈禧太后命令他随时密报左宗棠军情的密旨，因而对左宗棠上奏不实之处予以揭露。左宗棠得知内情，与刘铭传交恶。后来刘铭传到台湾督办军务时，左宗棠进行了报复。

1870年年底，刘铭传率领铭军进入陕西，协助左宗棠率领的湘军镇压回民起义。但是，不巧的是，刘铭传这时候患了严重的头风病，病发时头若刀割疼痛难忍。为此刘铭传向清政府请假，请求回乡养病3个月。1871年10月，清廷批准了他的请求。但是，令所有人都没有想到的是，他到家后不久，驻扎在陕西的铭军突然发生哗变，几天内逃亡溃散殆尽。朝廷闻此，大怒，要治刘铭传的罪，下旨把他革职处分。后来虽然经直隶总督李鸿章等从中斡旋，刘铭传又得以官复原职，但是清政府以他的病未愈为由，长期不起用他。

在派系林立的晚清官场，互相排挤与掣肘的事实在是司空见惯，即使像左宗棠、翁同龢、刘铭传这样的晚晴名臣也不能避免。刘铭传大概是厌倦了官场中的相互倾轧、尔虞我诈，加上确实有病在身，遂提出休假回乡静养。清廷此时也来了个顺水推舟，使刘铭传的假期从 3 个月“延长”到 13 年。由此，刘铭传开始了长达 13 年的赋闲在家的生活，直至中法战争爆发。

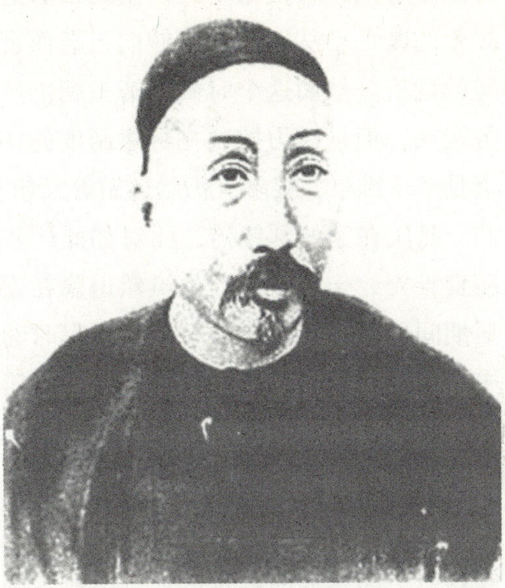

刘铭传

赋闲在家的刘铭传备受冷落，他也适应了这种退隐恬淡悠闲的生活。不过树欲静而风不止，19 世纪 70 年代的中国，边疆危机四起。西方列强的侵略，打乱了刘铭传幽静恬淡的退隐生活。这一时期，西方列强开始了第二次工业革命，工业革命使得西方列强对外政府的能力和要求更加强烈，西方国家掀起了争夺殖民地的浪潮。在这个世界性浪潮中，处在世界东方的中国以及周边邻国就像一块大的肥肉，成为西方列强竞相争夺的主要目标。

首先，俄国侵略中国新疆，1871 年沙皇俄国派兵侵占了新疆伊犁等 9 座城池，中俄关系紧张，中国西北边疆出现严重危机。接着日美两国勾结，日本在美国支持下，于 1874 年派兵 3000 人侵略我国台湾地区，虽然未能如愿，但是清王朝的属国琉球被日本吞并。1876 年日本迫使清王朝的属国朝鲜签订了不平等的《江华条约》。1875 年，英国侵略缅甸，并北上入侵我国云南地区，制造了“马嘉里事件”，并于次年迫使清政府签订了不平等的《中英烟台条约》（又称为《芝罘条约》）。法国也在 19 世纪 70 年代疯狂地向越南北部扩张，企图逐步吞并整个越南，并侵略中国西南边疆。这样，西方资本主义列强的侵略扩张的魔爪已从四面八方伸向古老而衰弱的中国，中国边疆出现了严重的危机。然而这个时候的清王朝仍然没有太大的振作，虽然兴起洋务运动，但是极力控制在封建制度的狭隘框架之下，古老中国的进步真是举步维艰，很多人仍然还做着天朝上国的美梦。

赋闲在家的刘铭传，面对如此严峻的边疆危机与民族危难，真是寝食难安、坐卧不宁。他虽然退隐在家，但仍然心系国家与民族，乡居期间他把早年镇压太平军、捻军时的文书一把火烧掉，埋头博览群书，尤其注重有关西方科技文化的书籍，他阅读了大量的西方书籍和报刊的中文译本，对当时的中国局势与世界形势有着较为深刻的把握。严峻的边疆危机和国家危难激起了他强烈的爱国之情。面对如此严重的国家危难与民族危难，赋闲在家的他每每想到老之将至而不能为朝廷效力、保家卫国，就很是苦闷，“谋国已苍元老鬓，荷戈渐白少年头”是他当时心情的真实写照。

借酒消愁愁更愁，每逢酒酣之时，刘铭传更是感叹于国家危难与个人抱负。这期间，为了排忧解闷，刘铭传经常游历江南、结交文人名士，他经常与徐润、薛福成、陈宝箴等具有改良思想的知识分子商讨国家与民族的现状与出路以求国家富强。事到伤心处，他拍案惊呼：“中国不变法、罢科举，火六部例案，速开西校，译西书以厉人才，不出十年，事不可为矣”，这种直率深邃的见解在当时是不多的。

1880 年，清政府以沙俄侵占伊犁，并对中国进行武力威胁为由，召刘铭传入京征询对策，并准备必要时派他统兵对俄作战。刘铭传借这个机会，呈上思虑已久的《筹造铁路自强折》。他认为：铁路不仅利于漕务、赈务、商务等各行各业，而且可以迅速提高清军的机动能力，使 18 省合为一气，一兵可抵十数兵之用。可惜这一正确建议未被以慈禧太后为首的清廷采纳，刘铭传还是不能施展抱负，依旧返归故里“疗疾”。但是，尽管如此，通过与改良名士和洋务高手的交流，刘铭传的思想大大开阔；西方思想的熏陶也使他改变了以往隐退淡泊的处世态度，开始了探索国家富强的道路。

台海危急，铭传受命

19世纪后半期，灾难深重的中国正值多事之秋，内忧外患接踵而来。内部的农民起义等群众性反抗斗争不断，外部西方殖民者意欲瓜分中国、争相吞下中国这块肥肉。1883年，法国为完全霸占越南，进入中国西南边疆并寻衅滋事，最终挑起了中法战争。

法国早就垂涎越南，但越南向来是中国藩属。由于中国西南边疆守卫的清军和刘永福领导的黑旗军的顽强抗争，法国在越南的作战并无突破性进展。为此，法国茹费理内阁决定出动海军，直接攻击中国本土，将战争扩大到中国东南沿海地区，以此要挟清廷从越南撤军并支付巨额赔款。于是，法国海军远东司令孤拔率领一支舰队开往中国福建和台湾一带进行挑战性的侵略活动。

1884年上半年，法国先后8次派出全副武装的舰队，闯入中国福建、台湾沿海进行挑衅活动。这些军舰在中国领海内肆意停泊达数十天，并在福州、厦门、基隆等港口游弋示威，横冲直撞，严重无视中国主权。这些军舰有时还卸去炮衣、瞄准港口或者进行登陆作战的演习以此作为空暇讹诈的手段，有时他们甚至派水兵上岸无理取闹、肆意挑衅。

1884年4月，法军派遣军队窥探基隆港，军舰“伏而达”号开进基隆港，3名法国官兵上岸登山后观察地形，并企图进入基隆清军炮台，被中国驻台湾基隆守军及时制止。法国侵略者还以炮轰基隆相要挟，强行买去一千担煤。至此，法国侵略者对台湾的侵略野心已经暴露无遗，中国东南边疆危机！台湾危机！

清廷自康熙年间在台湾设府，实行直接控制后，台湾政治、经济、军事等方面较前有了发展，同时台湾作为清政府的东南屏藩，也对维护清主权起到巨大作用。但是清廷对台湾的作用并没有给予足够的重视，长期以来认为台湾无足轻重，对台湾问题持消极态度的人在清廷中一直大有人在。台湾是中国第一大岛，是中国东南海防的前沿阵地，战略位置相当重要。台湾海峡是中国东南沿海港口的天然屏障，对保障东南地区安全稳定具有重要战略意义。法国侵略者侵略台湾的战报传到京师，震惊朝野，清议沸腾，朝臣围绕战和问题形成两派，相持不下。

在清朝统治集团内部，以左宗棠、张之洞、曾纪泽（曾国藩之子）为代表的主战派主张朝廷采取针锋相对的抗法方针；而以李鸿章为代表的主和派却主张对法妥协并意欲求和。1884 年中法战争爆发不久，法舰威逼台湾，举国一片惊慌，清廷中舍台、弃台，置台湾澎湖地区于不顾，赶快议和的主张更趋流行。在此情况下，刘铭传挺身而出，担当起保台御侮的重任。在赴台前，刘铭传上了一道奏折，明确表明自己态度，对清廷中主张舍台、弃台的主和派进行了猛烈抨击。他说："应思伊犁和而兵费赔偿，天津和而义民受戮，台湾和而琉球坐失，越南和而藩服无存。"如果此时再置台湾澎湖地区于不顾，主张议和，就只能是"剜肉补疮，期陵胡底"。当务之急是立即整饬台湾海防，加强台湾军备，以打退法国侵略者的进攻。

面对危急的局势，在两次鸦片战争中被西方列强的坚船利炮所打败的清政府非常恐慌，不得不做两手准备，一方面派人向法国求和，另一方面做一些军事上的准备。在主战派的力促下，清廷当即决定派能臣勇将赴台湾镇守。在曾国荃等人的大力推荐下，清政府最终决定让退隐已久并坚决主张保台的刘铭传重新出山，派遣他统兵赶赴台湾以负担起抗击法国侵略者、保卫祖国东南国土的神圣职责。

1884 年 5 月，已经赋闲在家长达 13 年的刘铭传得到朝廷召唤他赴台抗法的消息，随即踏上了北去京师的路程。他深深地明白：天下兴亡，匹夫有责，能够为国家和民族利益而死，死得其所！

来到北京，以慈禧太后为首的朝廷急着要召见他，他的老上司淮军首领李鸿章此时也急着见他。1884 年 6 月，刘铭传一路风雨兼程地来到天津拜会直隶总督北洋大臣李鸿章。出于多年的交情，李鸿章设宴盛情款待，为他接风洗尘。他们一边吃饭，一边叙旧，作为时隔多年的老部下在这种国家危难之时与老上司见面，刘铭传的心里真是百感交集。怀揣着家国之恨，刘铭传不禁谈到开赴台湾抗击法夷、保卫祖国东南疆土的内心感受，李鸿章则表示与法国交涉一事将非常棘手，中法之间在日后必然会有一场恶仗，而且台湾孤悬海外远离大陆，而且人力、财力匮乏，刘铭传此去风险极大，搞不好就会打败仗弄得身败名裂、贻笑大方。

李鸿章想借此打消刘铭传赴台的念头，希望把他留在自己身边帮助自己办理北洋海军事务，并且他表示只要刘铭传同意，他将想办法帮助刘铭传辞去督办台湾军务这一职务。呼吸着国难的空气、义愤填膺的刘铭传听后哈哈大笑，当场谢绝了李鸿章安排的为其帮办北洋军务的美差。其实，刘铭传又何尝不知道留在李鸿章身边帮办北洋海军军务与以巡抚的名义开赴台湾帮办军务两者有着天壤之别：帮办北洋军务一职实权在握、人身安全有保障；而赴台帮办军务没有实权而且还相当危险，以后升迁还要看战争能否胜利。但是尽管如此，刘铭传毅然选择了后者，“苟利国家生死以，岂因祸福避趋之”，林则徐老前辈的这句至理名言刘铭传一直记在心里，每每想到此，他就热血沸腾。他如此的选择，使他的爱国情怀和无畏的勇气跃然纸上，这也成就了他一世的英明与伟大。

巧渡海峡，严阵以待

受命于危难之际的刘铭传星夜就道，匆匆赶赴上海，准备从那里渡海赴台。然而，赴台之路注定是艰辛的，面对复杂多变的形势和狡诈阴险而又实力较强、装备精良的法国侵略者，刘铭传不仅要和他们斗勇，还要与其斗智，这对刘铭传是一个巨大的考验。而他在赴台之路上经受住了此次考验，最终运用谋略得以成功赴台着手进行战争准备。

为了麻痹敌人，1884 年 7 月 12 日，刘铭传到达上海后就立即以两江总督曾国荃副手的身份参与到中法两国的谈判之中。这是因为就在刘铭传到达上海的当天，法国驻北京代理公使谢满禄奉命向清政府发出最后通牒，主要内容是中国军队必须限期从越南北圻撤军，并赔偿法国军费 2.5 亿法郎，否则法国将以武力占领中国东南沿海几个港口作为要挟，还狂傲地要求清政府在 7 日内作出答复。面对这一赤裸裸的威胁，清廷急忙派遣两江总督曾国荃作为全权代表赴上海与法国代表巴德诺谈判，以请求法国延长最后通牒的期限。刘铭传到达上海后接到这一消息，深感时局的严重性，距离最后通牒期限只有 7 日，而装载大量军需品、粮饷的船只还在上海，必须设法尽早运到台湾以做好抗法准备。但是此时法国远东舰队正在中国东南沿海一带游弋，密切关注中国的动向。法国人得知刘铭传承办台湾军务的消息后决定在上海刺杀他，情况变得异常严峻，一旦刘铭传等人暴露真实的计划安排，不仅打草惊蛇导致赴台计划泡汤，而且刘铭传等人自身性命都会难保。

根据来自法军内部的确切情报，法国远东舰队已经做好准备，一旦法国巴德诺发来关于刘铭传渡海赶赴台湾准确行踪的电报，就会在海上以突然袭击的方式将刘铭传所率领的赴台船只全部击沉。为了保证提供粮饷军需的船只顺利赴台，刘铭传采纳了其侄孙刘朝宗的建议，让刘朝宗带领部分船只先期渡海赴台，刘铭传自己则继续留在上海与法国公使兼高级间谍巴德诺谈判周旋，一方面迷惑敌人，另一方面掩护刘朝宗船只顺利抵达台湾。

巴德诺见刘铭传来到上海就主动去拜访他，询问其赴台出发日期。刘铭传盛情款待了巴德诺，在与他共同宴饮期间，刘铭传巧施计谋，装出一副很害怕法国人的样子，声称征集了大批水师来保护自己，并向巴德诺透露在某日大批水师齐聚后才乘坐某只军舰离开上海赶赴台湾。巴德诺虽然将信将疑，但也因此放松了警惕。

7 月 14 日这一天，上海风雨交加、电闪雷鸣，瓢泼大雨淹没了一切声音与行迹。巴德诺凭借自己的直觉作出这样的判断：今天天气如此恶劣，风雨交加，刘铭传没什么准备而且还胆小怕事，应该暂时不会离开上海。但是小心翼翼的巴德诺还是派出密探去查访刘铭传所征集的水师有没有齐聚上海，在得知没有的消息后，巴德诺更加确信刘铭传在这样一个恶劣天气不会离开上海了，于是他高枕无忧地睡觉了。

真是天赐良机，就在这天夜里，刘铭传乔装打扮成老农民模样，冒着瓢泼大雨，先坐上一只小船，然后历经跌跌撞撞，最后登上了一艘生火待发、准备就绪的舰船，火速驶往台湾。2 天后，巴德诺在谈判桌上见不到刘铭传的身影，于是满心狐疑，派密探出去打听，在得知刘铭传早已经离开上海驶往台湾时才知道自己已经上了刘铭传的当，气得咬牙切齿，大骂刘铭传，并立即电令孤拔派军舰火速追赶刘铭传的船只。但是上苍不会给巴德诺这个机会了，法国军舰虽然速度极快却败给了时间，2 天的时间刘铭传已经渡过海峡成功抵台，由此开始了在台备战抗法的新征程。

经过 2 天的海上颠簸，刘铭传终于如愿以偿得以抵达台湾基隆港。到达基隆后，刘铭传就只争朝夕地进行抗法准备工作。此时他心中只有一个信念：一定要赶在最后通牒期限到达前把抗法备战工作做好，守住台湾每一寸土地，打退打败法国侵略者以报效朝廷、捍卫国家的荣誉与利益。他带领随行人员审慎观测台湾地区的山川形势与地理特征，经勘测发现，台湾东部多巍峨险峻的高山，西部多为平坦开阔的平原，而且东部高山靠近海岸，海岸多为几乎垂直的大断崖，面临太平洋没有适合作为停靠船舶的良港。台南地区也只有高雄为良港，其他地方也不适合船舶停靠；台北地区则良港较多，船只非常适合在台北各港口停靠。法国侵略者远渡大洋侵略台湾，全靠坚硬船舰及其先进火器，想到这些，刘铭传审时度势、高瞻远瞩地分析到，法军进攻台湾的重要目标应该是台湾北部的基隆和淡水两个良港，应该把布防的重点放在台湾北部尤其是基隆和淡水这两个港口，于是他力排众议把布防重点放在台湾北部。

台湾虽然是中国第一大岛，但由于清政府海防意识和海上力量的薄弱，台湾的防务尤其是台北地区的防务可谓相当单薄。能不能迅速增强台湾军务海防力量与调整防务布局是对刘铭传的一个巨大考验，也是关乎台湾地区安全稳定的大事。当时台湾的全部守军共有 40 个营，2 万余人，但是他们要负责保卫 2000 多里的台湾海疆，而且装备极差，炮台的火炮长时期短缺，甚至连只像样的船舰都没有。

当时任台湾道台的湘军首领刘璈还把全部台湾守军 40 营清军中的 31 营部署在台湾南部，台湾北部仅有守军 9 营，包括孙开华所部 3 营和曹志忠所部 6 营，而且每一营的精壮战士只有 300 余人。更让人气愤的是，从福建拨付过来的用于运输粮饷军用物资的 4 艘破旧兵船还在福建、上海等地，全无兵船回防的消息。台湾北部重要港口基隆的炮台则是样式陈旧、炮位地势低下，而且仅仅只有五门炮，就是这样的五门炮不仅射程极近还只能正面防守，而不能抵挡法国侵略者从两面发起的进攻，由此可见这样的炮台是不足以抵挡法军入侵的。

但是刘铭传并没有被台湾布防的困难局势所吓倒而退缩，相反，他在台湾地区武备缺乏、法军严密封锁的条件下积极布防、苦苦支撑着危难的局势。刘铭传知道，沧海横流，方显英雄本色，一个顶天立地的大丈夫就要有挽狂澜于既倒、扶大厦之将倾的勇气与意志。基于强烈的历史使命感和赤诚的爱国之情，刘铭传迅速调整布防、积极谋求各方支持与援助，以期在法国侵略者发起进攻之前做好充分的战备工作。

首先他紧急召唤旧部章高元，要求他率领武毅军由台南开赴台北以增强台北防务力量。同时在淡水港铺设水雷，在高雄港填塞航道，在妈宫水域下暗设锁链以达到拦截法国侵略者船舰的目的。随即刘铭传又在原先台湾已有布防的基础上，将台湾划分为几个防区，派专人负责防守。台北的两大重要港口基隆由提督孙德胜、邓长安会同曹志忠所部守军负责把守，淡水则由提督孙开华会同浙江候补知府李彤恩负责防守。

刘铭传意识到自己孤军奋战是不行的，必须争取一切可以争取的力量以取得抗法战争的胜利，于是他开始四处寻找援助。他请求两江总督曾国荃从上海调拨前门炮 11 尊，后门小炮 20 尊，水雷数十具，以此加强台北的防御力量。他还奏请朝廷请求拨付白银 40 万两作为经费购买大炮与后门枪，又奏请朝廷下令把福州船政局的澄庆、靖远、开济、登瀛洲 4 艘轮船由上海拨回台湾，以加强防备力量、提高作战取胜的把握。此外，还在上海设立台湾军械粮饷总局，以完善台湾的后勤供应，为对法长期作战做好充足的物资准备。

刘铭传做了大量的抗法保台的战争准备工作，但是由于清政府以及台湾本身的基础力量有限，仍然受到兵力不足、军械粮饷弹药缺乏等客观因素的极大限制。刘铭传召集部下集思广益，大家一致认为要发动百姓，进行全民战争，为此他号召全体台湾老百姓团结起来、一致对法，各尽所能共纾国难。“中华儿女多奇志，敢教日月换新天”，在刘铭传的号召下，台湾士农工商百姓有钱的出钱、有力的出力，大家同仇敌忾、抗法热情空前高涨，纷纷组织起来以实际行动为抗法保台伟大斗争贡献力量。

台北淡水的梨园弟子张阿火武装了一支 500 多人的火枪队，以此协助清军守护淡水港；彰化人林朝拿出家中所有钱财自行购买粮食枪炮并组织了一支500余人的精锐队伍，开赴前线，为国效力；武举人周钰谦、王庭理利用自己的影响与威望，组织了一支300多人的队伍摩拳擦掌、严阵以待来犯的法国侵略者。台湾官员也纷纷行动起来，捐银捐物支持抗战，仅内阁侍读学士林维源一人一次就捐银20万两，并承诺日后会再捐数十万两。为了增强民众的战斗力，刘铭传又把已经动员起来的民众编入团练，推行团练制度，分设陆团和渔团，陆团在陆上严格把守、对抗法军，渔团则活跃在海上巡逻守卫，随时通报敌情。内阁侍读学士林维源担任团练大臣，主管团练有关事宜。这样，台湾民众在刘铭传的动员下以团练的形式组织起来，并纷纷表示发挥各自所有力量保家卫国誓死与法国侵略者周旋到底。

但是当时守护台北台南三大港口即基隆、淡水、高雄的清军分别属于湘军、淮军两个系统，而且两大军事系统的军将之间不睦，经常明争暗斗相互拆台，影响团结抗战大局。刘铭传有鉴于此，从大局出发，一切以国家民族利益为重，旗帜鲜明地要求团结进步反对分裂退步。他尽最大努力破除两派之间的旧怨，使其捐弃前嫌一致对外，对湘军将领孙开华、曹志忠等人开诚布公，信任有加，给予他们更多的军事指挥权，使其更加自主地应变时局、发挥才智。

这种以大局为主、待人以诚、大公无私的做法，使得刘铭传深获广大湘军战士的好评与拥戴。孙开华、曹志忠等湘系将领也为刘铭传的公允大度深深感动，他们纷纷表示一定要在将来的对法战争中不畏艰险、奋勇杀敌，坚决将法国侵略者赶出中国。就这样，在刘铭传的身体力行的倡导之下，台湾守军各派系之间以及台湾军民之间空前团结、同仇敌忾，一致对法抗战的形势已经形成，轰轰烈烈的抗法保台斗争在台湾各地开展起来。

所谓“知己知彼，百战不殆”，在动员台湾官兵民众团结一致行动起来对法作战的同时，刘铭传还精心研究法国侵略者的军事情报，以预测分析掌握法军的作战计划与目标。根据获得的军事情报，刘铭传等认为法国侵略者攻击台湾的主要目标将是基隆和淡水两个港口。基于这种考虑，他亲自赶到这两个港口，询问港口战备情况，督促清守军加强兵力与炮台的配备工作并严格加以考核监督。

经过他的巡视，两地的防御能力有所增强。其中基隆港方面，在原来社寮岛旧炮台的基础上，刘铭传又督促当地守军增修了包括社寮岛新炮台、仙人洞炮台、二沙湾炮台在内的3座新式炮台，其中的社寮岛新炮台掩体用20厘米钢板和混合灰砌筑，可俯视并控制基隆港的出口，配置了17厘米的克虏伯炮、18厘米的榴弹炮、滑腔炮14门，是3座新炮台中最先进的。

刘铭传又在基隆街内设置了营务处，负责统率与管理所属的10个营约3000人，该处由记名提督苏得胜负责，而这10个营的守军则将被派往基隆仙人洞、基隆小炮台、二沙湾、义重桥、小基隆山、小基隆山联营等地驻守以便随时对法作战。二沙湾地处最前沿、是敌人入侵首当其冲的区域，是一个极其危险的位置，必须派遣合适的官兵把守，有鉴于此，刘铭传为大局考虑，派自己的旧部将“统领铭字武毅右军正营记名提督”章高元和“统领铭字武毅右军副营记名提督”毕长和2人率领清军负责把守并严阵以待。

淡水港方面，刘铭传在巡视后，在原有的一座沙仑旧炮台的基础上，又下令立即增修油车口和中仑2座新炮台，配置八门新式火炮。淡水一地的守卫工作由湘军守将孙开华率领所部的8个营2400余人负责，他们分别驻扎在油车口、沙仑、水雷局、水税等地方，严防死守、枕戈待旦。由于淡水港港道宽阔，法军可以很容易闯入，不易于清军守护，所以刘铭传下令用船装运大型石块至出海口填塞出海口，以防止法国侵略者突然闯入港内袭击，并在沙仑构筑城垒以抗御法军入侵。为搞好部队的训练和事务，刘铭传在台湾实行练兵整军政策，其第一个措施就是裁撤军队，依汰弱留强原则，“将无用的绿营冗兵裁撤下来，让他们担任盐务、厘金、邮政、地方保甲局和开山凿路事务”，然后把剩下的4500余精兵重新编为35营，分驻在台湾各地。这样既节约了粮饷，又提高了驻台军队的战斗力。第二就是聘请洋人担任教官，依照西法训练军队。部队兵士“各具洋式军械”，日日进行操典、射击等练习。第三就是严格考核制度。刘铭传规定，“一年内对带兵的统领考查2次，以枪法的精粗和军纪的好坏为赏罚准则。凡操练不力或染有不良嗜好者，不论军职高低，一律予以革职”。第四就是为安定军心，改革后勤保障体制机制。规定对驻台官兵实行免费医疗制、抚恤制，在台北创设官医局、官药局和养兵院，专门用来为军人免费治疗，并且对老、病在台官兵依军职级别给予一定数量的抚恤费。除此之外还在军中推行存饷制，规定每月扣除官兵一定饷银，满3年后再一并发还，作为他们探亲归家的费用。第五就是大办团练，在台北设团练总局，各厅县设分局，各乡设团，广收练勇，平时让他们“维持治安，战时佐助官军御敌”。

仅仅依靠全体台湾官民的力量保卫台湾还是远远不够的，刘铭传意识到要以大陆为后盾，实行台湾、福建联合防御。台湾在战略上虽具有重要地位，但如若孤立无援，受到敌人的封锁，那么将完全处于被动挨打状态。没有大陆作为后盾，没有大陆的支持帮助，台湾不可能建成稳固可靠的防务体系。基于这一点，刘铭传在受命赴台前就同李鸿章等朝廷重臣协商，要求给台以积极支援。清政府同意了刘铭传的请求，急调陆操、炮队和水地雷教习100余人随他同行，并令提督王贵扬等10余人携带数千杆配齐子弹的毛瑟枪立即渡海赴台。

清政府还饬令有关方面迅速援送台湾大小炮30尊，拨银款共54万两作为刘铭传赴台经费。1884年7月刘铭传秘密登岸基隆后，清廷在上海设台湾军械粮饷总局、转输局，专门向台湾输送军械粮饷；而在台北、台湾两府刘铭传也专设支应局以负责接收工作。清廷应刘铭传等人的竭力要求，采取雇用民间商船，悬挂外国国旗，夜航偷渡和绕道东南海岸登陆等运送方式，冒险继续援台。

此间，大陆共向台湾输送吴鸿源的春字营，陈鸣志、王诗正的恪靖四营2旗等队伍共2000余人；输送白银70余万两；另外还有大量枪支、弹药。这些援助的到来极大地缓解了台湾在抗法战争中的军需供应紧张问题。台湾福建联合防御是刘铭传以大陆为后盾思想的进一步深化。台湾和福建相距甚近，一衣带水、关系密切，一方面福建地区是大陆支持台湾最重要的基地，没有福建省的合作，保卫台湾无从谈起；另一方面台湾是福建省的直接屏障，没有台湾唇在，福建地区也必齿寒。

刘铭传对此有深刻认识，他认为台湾虽为“南洋门户要枢，诚为圣谕关系紧要，自应因时变通，改设巡抚，以资控制”。为搞好台湾、福建联合防御，刘铭传十分注重同当时闽浙总督杨昌浚的合作。杨昌浚是左宗棠的得力助手，湘系代表人物，左宗棠死后他出任闽浙总督，兼理台湾事务。湘、淮之间素有嫌隙，一旦杨、刘二人关系不好，互相拆台，势必会影响闽台关系，对台闽联防大为不利。但在此点上，刘铭传能从大局出发主动同杨昌浚交好；杨昌浚也能排除干扰，以诚相待。

在中法战争期间，刘铭传就多次同杨昌浚进行电信联系，协商有关事务，保证了闽省对台湾的不间断援助。刘铭传和杨昌浚的精诚合作为台湾、福建联合防御创造了良好的条件，此后直至杨昌浚调任陕甘总督，台湾防区的划分及各种军事设施的建设事宜都得到了闽省有力的支持。随着刘铭传各种准备抗战工作的全面展开与落实，清政府在台湾的守备力量大大增强，与法国侵略者誓死决战的决心也大大增加了。这预示着一场规模较大的中法战争将不可避免地发生。

基隆遭遇，首战告捷

中法战争期间，法国为了给中法外交谈判创造有利条件，妄图“割据台湾，以为勒索”，因此对台湾觊觎已久。早在 1884 年 4 月 13 日，法国就派遣舰船“窝达号”驶抵基隆口岸侦测地形，窥探讯息。

战争的阴霾笼罩着台湾的上空，面对一触即发的危急局势，1884 年 6 月 26 日清政府任命刘铭传督办台湾防务，希望巩固台湾的国防。基隆是台湾的门户，战略地位重要，刘铭传抵达台湾后，便迫不及待地增强基隆和淡水的防护力量，一方面严格军纪训练兵弁，另一方面购置军械，加固炮台。由于法国军舰横行霸道，封锁了中国的东南沿海，因此军械的购置与转运只能依靠德国商船“万利号”，在如此内窘外困的形势下，刘铭传于仓促间于基隆港构建起了抵御法国入侵的前沿堡垒。

历史总是有过多的巧合，就在清政府任命刘铭传督办台湾军务的同一天，法国政府也正式任命海军中将孤拔为远东舰队的司令长官，全面指挥侵台战争。孤拔是一个狂热的战争主义军官，用船坚利炮等战争手段扩大法国的侵略权益是他一贯的主张。在法国，孤拔被誉为“赫赫有名而充满光荣的司令官”，他曾有效地指挥法国军队侵占越南的国都顺化，胁迫越南政府签订丧权辱国的城下之盟《顺化条约》。被任命为远东舰队司令长官的孤拔志骄意满，横行跋扈，不可一世，声称“对中国交涉获得解决的唯一的手段乃是明确的宣战”，主张对中国的沿海发动普遍的、全面的袭击。战争的阴云一步步向台湾逼近。

中法之间的外交谈判仍然紧锣密鼓地进行着，为了加重外交谈判的砝码，逼迫清政府作出让步，1884 年 7 月 13 日，法国海军部长裴龙致电孤拔：“派遣你所有可调用的船只到福州和基隆去。我们的用意是要占领这两个地方作为抵押品，如果我们的最后通牒被拒绝的话”，台湾之战迫在眉睫。7 月 22 日，法国军舰“维拉号”奉命驶进基隆港内停泊。7 月 31 日，法国海军殖民部复电告孤拔“最后通牒期限已届，立即派遣拉加利桑尼亚号及一艘炮舰前往基隆港口和煤矿，直至赔款数目最后确定为止”。遵照指令，孤拔命令“拉加利桑尼亚号”率领“鲁汀号”于 8 月 3 日下午 5 时半出发，前往基隆湾驻扎，炮舰于翌日午前 11 时驶抵基隆湾。

至此法军完成了侵台战争之前大致的军事部署。面对着法军咄咄逼人的战争挑衅，基隆港口的清朝驻军一方面严阵以待，加强战争警戒，密切注视着法军的一举一动；另一方面加紧加固炮台整修工事，敌我双方紧锣密鼓地筹划与防备，局势空前紧张，战争一触即发。

1884年8月1日，中法谈判完全破裂，以失败告终，清政府彻底拒绝了法国的无理要求，法国公使巴德诺恼羞成怒、咆哮如雷，外交讹诈阴谋破败后，便决定诉诸武力，于8月2日代表法国政府照会清政府“最后通牒已过，自此以后法国将任凭举动，无所限阻”，并于当日给远东舰队司令长官孤拔下达了“破坏基隆港湾的防御设备并占领基隆市区和基隆煤矿”的军事命令。孤拔在接到命令之后，任命远东舰队副司令长官、海军少将利士比率领舰队攻打基隆港口。8月3日利士比率领“拉加利桑尼亚号”旗舰、“费勒斯号”巡洋舰及“鲁汀号”炮舰，配备各种口径新式大炮50多门，满载近千名海军陆战队队员浩浩荡荡直奔基隆杀去。

抵达基隆港口，进攻部署完毕后，利士比派遣其副官雅克米埃上尉向基隆守军指挥官苏得胜、曹志贵递交劝降书，令他们交出基隆城并守御工事，并且广发告示，安定民心，同时告知外国人及港内停泊的商船，否则就将全力发动进攻。面对法军的恫吓及无理军事挑衅，为了维护祖国的尊严，基隆守城官兵精诚团结，戮力同心，对劝降予以严词拒绝。8月5日清晨7时许，利士比下达了进攻命令，法国侵略军开始对基隆守军进行猛烈炮击。守卫基隆的清军在指挥官苏德胜的指挥下英勇还手，奋起反击，炮火准确地投向敌舰，新添置的炮台第一排炮便击中了旗舰“拉加利桑尼亚号”，5发炮弹中的3发便击穿了“拉加利桑尼亚号”的铁甲，“费勒斯号”巡洋舰也中了清军的数发开花炮弹，2舰迅速起火，法军的正面攻击频频受阻，利士比见正面攻击不能奏效且又伤亡巨大，因此决定改变战略，从侧面包抄进攻。

战争开始之时，刘铭传身在淡水，战事打响后便火速赶往基隆港口，指挥军民浴血奋战。基隆炮台的大口径重炮都是固定炮位，无法从侧面进行还击，而小口径炮虽然可以自由移动，但是射程太短，打不中敌舰，因此敌舰从侧面进攻后，基隆炮台损失惨重，大小炮台在敌舰猛烈的炮火攻击下先后被毁，营房及弹药库也先后失火，兵弁伤亡惨重，先后死伤 60 多人，刘铭传见敌我力量悬殊，敌方炮火又盛，难以在海滩附近与敌人抗衡，因此当机立断，下令各守卫将士撤出海滩，退守山后，再谋进取。法军将领利士比见清朝守军撤退，立即下令达拉克上尉和马丁中校率领陆战队四五百人在炮火的掩护下，由基隆东部的二沙湾登陆。登陆成功后，法军将领下令尽毁清军炮台，望着清军仓皇撤退的身影，看着清军苦心经营的炮台在自己的炮火下转眼成残垣断壁，利士比大喜过望，得意扬扬，连忙向孤拔及法国政府报告法军出师大捷，所向披靡。

刘铭传下令撤出海滩的同时，命令将士拆毁基隆煤矿的机器设备，同时引水浸泡煤井，烧毁煤矿厂房及煤矿库储的煤炭，挫败了法军妄图利用基隆煤矿补充能源的阴谋，法军的能源补充受阻，在一定程度上削弱了法军的战斗力。海滩失手，退守山后及法军的耀武扬威，毫无疑问地损伤了清朝守卫将士的士气，刘铭传沉着指挥，传令诸将大营集议破敌方略，一方面，盛赞将士奋勇杀敌，舍生报国的勇气，重燃起将士们同仇敌忾的决心；另一方面，审时度势，精密部署，分析了敌强我弱的战争形势，确立了“诱之陆战，两面夹攻”的战争策略。敌人炮火凶猛，清军无法抵挡，当务之急是避其锋芒，保存实力，再图进取，他下令除少数人固守海岸小山制高点外，其余部队全部撤到山后隐蔽，集议诸将无不慷慨激昂，誓要与法军一决生死。

孤拔在顺利炸毁清军海滩炮台之后，志骄意满，认为清军狼狈逃窜，不堪一击，法军需乘胜追击，尽歼清军。于是命令利士比挥军上岸占领市区，一举消灭清军的抵抗力量。法军初胜之后，高唱凯歌，轻敌冒进，登岸之初，一切顺利，没有遭到清军的激烈抵抗，但抵达山后突遭清军将士 3 路顽强阻击：总兵官曹志忠一面坚守山地制高点，一面亲督王三星率 200 人浴血出战，总兵章高元、苏德胜在刘铭传的命令下猛攻法军东翼，邓长安领亲军突袭法军西侧，一时间，清军 2000 多人如潮水般涌进法军阵营，喊杀声震骇山谷，法军突遭偷袭，一时阵脚大乱，溃不成军，清军左冲右突，奋勇杀敌，法军心胆俱惊，死伤累累，丢盔弃甲，抱头鼠窜，清军一鼓作气，攻破敌营。经过几个小时的激烈战斗，法军已经被打得七零八落，死伤百余人，被俘一人，清军缴获步枪几十杆，军旗两面，斩首一级。

大败之后的法军毫无斗志，狼狈逃回军舰之上，法军侵占基隆的阴谋没有得逞，基隆再次回到清军将士手中。基隆初战，缓缓落下帷幕，刘铭传首战告捷，政府获悉，颁旨嘉奖。基隆之战，清军以少胜多，把气焰嚣张的法军杀得落花流水，大败而回，极大地打击了法国侵略者的嚣张气焰，可谓大快人心，同时增强了中国人民抗击外国侵略者的决心与勇气。中国近代历史充满了无尽的屈辱与苦难，在外国列强的眼中，中国是那样的孱弱无力，不堪一击，弱肉强食的丛林法则、趁火打劫的侥幸心理以及那永远也填不满的欲望，驱使着一个又一个列强加入到侵略中国攫取中国利益的队伍中来。令人痛心的是清朝政府对于这3000年未见之变局不思振作，一意听之任之，在列强盛气凌人的气势威逼之下，自卑与沮丧无不笼罩着每一个中国人的心，正是在这样的时代环境之下，守台将士临危不惧，浴血奋战，迎头痛击入侵法军，实乃振奋人心。

沪尾激战，挫敌锐气

就在基隆硝烟尚未停息，尘埃还未落定，狂热的叫嚣还隐约可闻时，闯入台湾的法国侵略者便发现，自己已经深深地陷入了困境。他们终于发现炮台和煤矿被毁以后，基隆港无非是一片废墟和荒滩而已，攻占基隆实际上的军事和政治意义完全不像他们原来想象和吹嘘的那么有利和重要，攻陷基隆也并不像他们原先想象和吹嘘的那样已经给予中国军队摧毁性的打击。相反，法国自己的舰队和陆战队却被钉锁在基隆海岸，置身于被动挨打的地位。中国军队几乎在撤出基隆之后便立即组织了频繁的偷袭和反击，斗志不但没有涣解，战斗力反而有所提高，这也是孤拔及其幕僚们始料不及的。

撤基保沪战略虽然一时不为兵将及百姓所理解，但刘铭传深信对法战争局势的发展将会证明这一决定是多么明智与关系重大，实际上以后战事的一切发展正如刘铭传事先料想的那样，沪尾之战的胜利与否对整个台湾保卫战来说至关重要。沪尾之战胜利之后，法军不仅士气低落，一蹶不振，而且失去了军事占领台湾的最好时机。

刘铭传一方面指挥清军有条不紊地撤出基隆，雷厉风行，令行禁止，派遣撤出基隆的士兵火速驰援沪尾，命令清军守将曹志忠和士勇林朝栋率 3 个营的兵力凭借天险坚守基隆街后的狮球岭；另一方面派遣章高元、苏德胜率军火速驰援守卫沪尾的孙开华部。下令撤出基隆驰援沪尾的同时派曹志忠等部坚守狮球岭其实是刘铭传基沪大战军事谋划中的一招妙棋。大军撤出基隆后，法军在孤拔的指挥下随即予以占领，这样就在一定程度上分散了法军的兵力部署，以至于法军不能集中优势兵力全面取得沪尾之战的胜利，另外曹志忠等部死守天险狮球岭，不仅牵制住了占领基隆的法军，使之不能在沪尾大战的危急时刻驰援法军，而且始终牢牢地占据基隆的战略制高点，这样就为后来清军取得沪尾大捷后顺利收复基隆提供了优越的条件。

沪尾守军在法军猛烈炮火的袭击之下，本已死伤累累，损失惨重，在生死存亡的危急时刻，基隆援军的及时赶到，重新点燃了兵将们杀敌报国、浴血奋战的决心与勇气，兵士们在守卫将领的指挥下同仇敌忾，奋起反击，战争的形势正在悄然地发生着改变。利士比见清军活力依然凶猛而且兵将士气正旺，一时不敢盲目登陆，急忙向孤拔求援。孤拔得讯之后，立即派出 5 艘战舰赶到沪尾，会合原来的 3 艘，共 8 艘战舰，杀气腾腾地想要一举歼灭守护沪尾的清军。

1884 年 10 月 8 日上午 8 点 45 分，法国 8 艘军舰一齐开火，向沪尾各个据点狂轰滥炸半个小时，然而天公不作美，这一天沪尾港口突起弥天大雾，弥漫的雾气阻挡了法国士兵的视线，法舰狂轰滥炸半个小时之后，以为在如此强烈的炮火袭击之下，沪尾港口清军的炮台必然在顷刻间被夷为平地，清军的防御设施必然化为灰烬，清朝守卫将领肯定亦是陈尸水下，然而当雾气驱散，冉冉红日升起的时候，他们却震惊了，失望了，以致手足无措了，因为赫然展现在他们面前的是清军阵营一排排森然的炮口、清朝兵士一双双怒视的眼睛及在阳光下那耀眼的锋利的剑的光芒。

法舰轰炸的并不是清朝森严的壁垒，而是一些无关紧要的物体，厚重的雾气使法舰迷失了攻击的方向。法舰大炮轰炸过后，清军大炮亦是不甘示弱，一排排大炮相继发出此起彼伏震天的吼声，法国舰船的桅樯铁甲相继被击碎，在清军猛烈炮火的冲击之下法国舰船逐渐向四处散开。清军将领知道，等到舰船完全散开之后该是法军登陆作战的时刻了。于是按照刘铭传事先授予的“四面埋伏，聚而歼之”战术，孙开华率军埋伏在假港，李定明率军埋伏在油车口，章高元率部埋伏在北台山后，李彤恩率部埋伏在北路山间，四处互为表里，互相声援，四向冲杀，可聚歼来犯之敌，一切准备就绪。法舰在发动第二次轰炸之后，法军兵分两路，猛攻沪尾炮台。

一队队的法兵凭借手中精良的武器长驱直入，直扑清军而来，埋伏在四处的清军也各自从壕沟中冲杀出来，一时间拼杀声响彻云霄。由于法军武器精良，清军在拼杀中渐现颓势，正在清军伤亡惨重之时，一群披头散发、浑身赤裸的“天神”从天而降，从茂密的树丛中射出密集的枪弹，法军面对如此人鬼难辨而又弹无虚发的“天神”不禁霎时魂飞魄散，四处逃窜，溃败之势不可收拾。却问“天神”何许人也？原来，所谓的天神不过是梨园戏子张阿火组织的一支500人的高山族土著居民的一个神枪手队，士兵各个披头散发，嚼槟榔，吐红沫。他们兵分两队，一队隐身树丛，以右脚作为支撑枪架，以左脚脚趾扣动扳机，以250支枪齐发射；一队隐身山后，以250名士兵齐拼杀。500名士兵齐配合，弹无虚发，左右拼杀，直杀得法军落荒而逃，死伤累累。此次战斗，由上午9时一直杀到下午1时，清军阵亡哨兵3人，死伤兵勇100余人，法军被斩首25名，被击毙300余人，被俘虏14人，另外七八十人因慌不择路溺水而亡，清军此役大获全胜，这就是台湾历史上著名的“沪尾大捷”。

沪尾大捷，不仅使刘铭传的“撤基援沪”的战略战术得到了大家的口服心服，而且使法国侵略者嚣张的气焰受到了沉重的打击。曾经参加过此战的一些法国士兵，他们在日后通过上大学，进学校，有了知识，曾经给这一次战斗写下了回忆录。有人这样说：“这次失败，使整个舰队的人为之丧气，因为事前大家都喜欢说，这次行动不过是一种军事的游戏散步，一枪也不用放的，所以感受到的痛苦更为沉重。对于这不详的一天的悲惨景象，又加上惨重的损失，大家的谈话总不能脱开这么令人伤痛的话题，我们在绝望地悲鸣。10月8日，对淡水，也就是沪尾所做的任何企图，我们不能再试了。”

沪尾大捷不久，中外报纸纷纷地刊登消息。法国方面一些反战人士，还把沪尾大捷绘成一个巨幅的画像挂在巴黎街头。他们惊诧地认为这是近世奇功，法国茹费里内阁一小批好战分子，原先骄横不可一世，如今愕然无措，他们的骄气已经被普遍的沮丧而替代了。沪尾大捷的获得再次证明了刘铭传卓越的军事眼光及高超的指挥才能，撤出基隆非但没有让清军一败涂地，反而让清军赢得了一场久违的大胜利，因为刘铭传知道，他留给法军的不过是一座基隆空城，法国侵略军过高地估计了攻陷基隆的军事和政治价值。在他们看来，攻入基隆就是对中国防卫台湾的致命打击，不难进一步解决台湾全局的问题。但是，前线的法军正副司令长官在进入基隆后不久，便开始意识到自己的失策和不利处境。因为当时的法国侵略军只能在基隆海岸旁的炮台原址和附近活动，不能也不敢轻越雷池半步。炮台既然已经被轰毁，煤矿也已经全部被破坏，全副武装的法国士兵不过是在据守一小块荒滩废墟而已，要想扩大占领并继续前进是极其不易的。法军为他们的骄躁求胜付出了沉重的代价。

在一个敌强我弱、任人宰割的时期，刘铭传凭借着自己的智慧与谋略，依靠全体将士报国杀敌、同仇敌忾的决心与勇气，取得沪尾大战的辉煌胜利。沪尾大捷的实现沉重打击了法国的侵略势力，维护了祖国的领土与主权的完整，不仅打破了外国侵略势力不可战胜的神话，而且大长了中国人民的志气，鼓舞了中国人民的信心，为所有在水深火热中苦苦挣扎的中国人民带来了一缕黎明的曙光。沪尾大捷彻底打乱了法国侵略者的侵略计划，让法国侵略者举步维艰，在台湾会遇到如此激烈而又顽强的抵抗对法国侵略者来说是大为意外的，他们的本义不过是“踞地为质”，从而攫取侵略权益，然而就形势而言，要想实现“踞地为质”的战略目标并不像盛气凌人的法国统治者所料想的那样轻而易举，外强中干的法国侵略者并没有足够的实力来打一场旷日持久的战争，武力入侵迭遭挫折之后，法国统治者退而求其次，决定武力封锁台湾洋面，困守台湾，从而让台湾不战自降。

法国的军事封锁确实给驻守台湾的清军造成了严重的困难，刘铭传领导的抗法之战也深受其苦，一时间兵源短缺，物资匮乏。坐镇台湾的刘铭传更是为此夙兴夜寐。一直以来刘铭传苦苦思索着打破法军此种封锁的良策。刘铭传坐在爵帅府里走来走去，走去走来。苦思过后，计上心来，他决定要利用列强之间的矛盾来打破法军的军事封锁。

他邀请英国驻台领事来府上赴宴，借机挑动英美两国对法国封锁行为的不满。刘铭传一番苦心谋划，最后终于收到了意想不到的效果。2 天以后，英美关于反封锁的方案公之于世。

方案有两条：第一条，鉴于现在中法两国是交战国，我们英美两国作为中立国，应守中立，因此，香港等地严禁法国的军舰在这里加水、添煤、停泊和修理。第二条，坚决反对、强烈抗议法国军舰对台湾海峡的封锁。为了贸易的需要，英美两国打算以武力护航。英美反封锁方案一出，一下子就使法国政府和孤拔中将目瞪口呆，因为他的军舰在基隆加不到煤，基隆的煤矿已经被刘铭传破坏殆尽，甚至连15000 吨的储煤也被刘铭传在撤退以前烧得精光。反封锁方案的出台给法国侵略者以重要的打击。

禁海令不仅没有拖垮当地的守军，反而使当地守军与人民更加紧密地连接在了一起，加强了守军与当地住民的凝聚力，提高了军民同仇敌忾之决心与信心，台湾人民有钱出钱有力出力，众志成城，共保台湾美丽山河。不仅英美国家出手援助，大陆人民更是想方设法支援守台清军。

再胜基隆，乘胜议和

法国两次大张旗鼓地进军台湾均在台湾守军及台湾人民的顽强抵抗下宣告失败，第一次基隆之战之初清军就不失时机地挫败了气势汹汹的法军的锐气，沪尾大捷更是让法军损兵折将，落荒而逃，颜面丢尽。在法军眼里原本不堪一击、任人屠杀的清军此时仿佛都变成了恶煞凶神，法国统治者不敢相信也不能相信，风雨飘摇的清帝国在摇摇欲坠之时还能爆发出如此强韧的生命力，法军又怎能理解，即使是在风雨飘摇之际古老而又辉煌的中华文明也难脱那一如既往的孤傲与坚忍。那种台湾入侵战之前的失败，让整个法国都无法容忍，沪尾的大败更是激起茹费理内阁极大的恐慌，为了洗刷战败的耻辱，重拾起入侵的决心，法国政府决定命令占据基隆一隅的法军攻打清军守护的狮球岭等地，企图将清朝守将逐出基隆河上游的三角形地带。

有了两次战败的教训，对于此次的入侵，孤拔更是不敢掉以轻心，在认为自己兵力不足之后，孤拔又从越南等地搬来大批援军，援军的大批到来，总算让孤拔长舒了一口气，百般谋划，确定胜券在握的时候，孤拔自 1884 年 11 月 7 日开始，便不断派兵攻击基隆附近的暖暖、鸟嘴峰、石梯岭等地，台湾守军和当地人民众志成城，拼死抵抗，双方展开了一场争山夺岭的血腥的拉锯战。

11月7日至9日，中法双方在暖暖展开了一场遭遇战，周钰谦率领官兵严守关隘，几次打退法军疯狂进攻，击毙法国士兵十几人，法军最终未能占领关隘，被迫撤退。刘铭传奏称：“9月20日以后，法军连攻暖暖3日，均经周钰谦等守住要隘，伤毙法兵十余人，土著亦伤亡十余人。”12月12日，法军重新组织力量，派遣330名精悍士兵进攻清军驻守的鹰嘴峰阵地，清晨6时许，100名法军组成突击队，悄悄直冲清军阵地，清军没有警觉，当法军突然冲进堡垒时，清军闻声大乱，“惊骇了的中国人赶快去取武器，一部分逃走了，其余的则被刺刀就地解决了，这简直是一场肉搏战。”大约有20个中国人避藏在暗壕内，只有一张低矮的门通暗壕，要想通过暗壕不受损伤是件不可能的事。

“法军上尉几分钟内叫人在门外堆上一堆枯干的野草并点上火，被烟呛着的中国人一个接一个地走出来，都给杀死了或在门口被捕了”，法国人卡诺对于此次突袭战如此描述，由此可见战争之惨烈，法军在占领阵地后，着手毁灭防御工事，附近土勇闻讯前来增援，奋力厮杀，毙敌十几名，夺获军旗一面，法军不支向狮球岭退去。刘铭传奏称：“10月25日，敌众百余名黎明前突于九弓山分路猛扑鸟嘴峰营卡，练勇悉力相持，几至不支，适营勇练丁同至救应，枪伤敌众十余名，夺获小红旗一面，敌始退回。”此次战争清军虽遭受一定的损失，但是并没有动摇清军抵抗的意志。

1885年1月10日，法军兵分4路，自狮球岭、鸟嘴峰、石梯岭、大水窟方面包抄清军将领林朝栋驻守的大坑埔阵地，法军先是一阵炮火猛轰，然后纵兵猛攻，清军将士殊死抵抗，力渐不支，大坑埔清军阵地危在旦夕，千钧一发之际，刘铭传命令曹志忠率兵火速驰援，双方越战越烈，清军死伤惨重，法军也伤亡累累，精疲力竭之后终于被迫退走。战争开始后的几个月里，法军发动的几次猛攻几乎都被清军所打退，这一切都要得益于刘铭传高超的指挥才能与高明的战争策略。

战争开始后，清政府内部一些不懂军事、脱离实际的文士权臣大发空论，坚决要求“务须克复基隆”，一部分湘军将领也主张不惜一切代价“收复基隆”。刘铭传对于这种激进而又危害深重的呼声坚决予以抵制，他要求各营官兵务必“扼水陆要冲，勿轻进以伤精锐”，他深知法军具有船坚炮利的优势，即使清军全部攻取基隆，最后也很难坚守，而且在攻坚战中清军必会伤亡惨重，于台湾保卫战极为不利，要想战胜法军，必须凭借天险顽强抵抗，打一场消耗战、持久战，用时间来最后拖垮法军，如此方式制胜之策。正是在此种思想的指导下，清军与法军展开了殊死的拉锯战，法军虽然兵力强大，进攻猛烈，但是数月下来，却是收效颇微，举步维艰。

刘铭传故居

1885 年 3 月 4 日，杜赛斯雷率领千余名法军精锐，在重火炮的掩护下奔袭月眉山。林朝栋、桂占彪各自领兵分头迎击。义中营的营官张仁贵率领 200 名营勇冲到山下竹林中与敌厮杀一日，寡不敌众，深陷重围，林朝栋、桂占彪下山救援，正在战事吃紧之时，曹志忠部援军赶到，三军会合，士气大振，奋力夹攻，法军稍退，不久法军又增兵千余来战，月眉山守军腹背受敌，难以支持，阵地随即沦陷。法军占领月眉山后，基隆河北部地区基本上被法军占领，清军被迫退到河南地区，刘铭传为稳定防御阵营，急令王诗正一军坚守五堵地区，曹志忠一军守卫六堵及小坑一带，自己则亲率聂士成、苏德胜领军驻扎六堵间，以扼制台北大道，刘铭传坚令所有兵士只准扼守，不准迎击。

3 月 16 日，法军企图杀向河南地区，从而沿台北大道进占台北府城地区，入侵的法军在清军的激烈抵抗之下，被杀得大败而回，自此以后，法军再无力发动大规模的军事进攻，战争转入胶着状态。法国政府原以为占领基隆城后能够迫使清政府投降，从而迅速地结束战争，一享胜利的果实，然而至此法国政府的美好愿望基本落空，法军非但没有顺利地全部占领基隆城，迫使清政府缔结城下之盟，反而是困守基隆，进退两难，基隆城后清军的激烈抵抗，更使法军妄图尽快夺取台北府城的愿望成空，法军劳师伤兵，深陷泥潭。

一向孤傲骄横的法军统帅孤拔更是深切地意识到占领一座基隆空城对扭转于己不利的战争形势已经于事无补，沪尾大败，更是让法军士气低落，军心涣散，靡费钱财，劳而无功，不能不让法军及其将领痛心疾首。纵观整个基隆作战过程，可见，台北抗法清军虽然军事素质和武器装备与法军相比相差悬殊，但是清军守卫将士占有人和及地利的优势，他们拥有强烈的爱国热忱，不畏强权，众志成城，洒血疆场，反复与法军鏖战，使得法军虽然占领基隆，却无论如何也不能扩大战果，最后亦不得不仓皇撤出基隆，正是在所有抗法清军将领齐心协力的努力之下，才取得了台湾抗法战争的最后胜利。

清军紧紧扼制住法军的进攻势头，把法军阻挡在基隆河以北的地区，可以说取得了第二次基隆保卫战的胜利，第二次基隆保卫战对整个台湾保卫战来说意义非凡，它不仅让法军寸步难行，损兵折将，而且提高了清朝守军坚持抵抗的决心与信心。第二次基隆保卫战是台湾保卫战中清朝守军取得的又一次辉煌的战绩，经过屡次战争的打击，直到第二次基隆保卫战结束，清朝守军成功挫败了法军锐意进取的强劲风头，此时的法军，屡遭战败，愿望一次次落空，正如强弩之末，外强中干，自此以后法军再也无法找回侵台战争伊始的那种雄心与傲气。

气势汹汹的侵略者，在清朝守军用铁血般的意志建立的钢铁般的长城下垂头丧气，法军的意志正渐渐地被击溃，自此以后法军元气大伤，陆地之上已难再发动新的大规模的军事进攻，法军与清军即将展开一场旷日持久的拉锯战，战争的天平渐渐地由法军这边向清朝守卫将士这边倾斜，之后终于趋于平衡。在如此情势之下，法军不可能消灭清军，更不可取得台湾入侵战争的胜利，茫茫海洋，万里相隔，兵饷转运，劳民伤财，等待法军的将是万劫不复的深渊。

1884年6月开始一直到1885年3月，法国凭借船坚炮利多次入侵台湾，为了实现其“踞地为质”的外交讹诈，法国侵略者费了九牛二虎之力，在台湾进行了近一年的恶战，然而让法国侵略者失望的是看似孱弱而又不堪一击的中华帝国并不像表面所展现的那样虚弱，孤傲的法军接二连三地在台湾地区遭受惨败，法军徒劳的努力，既未能永久地占领基隆，更不要说完全征服台湾，他们在台湾损兵折将，败绩频传，法国侵略者正处于进退维谷的窘境。

侵台战争是法国内阁大力支持的军事行动，战争的失利让法国人民对内阁的无能深恶痛绝，在法国内阁和议会内外，掀起了对茹费理内阁和孤拔的声讨运动，法国人民要求他们对发动侵华战争尤其是侵台战争进行深刻检讨。在内外重重压力之下，法国政府为了挽回最后的颓势，决定采取以进为退的手法，派兵侵占澎湖岛。澎湖岛又名“马公岛”，是澎湖列岛中面积最大、人口最多的一个岛。澎湖列岛位于台湾海峡的南部，由64个岛屿组成，面积约126平方公里，域内岛屿罗列，港湾交错，地势险要，是我国东海和南海的天然分界线，自古以来就为兵家必争之地。早在第二次基隆海战之前，孤拔就有夺取澎湖岛的想法，等到法军在台湾被困于基隆、无法扩大战果之时，孤拔遂力主攻占澎湖岛，以为战争长久之计，恰逢国内人民对侵台法军官兵的表现普遍不满之时，法国内阁不失时机地批准了孤拔的侵占澎湖计划。

1885年3月29日，孤拔率领7艘军舰转攻澎湖。上午7时许，法舰“巴雅号”、“凯旋号”先后驶进澎湖港，清军炮台陈旧，射程短，由于距法舰较远，无法对法舰展开有效轰击，抵港法舰迅速向炮台发动轰炸，经过半个小时的炮战，法舰毫发未损，清军炮台却已伤痕累累。截至上午9点钟，法军已成功摧毁所有清军澎湖港口的炮台。下午5点钟，法国侵略军在圆顶湾登陆，登陆的法军开始向岛上驻守的清军发动猛烈的进攻，由于澎湖守军力量薄弱，因此法军并没有遭遇顽强地抵抗，正如卡诺所记述的那样“登陆运动不曾遭遇任何困难便完成了，敌人不曾在任何地方出现”，第二天法军继续向清军阵地发动攻击，虽然遇到小股顽强抵抗，但是法军猛烈的炮火随即就让抵抗失去了意义，不久法军占领了马公岛。

3 月 31 日，法军占领澎湖岛。法军占领澎湖后，看到澎湖外卫防御严密，内港宽阔，就想长期占据下去，准备大兴土木，建设军港，以便为台湾的持久作战做长远的准备。法军轻松占领澎湖岛再次助长了法军的嚣张气焰，驻守澎湖岛的清军如此不堪一击，一方面是因为防守力量太过薄弱，另一方面是因为清军并未做任何认真的抵抗，驻守将领的庸懦不堪，让法军的侵略阴谋终于得逞，此刻的法军仿佛第一次在侵台战争以来真正地扬眉吐气，然而法国军队未能高兴很久，便传来了镇南关法军大败的噩耗，侵台战争失利的恐惧，仿佛梦魇般深深地萦绕在每一个法国士兵的心里。

正在法军侵占澎湖的同时，法军又出兵侵占镇南关，后因兵力不继、补给困难而退至文渊、谅山，伺机再犯。时老将冯子材受命帮办广西关外军务，驰赴镇南关整顿部队，部署战守。2 月初，冯子材得悉法军将犯镇南关，便于初五派兵夜袭文渊，打乱了法军部署，促使法军在援军未到之前即仓促发动进攻。初八晨，法军在炮火的掩护下，沿东岭、西岭、中路谷地进攻关前隘，冯子材一面令各部迎战，一面通告扣波、幕府各军前来策应。

第二天，法军倾巢出动，在开花大炮掩护下，主力部队猛攻长墙，有的法兵已越墙而入，有的法兵足踏墙头。在这千钧一发之际，老将冯子材足蹬草鞋，身着短衣，手执长矛，大吼一声，率二子冯相华和冯相荣，跃出战壕，冲入敌阵，全军感奋，一齐涌出，与法军白刃格斗，敌人的开花大炮丧失了威力，但见清军将士刀矛飞舞，杀声震天，敌人尸横遍野，法军大败，全线崩溃。冯子材指挥清军乘胜追击，连破文渊、谅山，重伤法军指挥官尼格里，将法军逐至郎甲以南。镇南关大捷使清军在中法战争中转败为胜，振奋了民族精神。法军战败的消息传至巴黎后，法国茹费理内阁倒台。

在战争胜利的天平逐渐倒向清政府这边的时候，清朝统治者却决定“乘胜即收”，4 月 4 日，与法国签订停战协定，1885 年 6 月 9 日

《中法合订越南条约》在天津正式签订，中国承认越南为法国的保护国，开放蒙自、龙州两地与法国通商，法军撤出基隆、澎湖，并撤除对中国海面的封锁。根据议和条约，法军于6月21日撤离基隆，7月22日撤离澎湖，到8月4日全部撤完。清政府的“乘胜即收”政策，在实施之日起，就一直饱受世人非议，什么李鸿章妥协投降，李鸿章苟且卖国，什么“中国不败而败，法国不胜而胜”批评之声不绝于耳。

其实中法议和的最后实现，并不像人们看到的那样简单，一方面中法议和是中法双方在最大限度上保持自身利益的外交妥协。清末的中国积贫积弱，一直是列强垂涎与欺凌的对象，政府对自身的处境亦是心知肚明，虽然取得了暂时的、军事上的胜利，但是却不能从根本上改变自身的处境，清政府的统治已经风雨飘摇，恰如一条在海上颠簸的破烂不堪的大船，任何即将来临的风浪都有可能造成倾覆的危险，因此清政府对于法国的咄咄进逼一味地忍让，阻击法军入侵的军事抵抗也不过是无奈之举，军事的暂时胜利自然就成了双方议和的有力砝码；从另一方面来看，法国深陷侵台战争的泥潭不能自拔，这是战争开始之时法国政府未曾料到的意外，法国并没有做好持久战争的准备，他们的目标不过是“盘踞地为质”的战争讹诈，因此当战争并不像曾经预想的那样顺利，而是转入持久消耗战的时候，法军对此已忧心忡忡，迫切希望改善目前的处境，因此在法国占领澎湖，清军取得镇南关大捷，双方战势接近持平之时，法国政府也愿意妥协去结束这场战争，由此可见，对于清政府关于结束中法战争所作出的选择，在今天看来并不是那么愚不可及、不可饶恕，而是清政府鉴于国际、国内各方面的不利形势不得已采取的委曲求全的对策。

正如学者庾裕良在论述清政府的战略决策时所指出的那样“中法战争时期，清政府既然不只对付一个法国侵略者，也不只顾全越南一个藩属，更不只保卫一个方面的边境，他的战略决策当然不能只着眼于一个地区，一次战役，而是要照顾全局的平衡与安全”。此种见解可谓真知灼见。无论战争产生的最后结局如何，台湾军民英勇反抗法国侵略者、英勇保卫祖国边陲血洒疆场的英勇事迹却是可歌可泣、名垂史册的。在中法两国军事实力相差悬殊的情况下，在法国船坚炮利的驰骋下，台湾军民能够团结一心，浴血奋战，从而取得最后的军事胜利，可谓是清王朝在光华暗淡年代的扬眉吐气之举。刘铭传作为这场抗法保台战争的直接指挥者，以其非凡的军事指挥才能、卓越的眼光及谋略，赢得了清军在中法战争中的胜利，谱写了一曲台湾军民携手奋进共同抗击外国侵略者的凯歌。

冷静理智，筹划建省

自1874年日本借“保民”口号公然派军侵略台湾后，清政府开始逐渐重视台湾的地位。日本侵台未遂不久后又侵略了当时清朝的属国琉球。日本在台湾海峡地区的一系列侵略行径，引起了清政府的警觉与反思，为了加强对台湾地区的直接控制，防范外来侵略，丁日昌首先向清政府提出在台湾建省的建议。福建船政大臣沈葆桢也认为台湾幅员辽阔，情况复杂，不是一个从属于福建的台湾府所能管辖的，建议朝廷将福建巡抚移住台湾，丁日昌台湾建省以及沈葆桢福建巡抚移住台湾的建议由于不成熟的条件，被暂时搁置。

清朝时期，闽台关系密切，台湾经济一直依赖福建，要想台湾单独建省，必须协调好台湾与福建的关系，因此，1875年，就台湾建省，朝廷征求闽浙总督以及福建巡抚的意见，得到的回答是台湾不宜单独建省，清朝政府无可奈何采取折中办法——福建巡抚冬春两季驻守台湾，夏秋两季驻守福州，希望可以两地兼顾，从而加强台湾的防务。台湾与福州两地之间相隔一水，往返兼顾，在实际的操作中很不方便，于是1876年福建新任巡抚丁日昌向中央政府提出福建巡抚兼顾闽台两地困难重重，朝廷应派重臣赴台督办各种军政事务。1876年，刑部侍郎袁保恒于丁日昌后再次提出在台湾建置行省的建议，然而遗憾的是台湾单独建省的建议始终没有引起清朝政府的足够重视。

台湾单独建省当属颇具远见之举，在外国列强对台湾地区虎视眈眈之时，单独建省不仅可以加强清政府对台湾地区的管理与统治，而且可以增强台湾地区抵抗外来侵略的决心与能力，台湾单独建省不仅是历史发展的大势所趋，而且是形势日益严峻的客观要求。然而懦弱的清王朝由于各种利益关系错综复杂的交织，始终没有勇气除旧布新，大刀阔斧地去施行，清朝政府失去了一次重新经营台湾的机会。

台湾建省之议的被搁置不能不说是历史的隐痛，一个王朝的可悲之处在于，明明知道自己的王朝已经到了生死攸关的历史时刻，然后掌握这个王朝的舵手们却不能齐心协力，力挽狂澜，而仍然执著地斤斤计较着自己利益的得失，以致牵扯进形形色色的尔虞我诈、落井下石与血腥倾轧之中。毁灭一个王朝的力量大多不是来自王朝的外部，而是来自王朝本身。台湾建省之议的屡次被搁置反映的其实就是清王朝内部力量的争斗与自身消耗。

台湾单独建省之议屡次被搁置，然而爆发于1884年的法军妄图武力侵占台湾的战争直接促进了台湾单独建省的实现。1884年法军凭借着船坚利炮悍然出兵侵略台湾，虽然在台湾军民齐心协力地坚决抵抗之下法国侵占台湾的阴谋最终没有实现，但是法军侵台战争使得清政府对台湾地位的重要性有了更进一步的认识。清政府认识到，台湾是我国东南七省的门户，经营治理台湾的好坏直接关系到国家的安危，加强台湾建设，巩固台湾海防刻不容缓。战火停息后，清政府即刻诏谕文武大臣对台湾防护事宜发表善后意见。

台湾建省旧话重提。在中法战争中，清军海军力量薄弱，台湾防务亦不足恃，一旦外援断绝，难以自守，因此清政府得出教训，必须增强台湾的海防，增强台湾独立防守的能力。1885年7月钦差大臣、督办福建军务的左宗棠上书朝廷，从战略方面深入分析了台湾作为东南七省门户的重要战略地位，建议清政府将福建巡抚改为台湾巡抚，要求在福建、台湾两地“建省分治”。左宗棠的建议得到了满朝文武官员的一致赞同。1885 年 10 月 20 日，清政府正式下诏在台湾建省，将福建巡抚改为台湾巡抚，任命刘铭传为第一任台湾巡抚，历时多年的台湾建省一事终于尘埃落定。

关于台湾单独建省的问题，清政府一直举棋不定，中法战争的惨痛教训终于让清朝痛下决心，因此中法战争直接促进了台湾建省的顺利实现，中法战争的硝烟弥漫让清政府胆战心惊乃至刻骨铭心，即使再无知与懦弱，为了维护自己的统治，清政府也不能对一切无动于衷，台湾薄弱的防务必须得到改善，台湾统治的加强刻不容缓，台湾单独建省就是清政府对迫切改善台湾防务、改善台湾统治所作出的积极的努力。然而一切并不如清朝统治者所筹划的那样顺利，台湾建省之后所应对的问题依然浩繁，所面临的局势依然严峻，改善台湾的防务，加强台湾的统治并不是单纯的设置行省就能一蹴而就的，无论有多难，清朝政府毕竟努力了，危难之中的努力即使徒劳无益，可是其中表现出来的那份不折不挠的决心与勇气却是值得赞赏与肯定的。

不过，历史往往是那样的出人意料。正当清朝政府大张旗鼓地筹划台湾单独建省事宜的时候，刘铭传却对台湾单独建省事宜提出异议，他根据台湾的实情，上疏朝廷，指出台湾暂时难以单独建省，并条奏《台湾暂难改省折》，在奏折中刘铭传指出，台湾暂时难以单独建省的理由有四条：

一是台湾地区财政收入全年仅 90 万两白银，而台湾军队每年却需要饷银 150 万两，只有在三五年时间内，开辟财源，使台湾财政自立，方可单独建省。

二是台湾在财力、人力等方面仍然需要福建的接济，如若单独建省，福建一怒之下，中断对台湾的接济，那么对台湾的国计民生大为有碍，要想台湾单独建省，则需闽台两地摈除成见，和衷共济，则建省之举方可成功。

三是居住在台湾 60%的土著居民还没有归化，台湾的开发程度还不够，只有等三五年之后搞好这方面的事务，才能建省。

四是台湾的海防、陆防事务正在加紧进行，三五年后才能看出成效，到时再建省也不迟。

刘铭传的这些见解，大致符合台湾的实情，但清政府因东南海防危急而急于实现台湾建省，因此连发上谕，命令刘铭传不得因循徘徊，必须遵照政府制定的既定方针执行。中法战后，台湾百废待兴，首要解决的问题便是财政的问题，一直以来台湾经济规模比较小，台湾财政尚无法完全实现独立，在一定的历史时期内，台湾财政尚需福建财政支持，因此刘铭传请求台湾在建省初期，福建每年必须给予台湾财政的支持。清朝政府令闽浙总督杨昌浚赴台与刘铭传会商分省事宜。

1886 年 2 月杨昌浚遵旨赴台，探视病中的刘铭传，二人抛弃湘淮派系成见，坦诚相待，相谈甚欢。4 月刘铭传赴闽，在福州与杨昌浚再次协商台湾建省方略，杨昌浚决定由福建每年协济台湾饷银 44 万两，以 5 年为期，初步解决了台湾建省的燃眉之急，两度往返协商，闽台分治方案正式提出，6 月 13 日向朝廷奏报《遵议台湾建省事宜折》，随后刘铭传积极筹划建省，对台湾进行区域规划，将彰化定为省垣，名台湾府，全省置三府、一州、五厅、十一县，初步奠定了后来台湾地区行政区划的基础。

从 1885 年朝廷下诏筹划台湾单独建省开始，一直到 1886 年刘铭传完成台湾区域的重新规划，台湾单独建省事宜历时一年多。1888 年，刘铭传正式起用福建台湾巡抚关防，闽台分治真正实现，台湾正式成为中国第 20 个行省。从法国政府悍然发动侵台战争开始，到闽台分治，台湾单独建省为止，屡遭外国侵略，灾难深重的宝岛台湾终于迎来了它在近代历史发展进程中的第一缕曙光。建省后的台湾虽然面临的问题依然严峻，前进的道路依然坎坷，摆在它面前的依然是危机重重的未知旅途，但是尽管如此，建省之后的台湾恰如奄奄一息的病人起死回生般，浑身充满发展的活力，浑身鼓荡着勇往直前的豪气与锐气，军民团结一心，共建美好新台湾。

新任巡抚刘铭传更是为台湾的发展、为台湾的长治久安夙兴夜寐，殚精竭虑。刘铭传前后在台8年，在任台湾巡抚的6年中，他锐意改革，对全岛的政治、经济、文化、军事各方面进行了行之有效的全面整顿，大刀阔斧地进行了各方面的建设，设军械所以备兵器，抚育生番以开垦荒地，兴文重教凝聚人才，修造铁路以便交通，架电线以灵消息，刘铭传在台湾渐次施行的一系列的新政，奠定了台湾近代化规模的雏形。

一代名臣，功业永垂

刘铭传是一位有着战略眼光的改革家，经过他的经营，台湾省的近代化初具规模。不过，他的改革是在当时已经腐烂透顶的清政府支配下进行的，在其推行过程中，遇到了来自各方面的种种阻力。1889年7月，反对刘铭传改革的朝廷守旧势力借刘铭传请示将基隆煤矿承包给英国的奏折发难，以刘铭传“让利洋人”的罪名弹劾他。

不过，在朝廷内部洋务派醇亲王奕譞等人的保举下，刘铭传又在2年内连升几级，这就更加引起了刘铭传敌对势力的嫉妒和不满。1891年奕譞死后，刘铭传在朝廷中失去了有力支持，在奕譞去世仅半个多月后，刘铭传即被革去台湾巡抚职务。1891年6月，刘铭传离开台湾，怀着对这片土地的深情，回到了他的家乡。

刘铭传并没有忘记台湾，这是他为之魂牵梦绕的地方。他告老还乡后，虽然过着比较安逸的生活，不过他始终关心着台湾的局势。1894年朝鲜爆发东学党起义，日本借机挑衅，中日战端一触即发。由于刘铭传抚台期间与日本人长时间打交道，所以很多大臣纷纷上书请求重新起用刘铭传督办朝鲜军务。但由于翁同龢与李鸿章有矛盾等原因，最终没有实现。

刘铭传可能复出督办军务的消息被英美报纸报道后，日本报纸迅速转载，引起了日本政府和军界的高度恐慌。当日本军方知道清朝不会起用刘铭传的消息后，日本议院的议员们欢呼雀跃，他们拍手道："只要刘铭传不出山，我国出兵中国就没什么顾虑的了。"

刘铭传最终没有等到朝廷起用他的圣旨，却等来了清军在前线节节败退的消息。翁同龢等与刘铭传有矛盾的官员自始至终没有让刘铭传奔赴朝鲜前线。清政府败于日本签订《马关条约》后，台湾被割让给日本。刘铭传惊闻噩耗后，整日沉默寡言，他的家人发现他曾有一段时间整日不在家中，而是站在花园面向南方，不停地哭泣。没过几天，精神一向不错的刘铭传变得老态龙钟、精神萎靡，接着就是大口吐血。刘铭传经常在梦中大喊着台湾和阿里山，声音颤抖、语调悲凉。家里人以台湾人民仍在英勇抗日安慰他。不过，当听闻台湾义军抗日失败，台湾最终落入日寇之手后，刘铭传病情迅速恶化，于 1896 年 1 月 12 日凌晨一点，含恨去世，享年 60 岁。

纵观刘铭传抚台的 6 年间，正是中华民族处于危亡而奋起抗争的

刘铭传墓陵

时期，也是台湾人民保家卫国、建设祖国宝岛台湾的重要时期。台湾海峡两岸同为炎黄子孙，多少中华民族的英雄儿女为保卫祖国的领土完整洒下了汗水和鲜血。刘铭传是他们中间的一位杰出代表，是中华民族英雄儿女的一员。他以民族利益为重，怀着一颗对祖国的赤诚之心，与台湾人民一道，为保卫祖国的神圣领土、为建设台湾四处运筹，呕心沥血。他为台湾的政治管理、经济开发和文化发展做出了许多有益的工作，政绩十分卓著。著名学者连横曾指出："台湾 300 年间，吏才不少，而能立长治之事者，只有两人，一是陈参军永华，一是刘巡抚铭传，是皆有大勋劳于国家者。"刘铭传开发和建设台湾的业绩，对祖国统一所做的贡献，值得我们永远怀念。

黑旗高举倭丧胆
——刘永福

刘永福（1837—1917年），字渊亭，广西博白县上思村人。他率领黑旗军转战中越边境，常与越南军民协同作战，抗击法国侵略者。后来，他又奉命镇守台湾，屡建战功。

1895年，战败的清政府将台湾割让给日本侵略者，当时驻守台南的刘永福拒绝交出台湾。刘永福在内缺饷械、外无援助的困难局面下，坚持浴血抗战4个月之久，伤亡敌军3.2万人，约占侵略军总数的3/5，比甲午中日战争中日军伤亡人数多一倍。侵台日军头目均在战争中丧命。但因为是孤军奋战，最后台南还是失陷了。刘永福感愤时局，弃职隐居于钦州。

黑虎将军，抗法建功

刘永福自小家贫，没有机会读书习字。他很喜欢写的是“虎”字。其实他是画字：顶端如两个圆圈，又大又圆，表示虎眼；当中一笔直垂，表示虎脊虎尾；其余尚有虎身、虎爪，形似而神现。刘永福写的“虎”字，不仅在广州白云山、潮阳海门莲花峰留有石刻，还见于留在纸上的真迹。令人叫绝的是，那留在纸上的真迹，还在一对虎眼中钤上印章，活像一对血红的眼睛。有一帧在虎眼内盖的两颗篆书圆印，分别为“昂头天外”和“寓目环中”，可知刘永福写“虎”字，意在抒发自己的雄心壮志。据他自述，小时在深山采樵，曾睡在石上，梦见一长髯老人叫他“黑虎将军”。他颇以此自负，为此，特别喜欢“虎”字。刘永福戎马一生，为维护民族和国家尊严，援越抗法、渡台抗日，一身虎胆，大震虎威，确实无愧“黑虎将军”的称号！

刘永福，因排行第二，小称刘二，长大后按粤音改“二”为“义”，得别名刘义。道光十七年 (1837 年) 九月十一日生于广东钦州防城古森垌小峰乡 (今属广西防城各族自治县)。数世务农，家境贫寒。8 岁起即随父颠沛流离，生活无着。13 岁开始在左江的滩艇上当雇工。他父亲把自己的武艺绝技都传授给他，为的是使儿子在外谋生不受人欺侮。刘永福因此练就了一身超人技艺。

他在和工友谈心时曾说：“大丈夫不能为数百万生灵造福，甚觉可羞可悲！”咸丰七年 (1857 年)，他联络了一批人，投奔了当时洪秀全领导的太平军。太平天国起义失败后，刘永福率领一支以七星黑旗为战旗的黑旗军，转战中越边境。

从 19 世纪 60 年代起，法国就妄想建立一个包括越南和中国西南地区的所谓“东方帝国”。为此目的，同治十二年（1873 年）11 月 5 日，法国驻西贡总督黎眉派大将安邺率大军侵占越南河内，直逼我国边境，威胁着我国的安全。应越南政府的要求，1873 年 12 月，刘永福亲率黑旗军，会同越南将领黄佐炎部，向河内近郊进军。法国侵略军头子安邺和李维业出城挑战，刘永福指挥黑旗军和越南的军队奋起攻击。交战时，黑旗军且战且退 90 里，法军得意地穷追不放，待敌军追到一茅草茂密处，刘永福即令士兵放起火来，法军十分惊慌，纷纷溃败。但没想到黑旗军预先设有伏兵，而且挖有不少壕沟，切断了敌人的退路。在敌人慌乱之际，刘永福杀了一个回马枪，击毙了安邺、李维业，消灭了法军 2000 多人，一举收复了河内。

法国侵略者不甘心自己的失败，蓄意扩大侵略战争，决心把战火烧到中国境内。光绪八年（1882 年）4 月，法国又派大元帅李威利率领战舰 28 艘，率兵 5000 人，再次攻陷河内，直窥中国云南。应越南政府之请，清政府决定派刘永福率黑旗军再度进军越南，支援越南人民的抗法斗争。光绪九年（1883 年），在距离河内约 2 公里的纸桥一带，刘永福率军与法军展开了名震中外的纸桥大战。双方犬牙交错，短兵相接，胶着围攻。刘永福身先士卒，指挥灵活。这场战斗，黑旗军个个英勇杀敌，从早上九点打到下午一点，法军被打得大败，2000 余人被歼灭，大元帅李威利以及副元帅等数十名将官被击毙。此后，刘永福所率黑旗军留驻越南，和越南人民并肩战斗，每战必克，所向披靡，打得法国侵略者闻风丧胆。

光绪十一年（1885 年）年初，法国又派出海军向中国沿海进行海盗式的骚扰。同时，向越南增兵，以便海陆呼应。在越南的法国侵略军得到增援之后，一度强占了中国要塞镇南关（今友谊关）。侵略者还在关前插立木柱，上面用汉字写上“广西的门户已不再存在了”，气焰十分嚣张。刘永福为了对付枪械精良的法军，有效地打击敌人，有一次，他命令士兵们用猪血涂满全身，天黑时躺在死人堆里。次日，刘永福即以小股部队出击，引诱敌人来追赶。这时，装死的黑旗军突然一跃而起，挥舞大刀冲入敌阵，吓得敌人胆战心惊，抱头鼠窜。黑旗军挥刀猛冲，杀死法军五六百人。

刘永福

此时，爱国老将冯子材出任前敌统帅，率军赶到前线。他和刘永福一起，在越南战场的东西两线，大败法军。可是，腐败的清政府却奴颜婢膝地与法国谈和，签订了屈辱的《中法新约》，并在数日内连发 6 道诏命，调刘永福回国，致使越南很快沦为法国殖民地，中国的西南边疆也受到严重威胁。在保卫台湾战争中，他拒绝日军的劝降，匿身德国商轮回到了厦门。时论赞扬他“忠肝义胆”，“虽败犹荣”。

中法战争结束以后，刘永福被清政府指定，率领被裁减的黑旗军到广州。光绪二十三年 (1897 年)，他从台湾返回大陆，奉两广总督谭钟麟命，赴广州组建新黑旗军。30 余年中，他断续居住于广州沙河刘家祠、粤秀街私邸、南关八旗会馆等处。初到广州时，黑旗军驻扎小北门外和东北郊的燕塘等地，在燕塘建有“福”军讲武堂、黑旗军纪功碑。抗战前夕，在黑旗军原驻地建有刘义亭，至今犹存华南理工大学内。刘永福为刘家祠亲撰了一副对联：

策马从南越归来，构数椽用妥先灵，敢说声威留穗石；

整旅入神京捍卫，把两字偏贻同姓，合存忠孝耀彭城。

表达了建庙奉祀黑旗军阵亡将士，使其英雄业绩永垂广州史册之意，并勉励众将士继续保家卫国贡献力量。

广州人民敬重这位抗法英雄，刘永福也爱护关心广州人民，甚至地方官府解决不了的事，也要请他出面主持公道。光绪二十四年（1898年），南海县罗格围的关、罗两姓为建将军庙争地皮，发生械斗。县令带大批官兵弹压，为了邀功领赏，把罗姓群众十多万人逼入南乡村，企图砍尽杀绝。罗姓群众只得拼死抵抗，事情越闹越大。两广总督谭钟麟慌忙遣刘永福统制各军，下令“洗剿罗格围，寸草不留”。刘永福顶住压力，力反滥开杀戒。他调查清楚此事出自争地皮纠纷，不是什么谋反，3 次往见谭钟麟，仗义执言，为民请命，不惜以身家性命担保，使罗姓乡民幸免灭宗绝族之祸。广州北郊三元里村李姓与小布村黄姓宗族械斗，时任两广总督的李鸿章又急调刘永福前往“弹压”。刘永福不是按李鸿章之令大开杀戒，而是控制住事态发展之后，召来两姓头面人物，阐明利害，责令具结，保证不再械斗。刘永福修建了刘家祠，在广州期间便居于此。这一带有十多条小村，村民常受到邻近大村歹徒的欺压，不是被抢就是被盗，难以安居。一天，大村歹徒抢走了石人窟村一个陈姓乡民的耕牛，案件告到官府不被受理，村民只好转而求刘永福主持公道。刘永福了解了事情的来龙去脉，派人拿着他的名片去找大村乡绅，责令他们督促肇事歹徒赔偿损失，并具结不再骚扰小村民众。刘永福的威名镇住了邪气，从此附近不再发生大村大姓欺负小村小姓的事。小村村民为了纪念刘永福，将村名改为“永福村”，沿用至今。现在，这一带现成了市区，又开辟了一条永福路。

刘永福对帝国主义深恶痛绝。当时广州沙面已被英法帝国主义强占为租界，帝国主义分子常在街上作恶多端，侮辱妇女。刘永福多次派出士兵，扮成老百姓，拿着棍子，守候在帝国主义分子经常出没横行之处，看到洋兵欺压市民、调戏妇女，就过去挥棍痛揍。打了几次，英法士兵不得不收敛气焰。

刘永福是越南人民敬仰的抗法英雄。他回国之后，许多越南抗法救国运动领导人仰慕他的英名，登门求助，都受到他的热心帮助，刘家祠成为越南志士在广州的主要活动据点之一。越南抗法救国运动的领袖之一阮述是刘家的常客。越南民族民主革命运动的先行者潘佩珠在广州联络活动，即住在刘永福家中。刘永福听到潘佩珠讲述法国殖民者的罪行，义愤填膺，连声喊“打”。在他家投宿和开展革命活动的越南革命志士最多一次竟达50多人。越南抗法救国运动团体越南维新会、越南光复会先后成立，都是在刘家福家中举行成立会议。刘永福对越南志士归国活动的路线和沿途派人保护的事都亲自作出安排，使他们能安全回到越南领导斗争。

刘永福在广州的活动，最可贵的是他对资产阶级民主革命的逐渐认识。光绪二十六年（1900年），清政府曾调黑旗军驻惠州，2年后移居陆丰碣石，目的在于要他镇压同盟会党人的革命活动。刘永福不久即以养病为辞回广州刘家祠。宣统三年（1911年），同盟会组织的黄花岗起义失败，烈士的鲜血染红了广州大地，逐渐认清了救国道路的刘永福在革命受到严重挫折的时刻，毅然加入同盟会，投身民主革命。辛亥革命以后，广东很快光复，广州城内有近十万民军，民军以首义自居，号令不行，因为没有统一节制，秩序混乱，影响了广东革命政权的巩固。广东都督胡汉民请刘永福出来担任广东民团总长，统制所有民军。刘永福欣然出任，在八旗会馆设立了民团总局。他全力以赴治理整顿各路民军，发布了《粤省民团总长刘永福之通告》，号召致力于抵御外族，不同类相残。由于他德高望重，很快稳定了秩序，商店也开始了营业。

驻守台湾，抗击倭寇

刘永福由越南回国后，任广东南澳总兵。中日战争时，清政府调刘永福率黑旗军到台湾帮办防务，并驻守台湾。

光绪二十年（1894年）年底，日本侵略军占领旅顺和大连，并准备进攻山东。在帝国主义列强的讹诈、恐吓、诱骗下，1895年4月17日，李鸿章代表清政府在日本马关与日本政府签订了丧权辱国的《马关条约》，把台湾割让给日本。

1895年4月25日，台北人民鸣锣罢市，坚决反对日本侵占台湾和清政府的投降卖国。台湾各阶层群众纷纷表示“桑梓之地，义与同亡”，“万众一心，誓同死守”。1895年5月底，日本侵略军在台湾基隆东北登陆，台湾巡抚唐景崧按照清政府的命令，采取不抵抗政策，率大小军政官员撤回大陆，使台北不战而陷。6月2日，李鸿章的儿子李经方在基隆口外的日舰上，偷偷办完交割台湾的手续，日寇主力近卫师团即向台湾开始了大举进犯，台湾人民纷纷组织义民军，决心抗击日本侵略者。日本全权官海军大将桦山资纪致书台南守将刘永福，令其撤出台湾，刘永福义正词严地加以拒绝。为了协同对日作战，黑旗军和台湾义民军共推刘永福为台湾军事统帅，刘永福在誓师宣言中表示“自问年将六十，万死不辞……本帮办亦犹人也，无尺寸长，有忠义气，任劳任怨，无诈无虞”，决心与台湾爱国军民抗战到底。农民领袖徐骧组织的抗日义民军，积极协同刘永福率领的黑旗军，展开了悲壮激烈的台湾保卫战。

日寇从海陆两路向台南和台中进犯，刘永福分兵把守，自己坐镇台南，指挥军民严密防范。日军舰艇几次企图从台南的安平口登陆，都被刘永福指挥将士击退、歼灭。日军见台南防守严密，不易攻破，便从陆路改攻台中。6月中旬，进犯台中的日寇收买汉奸，从小路抄袭了台中的门户新竹。守将杨紫云和义民军英勇抗击，最后因弹药缺乏，寡不敌众，杨紫云战死，新竹陷落。但台湾义民军在徐骧的领导下，不断向新竹的日寇发起反击，大小战斗二十余次，牵制日军达两个月之久，使日军的南侵计划受到沉重打击。日本人竹越与三郎在《台湾统治志》一书中供认：“不论何时，只要我军一被打败，附近村民便立刻变成我们的敌人。每个人甚至年轻妇女都拿起武器来，一面呼喊着，一面投入战斗。我们的对手非常顽强，丝毫也不怕死。”

刘永福纪念馆

8月下旬，日军又大举进犯苗栗、大甲溪，刘永福派部将吴彭年带领黑旗军，联合徐骧的台湾义民军扼守。在大甲溪，当敌人刚刚过溪上岸，埋伏在南岸的吴彭年部立即给予迎头痛击，日军立脚不稳，大部队又尚未过河，慌忙退却。在退却过程中，又遭徐骧所率义民军的再次伏击，伤亡惨重。日军凭着人多势众，武器精良，弹药充足，最后侵占了大甲溪。

紧接着，日军又向台中重镇彰化进犯，刘永福急派部将吴彭年率黑旗军冲锋队——七星队前往支援，与徐骧的义民军一起，同日军展开了激战。开始，他们采取诱敌深入、左右包抄的战术，大败日军，但败敌却在汉奸土匪的引导下，转攻彰化东门外八卦山，并从山上炮轰彰化城。吴彭年仅以数百人的兵力，与日寇大战于城东的制高点。黑旗军以一当十，拼死战斗，打退了日寇的多次攻击。这时，日军想用诱降的办法收买刘永福，结果遭到严词痛斥，于是，便集中炮火疯狂地轰击八卦山，吴彭年和七星队的300名将士以及台湾义民军吴汤兴部，全部壮烈牺牲。彰化城内的汉奸随即打开城门，放进了日军。

彰化陷落后，日军把军事主力转向台南。9月初，又占领了云林、大莆林。刘永福调部将王德标与黄荣邦、林义成、简精华等率领数千义民军对云林腺发起反攻，日寇见势不妙，仓皇弃城逃走，王德标会同义民军乘胜追击，围攻彰化城。在战局对我十分有利的情况下，卖国求荣的清政府对台湾坚持抗战部队和义民军实行封锁，断绝一切物资供应和补给，使围攻彰化的战斗失利。

日寇近卫师团感到兵力不足，难以对付英勇善战的刘永福指挥的部队和义民军，就急忙请求从辽东调两个师团到台湾，重组“南进司令部”。一路日军继续向南进攻嘉义县城；另一路日军在台湾南部枋寮和台南以北的布袋口登陆，配合陆路日军进攻台南，形势十分危急。11月12日，日寇以大炮轰塌嘉义城门，攻入城中。守城的黑旗军和义民军与敌进行巷战，杀敌无数，最后终因寡不敌众而不得不退出嘉义城。刘永福所率的黑旗军和义民军退出嘉义后，在极其困难的条件下仍然坚持战斗，义军大部战死，徐骧也在一次战斗中英勇牺牲。10月下旬，台南失陷，刘永福指挥黑旗军边战边退，步步设防，直战至弹尽粮绝，后潜身乘外国轮船内渡厦门。

刘永福率领黑旗军和台湾义民军，在五个多月的抗战中，以劣势装备抗击日寇三个近代化师团和一支海军部队，歼敌三万余人，给日本侵略者以沉重打击。

1915年，日本政府向袁世凯提出灭亡中国的二十一条，80岁高龄的刘永福听到这个消息，万分气愤，提出愿为维护国家主权再上战场。不幸的是，疾病和愤恨交加，刘永福第二年就去世了。

甲午风云海军魂

——邓世昌

邓世昌（1849—1894年），原名永昌，字正卿，清末海军杰出爱国将领；1867年入马尾船政学堂驾驶班第一期学习；1871年，被派至“建威”舰练习航海；1874年以优异成绩毕业，并被船政大臣沈葆桢奖以五品军功任命为“琛航”运船管带；1875年任“海东云”炮舰管带，时值日军侵台，邓世昌奉命扼守澎湖、基隆等要塞；1880年调入北洋水师，先后担任“飞霆”、“镇南”蚊炮船管带和“扬威舰”、“致远舰”管带；1894年9月17日，在中日甲午黄海海战中壮烈牺牲。清廷赐谥他“壮节公”，追封太子少保衔。

投身海军，保卫海疆

邓世昌是广东番禺人，生于富裕人家，其父邓焕庄，专营茶叶生意，曾于广州及津、沪、汉、香港、秦皇岛等地开设祥发源茶庄。邓世昌少时随父移居上海，从西方人学习算术、英语，在当时算是较早接触西方文化的人。

1868 年，19 岁的邓世昌怀着救国的志愿，以各门课程考核皆优的成绩考入福州船政学堂学习航海，成为该学堂驾驶班第一届学生。

福州船政学堂是中国第一所近代海军学校，在船政大臣沈葆祯的主持下于 1866 年在福州设立。创始人左宗棠、沈葆祯都是清朝杰出的爱国者，思想开明的洋务派。他们同林则徐、魏源等人一样，对于西方列强倚仗坚船利炮，肆无忌惮侵略我国，看在眼里，急在心里，在“师夷长技以制夷”的思想启发下，决心办自己的造船工业，培养自己的造船、驾船人才，建立自己的海军，抵抗列强的入侵。他认为，办船厂“不重在造，而重在学”。只有学到西方的造船知识、制造枪炮的知识以及驾驶、管理经验，才能创造性的发展，只要有了自己的技术人员，造船就不会有困难了，否则，就要永远聘用外国工匠；工厂办起来，技术仍操纵在洋人手里，仍然要受制于人。

在这种思想指导下，福州船政局开设了前后两学堂 (前学堂习法语、造船技术；后学堂习英语、驾驶技术)，聘法国人日意格、德克碑为正副监督，招收学习过英文的聪颖弟子入学堂学习造船与驾驶技术。学员在学堂，首先要学会外语，因为图书、机器都是从外国引进的，不会外语就无法工作，还要学算学及有关造船技术，并且到船上进行实际操练。学堂特别强调学生独立地掌握造船和航海技术，能熟练驾驶铁甲兵船及调兵布阵。注重对学生灌输民族自强精神是学校的宗旨，为的是使学生深知自强乃根本，除此别无他求。因此，所有学员均发奋努力，来日报国强民。这是中国最早培养海军和造船技术人员的学校，后来不少重要的海军将领，如萨镇冰、刘步蟾等都出自这些学校。

邓世昌是首批从广东招来的10名学生之一，他入学时已经18岁，比别的同学大三四岁，但他学习刻苦用功，能用英文写笔记和会话，特别是，他不满足于自己的航海驾驶专业课的学习，天文、地理、数学、绘图、测量、轰击等课程，他都认真学习，各门功课考核皆名列前茅。邓世昌在船政学堂度过了4个春秋，4年的西式学堂生活，尽管主要学习测绘、驾船、射击等自然科学和技术操作，但他无疑也接受了一些西方近代民主主义思想：追求民族独立、国家昌盛的抱负得到了进一步加强。他和近代著名思想家、翻译家严复，都是这个学校第一批毕业生中的佼佼者。

从福州船政学堂毕业后，邓世昌被分配到清军福建水师船队，开始任“琛航”号运输船大副。1874年，25岁的邓世昌担任刚刚下水的木质船“琛航”号管带（船长），同年，日本入侵我国宝岛台湾，占领澎湖、基隆等地。清政府派福州船政局督办沈葆桢为钦差大臣，率福建水师守卫台湾，邓世昌随沈葆桢出征，先后任“海东云”、“振威”等舰的管带，带领水师官兵巡逻在澎湖、基隆等海面，开始了他守卫祖国海疆的征程。

当时清军水师同清朝政府一样，腐败涣散，许多军官生活腐化，士兵缺少训练，军纪、军规荒废。但邓世昌却不同，他对自己要求严格，工作忠于职守，与士兵同甘共苦。在当时，像他这样的军官都是居住在陆地上的，只有士兵才居住在船上，但他却以身作则，居住在舰上，与士兵打成一片，共同生活，共同操作，工作起来常常是忘记了休息。特别是他注重官兵的爱国教育，经常在官兵中大力激扬正义，选拔重用那些有民族正义感的士卒，遇忠烈事，极口表扬，慷慨使人涕零。在邓世昌的带领下，他所在的战船，士兵们的军事训练多了，军事生活紧张有序，人人都抱定保卫祖国海疆的决心和斗志。

邓世昌

在法国入侵的战争中，侵略者凭借优势的海军力量，偷袭停泊在港内的福建水师，仅用约半小时，就将福建水师的军舰9艘，其他船只13艘击沉击毁，阵亡近800人，福建水师全军覆没，清政府被迫对法宣战。在接下来的交战中，清朝的水师力量无法与法国侵略者的海军抗衡，虽然陆上力量屡败法国侵略者，但最终在李鸿章等投降派卖国求荣的主张下，清政府与法国侵略者在天津签订了屈辱的《中法新约》，战争以清政府“不败而败”而结束。马尾海战，福建水师全军覆没，作为目击者，邓世昌的感受是极其痛心和悲愤的。

鉴于这场战争中水师失败的教训，清政府着手大力训练新式海军，邓世昌受命督察船务。为了建立起强大的海军抵抗外敌的入侵和欺辱，邓世昌废寝忘食地工作，责任心极强。他曾经对他周围的人说：“我们都读过古书，古人能以身许国，我们也应如此。只要对国家有利，个人的损失，甚至于献出生命有什么可惜？何况我们是水师官兵，常常出入于狂风巨浪之中，不怕艰险，是理所当然的，难道不趁年富力强的时候来报答国家吗？”邓世昌是这么说的，也是这么做的。青年时的邓世昌曾经写下这样的诗：“南楼高耸入云霞，四面江山壮观吟。傍晚一城空寥廓，炊烟浓处几人家？”表达了他热爱祖国壮丽河山，感慨残破家园的情感。从军后，他曾发誓说：人谁不死，但愿死得其所。

远涉重洋，接收舰艇

邓世昌对清军水师中存在的种种弊病深恶痛绝，决心从自身做起，根除弊端，重振军威。在他的主持下，对平时战舰的海战操练，都用战时的标准严格要求，他自己也刻苦钻研海军业务，训练方法适当，战术灵活，对水师的管理有方，治军严格，在当时腐败的清军水师中颇有名气。

1880 年，清政府筹建北洋水师。李鸿章听说邓世昌熟悉水师的管理和舰船的驾驶，治军有方，是水师中难得的将才，特意将他调到北洋水师，担任刚从英国进口的“飞霆”号战舰的管带。后来，北洋水师在英国订购的“镇东”、“镇西”、“镇南”、“镇北”四艘炮舰相继交货，邓世昌又被调到“镇南”号上任管带。这一年的八月，邓世昌率“镇南”号同其他三艘炮舰一起，跟随新任北洋海军总教习的外国人葛雷森赴渤海、黄海一带巡逻，当船队到达海洋岛附近时，由于处理不当，“镇南”号不幸触礁，虽然在邓世昌沉着指挥下，战舰很快脱离了险境，但邓世昌还是因此受到了撤职处分。这件事对邓世昌教育很大，后来，他更加努力地学习和提高自己的驾船能力，并在训练中注意提高自己的指挥和应付复杂情况的能力。很快，无论在技术上还是在指挥上，他都成为当时北洋水师中的佼佼者。

同年十一月，邓世昌和林永升一起随提督丁汝昌去英国，接收在阿姆斯特朗造船厂订购的“超勇”、“扬威”两艘快船。清政府过去在国外买的船，都是雇请外国人给开回来，这是首次派遣本国海军人员驾船归国。邓世昌驾驶“扬威”号经地中海、印度洋，于1881年10月30日，抵达天津大沽，时间长达11个月之久。这是邓世昌第一次出洋，经过这次磨炼，开阔了邓世昌的眼界，他的航海知识、驾驶技术和海战技术等都更加成熟。

1882年冬，日本派兵入侵朝鲜，清政府应朝鲜国王请求，派丁汝昌等率“超勇”、“扬威”、“威远”3艘兵舰和广东水师提督吴长庆率领的陆师3000余人赴朝，支援朝鲜抗击日本的入侵。邓世昌驾驶“扬威”号战舰随队前往。一路上，邓世昌指挥得当，驾驶熟练，与其余各舰一起顺利而又迅速地抵达朝鲜的仁川港。一天后，日本兵舰才匆忙赶到，几次想冲入仁川港，但都被中国战舰所阻挡，被迫退去。这次远征行动，由于邓世昌表现优秀，被晋升为游击，清政府赐给他“勃勇巴图鲁勇号”（巴图鲁：满语，勇士的意思），并升任他为“扬威”舰管带。此后，邓世昌指挥“扬威”号战舰长期往来于天津、朝鲜之间，胜利完成了一次又一次任务。当冬季来临，北方海域封冻后，他便率舰驰骋东海一带，守卫台湾、福建一带的祖国海疆。长期的海上生活，磨炼了邓世昌的意志，造就了他坚强的毅力，他变得更加成熟和自信，这为他尔后报效国家打下了坚实的基础。

1887年，北洋海军在英德两国订购的“致远”、“靖远”和“经远”、“来远”号巡洋舰完工，李鸿章派北洋海军总监查英国人琅威理前往验收，邓世昌奉命与邱宝仁、叶祖圭、林永生等同往接收。这是邓世昌第二次出洋。在国外，他认真考察了西方的海军情况，学习了外国海军不少的新经验和新的操作方法、训练方法。在归国途中，他虽然得了重病，但不顾个人安危，不怕惊涛骇浪，充分利用难得的机会，坚持指挥新舰艇进行海战战术和舰艇技术演练，使这些新舰艇接回不久，就能编队执行任务，对迅速提高北洋海军的战斗力，发挥了很大的作用。

从英国归国途中，邓世昌表现出超人的沉着冷静和非凡的勇敢。当舰队航行至西班牙海域时，有一次，当他与官兵一起驾舢板离舰操练时，突然海上刮起了风暴，几米高的海浪迎面扑来，小舢板时而被抛上高高的浪尖，时而被送进深深的浪谷，稍不小心，就会有船翻人亡的危险。邓世昌镇定自若，亲自把舵，巧妙地躲避风浪，终于安全地带领大家返回“致远”号。当舰队航行到地中海时，“致远”号战舰因添煤过多，火焰从烟筒喷出，引着了舰上外面的设备，舰上一片混乱，邓世昌沉着地命令打开火门，压住火源，并指挥官兵利用舰上的灭火器材和装置，迅速扑灭了大火。由于扑救及时，没有造成损失。

印度洋是南北海流交汇之处，这里暗流多，海浪经常是高达十几米，当舰队航行到此时，汹涌的海浪一个接一个而来，巨大而有力的身躯不断地撞上船头，摔碎在甲板上，情况非常惊险。此时，邓世昌正在发烧，但看到情况非常危险，他不顾自己病弱的身体，坚持指挥航行，最终化险为夷，使舰队安然通过。

在长达数月、行程数万里的远航中，因气候恶劣，航程劳苦，舰队医疗条件有限等原因，有不少水手生病后得不到及时救治而病亡，但在“致远”舰上，由于邓世昌对官兵十分爱护，照顾周到，只有一名水手病故。依照航海旧例，凡病故者，近岸处葬于陆地，如距岸远则投入海中。但在其他水手请求下，邓世昌决定自己承担责任，依照中国习惯将这名水手的尸体备棺入殓，带回了祖国。他对士兵们如同兄弟般的爱护照顾，深得官兵的爱戴。

在这次远航中，邓世昌不依赖洋员，亲自指挥，亲自驾驶，克服了一个又一个艰难险阻，历尽艰辛，终于安全顺利地返回祖国，由于北方冰封，舰队便驻扎厦门进行训练。在厦门期间，邓世昌率领“致远”号众官兵坚持训练，在他的精心管理和训练下，“致远”号上的官兵个个都成为操作能手，人人都是战术行家，人们称赞他们是“使船如使马，放炮如鸣笛，对海战战术了解得透，掌握得精”。

在当时的清朝海军中，多数人都受过新式的军事教育，一部分还曾远洋留学西欧诸国，具有新的军事科学知识和民主思想，作战英勇，邓世昌便是杰出代表。他虽然从未留过学，但平日里却刻苦学习和研究西方的文化，特别是西方海军新的作战思想，当时人们称赞他是西学专家。

1888年4月，“致远”、“靖远”、“经远”、“来远”四舰同时到达天津大沽，编入北洋水师建制。不久李鸿章检阅北洋舰队操练，邓世昌指挥“致远”号战舰表现出色，队列、射击皆列为优等。李鸿章以训练得力奏准赏给他三代一品封典。这年九月，北洋舰队正式成军，分左、右、中、后四军，邓世昌被任命为中军中营副将，并任“致远”舰管带。从军十几年，邓世昌已成长为当时中国海军中最优秀的指挥员之一，他所指挥的“致远”舰，也成为当时北洋水师中最具战斗力的战舰之一。

“致远”号是装甲巡洋舰，与“靖远”号为姊妹舰，是由英国阿姆斯特朗造船厂制造的，舰体为钢板，有装甲防护，排水量2300吨，航速18节，主机功率4103千瓦，装备舰炮23门(其中210毫米主炮2门、150毫米副炮2门、105毫米副炮6门)，鱼雷发射管4具。编制官兵202人。1891年6月26日，同“定远”、“镇远”等舰访问过日本。

血战黄海，视死如归

1894年，日本在美英等帝国主义的支持下，发动了侵略中国和朝鲜的战争。当日本占领了朝鲜平壤并派军舰到我国沿海进行挑衅的时候，以“致远”舰管带邓世昌为首的爱国将士，没有一个不气愤的，都纷纷要求抗击日本侵略者。但是，腐败的清政府却极力反对，幻想列强出面调停，斥责邓世昌等人的爱国主张“有损中外邦交”、“不利各国调停”。邓世昌愤慨地对将士们说：“我虽然不懂得外交，可懂得做人要有民族气节和爱国之心。”

7月25日晨，北洋水师的战舰“济远”、“广乙”号，护送商船“高升”号和运输船“操江”号载运1000多名陆官清军兵和各种器材、弹药、军饷等，开往朝鲜的牙山，支援在朝鲜的清军官兵反击日军的进攻。当行至牙山口外丰岛附近时，遭到日本军舰的袭击，日舰不宣而战，突然向“济远”号和“广乙”号开炮。“广乙”号战舰船身小，战斗力弱，受到严重创伤。“济远”号是铁甲快舰，战斗力强，舰上的官兵有一部分作战勇敢，同数量占据优势的日舰展开了激烈的拼杀。都司沈寿昌、守备杨建章、黄承勋和一部分士兵中弹牺牲，可是“济远”号管带方伯谦贪生怕死，竟然丢下运输船不管，下令逃跑，致使“高升”号和“操江”号两船失去保护，结果装满物资和军饷的“操江”号被日舰俘去。日舰“浪速”号强迫“高升”号投降，但遭到船上全体清军将士的拒绝，他们同仇敌忾，绝不投降，宁愿死也不当俘虏。残暴的日舰火炮、鱼雷齐放，对一艘没有战斗能力的运兵商船大打出手，“高升”号的中国士兵以步枪英勇还击，直至船沉，船上700多名官兵壮烈牺牲。消息传来，北洋水师广大官兵义愤填膺，邓世昌等坚决要求出兵“以雪广乙、高升之耻”。此时，他已意识到中日难免一战，于是当众宣誓：“若有不测，誓与日舰同沉！”表现出他为国家要与敌人决一死战的赤胆忠心。北洋水师的所有战舰将舢板全部撤除，仅保留六桨小艇一只，一是避免战时引起火灾，二是表明北洋海军将士誓与舰船共存亡的决心。

1894年8月1日，清政府被迫对日宣战，同日，日本也对中国宣战，中日甲午战争爆发，因为那年是甲午年，所以这次战争通称“中日甲午战争”。邓世昌率领“致远”舰全体官兵积极投入到这场反侵略斗争中。

9月17日，北洋水师完成护送轮船运兵任务后编队返航。中国黄海海面上风平浪静，谁也没有想到中日大海战即将在这里爆发。上午十点半左右，舰队操练刚完，厨房正在准备午饭。突然，见西南海面上黑烟缕缕，日本舰队呈一字竖阵朝北洋舰队猛扑过来，并开炮轰击中国舰队。海军提督丁汝昌急忙下令全队列阵应战。顿时，黄海海面上炮声震天，水柱腾空，一场震惊中外的黄海大战爆发了。

北洋舰队最初参战的军舰共 10 艘，成犄角鱼贯小队阵；日舰 12 艘，以第一游击队“吉野”等 4 艘巡洋舰为先导，“松岛”等 6 艘舰随后，成鱼贯纵阵，“赤城”、“西京丸”2 艘战斗力弱的战舰，列于舰队左侧作战队形之外，不作为主要攻击力量。当双方舰队接近时，丁汝昌发令改变阵行，欲改为犄角雁行小队阵 (人字阵) 迎敌，但改阵未完已与敌舰接触。午后十二时五十分，日舰首先发炮，5 分钟后，北洋舰队“定远”号发炮轰击，双方展开激战。北洋舰队提督丁汝昌乘旗舰“定远”号居中，其他战舰分左、右两翼进攻。北洋舰队爱国官兵，面对强敌，毫不畏惧，向日本战舰发起猛攻，邓世昌所在“致远”舰是北洋舰队第二队队首，此刻，他指挥“致远”舰纵横海上，猛打猛攻，势不可当。很快，日本舰队即遭到北洋海军拦腰截击，位于队形后面的“赤城”、“比睿”、“西京丸”等舰遭到猛烈攻击，受创严重。不久，北洋舰队旗舰“定远”号中炮，帅旗被击落，信号索具被摧毁，丁汝昌身负重伤，已无法指挥舰队继续作战，同时，“定远”号腹背受敌。特别是舰队失去指挥，阵势出现混乱，情况十分危急。这时，邓世昌知难而进，立即命令在自己的军舰上升起帅旗，沉着果断地指挥舰队向敌舰发起猛烈进攻。当敌舰成单纵阵企图绕过北洋舰队阵前，环攻右翼时，被北洋舰队拦腰截断，分割为二。邓世昌指挥“致远”纵横海上，以舰首、尾的十二寸大炮猛轰敌舰，并施放机器格林炮，先后共发射炮弹百余发，大都击中日舰，重创敌“比睿”、“赤城”2 舰，“赤城”舰长坂元被击毙，失去作战能力的这两艘敌舰被迫退出战斗。

但北洋水师各舰在炮火、速度等方面均逊色于日本舰队。水师自正式成军后，从未添置新船，炮械均已陈旧，尤其缺乏快船和速射炮，各船舰平均时速不到 11 海里，而日本第一游击队的战舰平均时速达 18 海里以上，其火炮发射速度是北洋水师火炮发射速度的 4 倍。负责供应北洋水师炮械弹药的天津军械总局，被贪污腐化的官僚把持，舰队炮弹奇缺却得不到及时供应，更令人气愤的是，有的炮弹被偷工减料，以假充真，将沙子填充到炮弹的药筒中充当火药。当时在威海的英籍人肯宁咸说：“中国人在黄海上是可以得胜的，假如他们的炮弹不是被装填进泥沙的话。”因此，尽管参战将士拼死一战，但北洋水师在战场上还是渐渐趋于劣势。

午后二时左右，日本联合舰队精锐第一游击队“吉野”、“高千穗”、“秋津洲”、“浪速”4艘快速远洋舰驶至“定远”舰前方，企图击沉指挥舰。见此情景，邓世昌下令“致远”舰全速前进，冲到“定远”舰前面以保卫旗舰。日本舰队第一游击队指挥坪井少将见“致远”舰如此骁勇，便集中“吉野”等4舰一齐围攻“致远”。“致远”舰在敌包围之中，毫不退缩，顽强作战，开炮又狠又准，多次击中敌舰。但终因寡不敌众，战斗到下午三时，因连续遭受敌舰10寸到13寸口径重炮榴霰弹的轰击，全舰弹痕累累，舰左舷吃水线以下多处受伤，船体开始倾斜，甲板上浓烟滚滚，有要沉没的危险，同时，弹药也耗尽了。此时，邓世昌意识到，为国捐躯的时刻到了，他大声地对全舰士兵们说：“我们参军保卫国家，生死早已置之度外，虽然我们牺牲了，但我们的英勇行为，可以大长国家的声威，实现我们报国的目的”，并振臂高呼：“我们誓死不退，与战舰共存亡!”舰上剩余的官兵群情激昂，异口同声地响应，壮志凌云，个个愿随邓世昌血战到底。

恰在此时，“致远”和“吉野”相遇。“吉野”是日本参战舰艇中的主力舰，号称“帝国精锐”。开战以来，“吉野”横行无忌，对北洋舰队造成了很大威胁。邓世昌决意与之相撞，同归于尽，以减杀敌人的威风。他怒视“吉野”，对大副陈金揆说：“敌舰中属吉野嚣张，它依仗速度快，炮火猛，对我军构成很大威胁，我军若将它撞沉，必能杀敌威风，我军便能取得胜利。”于是，他决定与敌舰同归于尽，以自己的牺牲，换取全军的胜利。邓世昌命令全舰水手列队，士兵们有的头上扎着绷带，有的吊着受伤的手臂，个个被炮火熏得皮肤焦黑，但却人人精神振奋，站成一排，邓世昌拔出军刀检阅了这些无畏的勇士，然后激昂慷慨地对大家宣布：“弟兄们! 现在我们只有一条胜利的路，用我们的战舰撞沉‘吉野’，和它同归于尽。”随即下令开足马力，舰身剧烈抖动着，像尖刀一般，直向敌舰“吉野”冲去。中华英雄儿女视死如归的英雄壮举，吓坏了“吉野”舰上的敌人，他们顿时乱作一团，连忙扭舵，企图逃跑，并慌忙向冲来的“致远”舰发射鱼雷，眼看“致远”号就要撞上“吉野”了，不幸的是“致远”号被敌人的鱼雷击中，锅炉爆炸，船身破裂，军舰慢慢地向海底沉没。邓世昌坠海后，仍大呼杀敌不绝。随从刘忠将救生圈让给他，邓世昌坚决不要，并说，既然军舰已沉没，我绝不生还，决心与舰一起沉没。这时，一艘中国鱼雷艇驶来相救，他仍拒绝上船。最后，邓世昌畜养的爱犬游过来，以口衔其发辫，邓世昌挥之不去，便按犬首于水中，一并沉没，时年 46 岁。全舰 200 余名官兵，除 16 人获救外，全部为国捐躯。

邓世昌与“致远”舰

邓世昌牺牲后举国震动，光绪帝垂泪撰联“此日漫挥天下泪，有公足壮海军威”，并赐予邓世昌“壮节公”谥号，追封“太子少保”，入祀京师昭忠祠，御笔亲撰祭文、碑文各一篇。

邓家在原籍广东番禺为邓世昌修了衣冠冢，建起邓氏宗祠。威海百姓感其忠烈，也于 1899 年在成山上为邓世昌塑像建祠，以志永久敬仰。1996 年 12 月 28 日，中国人民解放军海军命名新式远洋综合训练舰为“世昌”舰，以示纪念。

后记

HOU JI

本系列图书将清朝重要历史人物尽收其中，展现了清朝三百年的历史风云，披沙沥金，洋洋大观，出版社的编辑和本系列作者为此付出了辛勤的劳动和汗水。此书的出版，得到了中国财富出版社的大力支持，在此，谨向社领导和编辑同志表示由衷的感谢！

在本书的编写过程中，我们参考了大量的相关文献资料，引用了许多专家学者的著作和观点，我们已征求了部分作者的同意并支付了稿酬，但其中一些资料来自互联网和一些非正式出版物，无法联系到原作者，敬请作者见书后及时与此邮箱联系：724176693@qq.com，我们将按照国家有关规定支付稿酬并寄送样书。